保育内容

あなたなら
どうしますか？

健 康

編 著　酒井幸子・松山洋平

著 者　相沢和恵・粕谷礼乃・佐野裕子・津金美智子・中野圭子

　　　　平野麻衣子・森田朱美・森田直子・山下文一

萌文書林
Houbunshorin

はじめに

　保育内容「健康」は、子どもが豊かに生きていくための基盤である健康で安全な生活をどのように乳幼児期に育んでいくのかについて学んでいく。

　現代社会での子どもが育つ環境や子育てを取り巻く状況は、環境問題や少子化、核家族化などにより、必ずしも健康で安全な生活を送りやすいとはいえない。このことを受けて、2017（平成29）年の幼稚園教育要領・保育所保育指針・幼保連携型認定こども園教育・保育要領の改訂（改定）では、食育、多様な動きの経験、安全についてなどが改めて位置づけられた。このことは、幼稚園や保育所や認定こども園等の保育施設が、子どもの「健康」について果たす役割が一層大きくなっていることを示している。

　ところであなたは、具体的に保育者が保育場面において、どのように保育内容「健康」の側面を子どもに指導しているのか想像がつくだろうか。保育者が「この場合はこうします」と教えたり指示したりしていると考えているだろうか。

　乳幼児期の教育・保育では、子どもの主体性を尊重した生活や、遊びを通しての総合的な指導を大切にしているため、いつも保育者主導で教えているわけではない。本書は、そのような保育者による援助の実際について、実践をよく知る執筆者陣が多くの事例を用いて「子どもの育ちと健康」「子どもの遊びと健康」「子どもの生活と健康」「子どもの心と体の健康」などについて解説している。単に教科書で知識や技能を学ぶだけではなく、具体的なエピソードに触れ、保育場面をイメージすることで、子どもの姿がよく見えてきたり、保育者の意図がよく感じられたりするだろう。

　本書の特徴は、事例を通して「あなたならどうしますか？」という問いを考えること、事例を基に演習をしたり解説を読んだりして腑に落ちる深い学びとなること、そのことによって保育者になった時にも、自ら問いをもって実践を考えていけるようになることを目指している点である。本書の事例は、21世紀型保育、つまり子どもを主体とした保育、深い学びのある保育展開の事例にあふれている。保育者を目指す学生にとって、また現職保育者の学び直しのテキストとして役立てていただきたい。

2020年　10月　松山洋平

も く じ

第7章　子どもの心と体の健康 131

第8章　子どもの食と健康 149

第1章

保育と「健康」

　乳幼児期は心身が大きく成長・変化する時期であり、生涯にわたる健康の基礎を培う大切な時期である。子どもの心と体が伸び伸びと成長していくためには、保育者による適切な環境構成と配慮の下で保育が展開されていく必要がある。現在、子どもを取り巻く環境の急激な変化や、脳科学や認知科学、発達研究や追跡研究等の進展等により、改めて乳幼児期の保育の大切さが注目されている。

　この章では、保育では何を大切にしているのか、現代社会の中で保育に求められていることは何かといった保育の考え方と、「健康」という側面から見た子どもの生活や遊びを考え、その意義について学んでいく。

1　子どもを取り巻く環境の変化と「健康」

1.「健康」とは

　「健康」と聞いた時、みなさんはどんな言葉を思い浮かべるだろうか。健康食品、健康器具、健康診断、健康相談など「健康」に関わる言葉が周囲にあふれていることがわかる。「健康」についての情報は日々メディアで取り上げられており、人々の関心が高いといえる。

　WHO憲章（世界保健機関憲章）では「健康とは、肉体的、精神的及び社会的に完全に良好な状態であり、単に疾病又は病弱の存在しないことではない（Health is a state of complete physical, mental and social well-being and not merely the absence of disease or infirmity.)」[1]と定義している。

　健康といえば、身体的に元気かどうかを判断することが多いが、表面的に病気ではない状態であればよいわけではなく、精神的にも社会的にも良好な状態でなければならないということである。近年、QOL（Quality of Life）[2]という言葉をよく耳にする。健康であることは、一人ひとりが心豊かに生き生きと過ごすという生活の質に関係することなのである。

2. 生涯学習としての健康

　人が育っていくということを考える場合、乳児期・幼児期・児童期・青年期には成長・向上があり、中高年期から衰退していくという発達の道筋が思い浮かぶであろう。しかし、一人ひとりの成長のプロセスや人生を考えた時には、必ずしもそうとはいえない。

　たとえば、乳幼児期にできた鉄棒や逆立ちが青年期にできなくなったり、中高年期に高齢になってから筋力がついたり、定年後に始めたスポーツが上達していくこともよくあることである。このように一生を通してすべての時期で様々な能力が向上したり低下したりするのである。このことは、人は単純に右肩上がりで青年期に発達のピークを迎え、その後停滞し衰えるということではなく、生まれてから死に至るまで発達の過程（成長のプロセス）は変化しながら一生を送るということを示している。それを理解した上で、保育者は子どもの成長過程を支えていく必要がある。

　幼児期の保護者には、習いごとなどによって一つのスポーツを集中して行わせ、なるべく幼いうちからその競技の技能を上げて、その道のスペシャリストになるように目指している姿が見られる時がある。もちろん、子どものために将来を見据えよかれと思ってしていることである。しかし、乳幼児期に特定の能力や動きを子どもに指導しても、生涯学習、生涯発達の視点からの考えと、その子どもの発達の過程に応じていることにはならないのである。

---

1) 日本WHO協会HP『世界保健機関（WHO）憲章』、https://www.japan-who.or.jp/commodity/index.html
　　2020年2月25日アクセス
2) 生活（人生）の質。

乳幼児期には、様々な体の動きを楽しむことや、主体的に体を動かすことが好きだという気持ちを育てることが大切であり、そのことが生涯にわたり意欲的に生活を営むという、心も体も健康で過ごす姿勢につながるのである。

　本書の事例を通して、本当に乳幼児期に必要な「健康な心と体」「健康な生活」とは何かを生涯学習の視点から捉える意義を理解してほしい。

3．子どもを取り巻く環境の現状

　現代社会は、科学技術の飛躍的な発展などにより便利な生活環境になってきている。生活全体が便利になったことは、歩くことをはじめとした体を動かす機会を減少させ、今では一般的な生活を送るためだけであれば、必ずしも高い体力や多くの運動量を必要としなくても暮らしていける社会となった。また、市販の惣菜やレトルト食品のような調理済みの食材での食事や、食洗機やお掃除用ロボットなどを使用する割合も増え、食事の準備や後片づけなどの家事全般を行う機会も少なくなってきた。しかしながら、便利な生活により様々な体の動きを伴う活動が減少したことは、子どもが健康に育つ上で必ずしも望ましいとはいえない。

　また、都市化、核家族化、少子化、情報化等の進展により、社会環境や人々の生活様式が大きく変化し、子どもにとっては遊ぶ空間、遊ぶ仲間、遊ぶ時間が減少していることも、子どもの健康的な育ちに影響を与えている。同年代の遊び仲間や遊び場が減少し、戸外で伸び伸びと身体を動かして遊ぶ体験や自然に触れる体験が不足しがちになり、テレビやインターネット、スマートフォンやゲーム機器の普及は子どもの室内遊びを増加させ、直接的に身体を動かして人や物と関わる体験の機会を減らしているのである。

　「幼児期運動指針」（文部科学省、平成24年）では、「都市化や少子化が進展したことは、社会環境や人々の生活様式を大きく変化させ、子どもにとって遊ぶ場所、遊ぶ仲間、遊ぶ時間の減少、そして交通事故や犯罪への懸念などが体を動かして遊ぶ機会の減少を招いている」としている。また、「文部科学省で平成19年度から21年度に実施した『体力向上の基礎を培うための幼児期における実践活動の在り方に関する調査研究』においても、体を動かす機会の減少傾向がうかがえる結果であったことから、このような社会の変化は幼児においても同様の影響を与えていると考えられる。このことは、結果的に幼児期からの多様な動きの獲得や体力・運動能力に影響している。」[3] とも指摘している。加えて、幼児にとって体を動かして遊ぶ機会が減少することについて、「その後の児童期、青年期への運動やスポーツに親しむ資質や能力の育成の阻害に止まらず、意欲や気力の減弱、対人関係などコミュニケーションをうまく構築できないなど、子どもの心の発達にも重大な影響を及ぼすことにもなりかねない。」[3] と今日的課題を指摘している。

　このような現代社会の中で、乳幼児が1日の中で最も気持ちよく活動的にいられる時間を過ごす幼稚園や保育所、幼保連携型認定こども園等が果たす役割は大きい。子どもを取り巻く環境を理解した上で、子どもたちの健康について考えていく姿勢が必要なのである。

3）文部科学省幼児期運動指針策定委員会『幼児期運動指針、1 幼児を取り巻く社会の現状と課題』平成24年3月、
https://www.mext.go.jp/a_menu/sports/undousisin/1319771.htm、2020年2月25日アクセス

2　これからの乳幼児教育・保育と「健康」

1．これからの時代に求められる教育・保育

　1節で示した現代的な課題も踏まえつつ、日本や世界の状況、予測される未来を踏まえ、これからの社会で子どもが主体的に生きていくために必要な力を検討し、その内容を土台として平成29年（2017年）に幼稚園教育要領、保育所保育指針、幼保連携型認定こども園教育・保育要領（以降、教育要領・保育指針・保育要領と表記）の改訂（改定）・告示が行われた。文部科学省の『教育課程企画特別部会における論点整理について（報告）「2．新しい学習指導要領等が目指す姿」』（平成27年〈2017年〉）では、これからの教育が目指す姿として現代的な課題に対して、①個性や能力を生かしながら、社会の激しい変化の中でも何が重要かを主体的に判断できる人間であること、②他者に対して自分の考え等を根拠と共に明確に説明しながら、対話や議論を通じて多様な相手の考えを理解したり自分の考え方を広げたりし、多様な人々と協働していくことができる人間であること、③社会の中で自ら問いを立て、解決方法を探索して計画を実行し、問題を解決に導き新たな価値を創造していくとともに新たな問題の発見・解決につなげていくことのできる人間であることを掲げている。

2．平成29年告示教育要領・保育指針・保育要領の改訂のポイント

（1）幼稚園・保育所・認定こども園は同じ「幼児教育」

　平成29年告示の幼稚園教育要領、保育所保育指針、幼保連携型認定こども園教育・保育要領では、乳幼児期の保育全体を含めて「幼児教育」と呼び、それは幼稚園と保育所と認定こども園など幼児教育を行う施設として共有すべき事項であると明記された。法律上は、幼稚園と幼保連携型認定こども園は幼児期の学校教育であり、保育所は児童福祉施設であることに変わりはないが、教育としての共通性が大きく、それらすべてが家庭教育を受けての、小学校の前の段階の教育であると明記されたのである。特に3歳児以上の保育の内容の記述については、章立ても含めてほぼ共通となっている。このことにより、どの施設で育った子どもでも共通の幼児教育を受けて小学校教育へ引き継いでいくということが改めて強調された。この改訂（改定）の方向性としては、子ども・子育て支援新制度の下、幼稚園、保育所、認定こども園が並立する状況下で、どの園を選んでも、しっかりとした幼児教育を受けられるように、最低限守られるべき内容が示されているといえる。

（2）育ちの道筋・連続性の明確化

　今回の教育要領・保育指針・保育要領の改訂（改定）では、子どもが育っていくことの連続性について明確に示している。保育所や認定こども園であれば乳児から、幼稚園であれば3歳からの発達の連続の上に園での育ちは成り立つものであることはすでに示されているが、さらに小学校教育、中学校、高校へと発展していく道筋をより明確にしている。小学校以降

に示されている育成すべき資質・能力のいわゆる「三つの柱」（詳しくは次項）を新たに示したり、体裁を学習指導要領と合わせたりすることにより、小学校以降の教育との関連性を意識し、学校間の縦軸の育ちのプロセスが明確化されている。

　また、学校・施設間の接続についても協調され、幼児教育であれば小学校との接続について丁寧に記された。乳幼児期に子どもが行っている様々な経験に学びがあり、その学びが小学校教育へとつながることにより連続した育ちが可能となっていくということである。そのために、5歳児の終わり頃に園生活を過ごす中で見られるようになる子どもの姿を取り出し『幼児期の終わりまでに育ってほしい姿（10の姿）』として示された。この「10の姿」は、従来の幼児教育・保育における5領域を具体的な姿として表したもので、特に小学校以降に円滑に引き継いでもらいたいものでもあるといえる。

　このように、幼児教育と小学校教育の接続は、育ちの連続性を受けて、育みたい資質・能力が乳幼児期から小学校・中学校と一貫しており、それぞれの時期の特徴がありながらも、前の時期を引き継ぎ、発展していくものであることを明確にしている。

（3）育成を目指す三つの資質・能力

　前項で述べたが、今回の改訂（改定）では、資質・能力の考え方の枠組み（三つの柱）が初めて提示された。汐見（2017）[4]は、資質とは「人の持って生まれた天性」、能力とは「資質や知識がネットワーク化したもの、潜在的な可能性のこと。経験によって獲得し伸ばしていくもの」と説明している。つまり、気づくこと、できるようになること、工夫し試し考えること、知っていることやできることを使って自分なりに問題を解決しようとすること、意欲をもって粘り強く取り組むことなどが資質・能力といえるだろう。

　今の時代に求められているキーワードは「学び」である。今回の改訂（改定）で示された「三つの柱」は、子ども主体の遊びを通して自ら学ぶ姿を支えるための枠組みである。この三つの柱は新しい考え方ではなく、教育要領・保育指針・保育要領で記されてきた環境を通して行う保育をより体系的に示したものなのである。今回の改訂（改定）では、平成20年告示の教育要領・保育指針からより一層、環境による主体的な遊びを通しての学びの大切さが強調されているということである。幼児教育において求められる具体的な資質・能力がどのようなものかは、次の図1−①の❶〜❸に表される通りである。

4）汐見稔幸『2017年告示 新指針・要領からのメッセージ　さあ、子どもたちの「未来」を話しませんか』小学館、2017年、p.85

【図１−①】幼児教育において育みたい資質・能力の整理

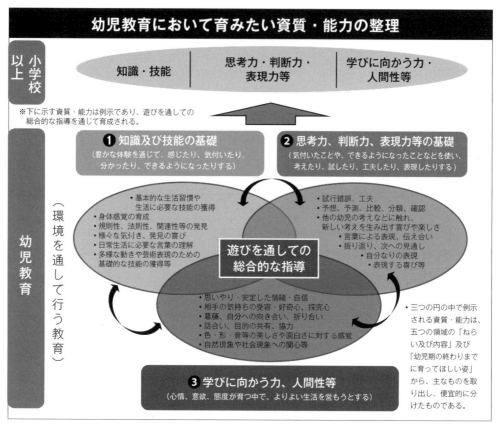

文部科学省 中央教育審議会『幼稚園、小学校、中学校、高等学校及び特別支援学校の学習指導要領等の
改善及び必要な方策等について（答申）（中教審第 197 号））』平成 28 年 12 月　※一部修正して作成

【図１−②】育成を目指す資質・能力の要素

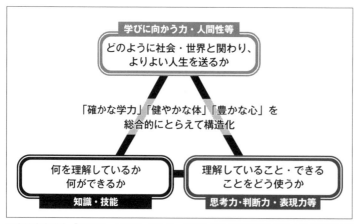

中央教育審議会『幼稚園、小学校、中学校、高等学校及び特別支援学校の学習指導要領
等の改善及び必要な方策等について（答申）補足資料』平成 28 年 12 月、」より作成

上記を学校教育法第30条第2項が定める学校教育において重視すべき3要素（「知識・技能」「思考力・判断力・表現力等」「主体的に学習に取り組む態度」）に照らし合わせると、左の図１−②に表される通り、これらの考え方は大きく共通するものであることがわかる。

3　乳幼児期の育ちと「健康」

１．興味や関心を基にした心と体を動かす体験

　子どもの心と体を伸び伸びと成長させ、生涯にわたる健康の基礎を培うためには、適切な環境と配慮の下で、保育者や周囲の大人とのふれあいや、子ども同士が一緒に遊びながら十分に心と体を使い動かすことが必要である。乳幼児期は心身が大きく成長・変化する時期であり、生涯にわたる健康の基礎を培う大切な時期である。この時期に様々な運動への興味や関心、運動に対する好奇心を育て運動する楽しさを知ること、健康的な生活のリズムや生活習慣を心地良いものとして身につけること、自ら健康で安全な生活をつくっていく力を養うことが大切となる。そのためには乳幼児期にふさわしい生活が展開されることが大切である。つまり、乳幼児期の発達の特性や一人ひとりの個人差を理解した保育者の援助や環境構成が行われていることや、保育者との信頼関係を基盤にして安心し情緒が安定した状態での生活が保障されていることや、同年代の友達同士が相互に関わり合い刺激し合いながら育ち合う生活があることなどが重要になるのである。乳幼児期の生活には、子ども自身が能動的に環境に関わり、活動し、発達に必要な体験を得ていくプロセスが大切にされ、自発性や主体性が尊重される中で体全体の感覚を通して学ぶ直接体験が十分に得られる環境が求められるのである。

２．遊びを通した総合的な指導

　中央教育審議会『幼稚園、小学校、中学校、高等学校及び特別支援学校の学習指導要領等の改善及び必要な方策等について（答申）』では、生涯にわたって求められる本質的な学びとして「主体的・対話的で深い学び」がうたわれ、その方法として「アクティブ・ラーニングの視点」が示されている。図１－③は、主体的・対話的で深い学び（アクティブ・ラーニ

【図１－③】「アクティブ・ラーニング」の３つの視点からの学習過程の質的改善

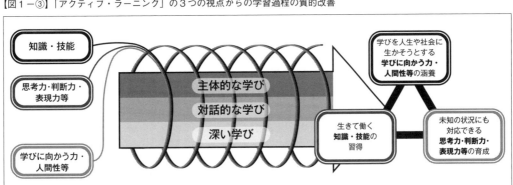

中央教育審議会『幼稚園、小学校、中学校、高等学校及び特別支援学校の学習指導要領等の改善及び必要な方策等について（答申）補足資料』平成28年12月、」より作成

ングの視点）を、資質・能力の三つの柱と関連づけ、「学びの過程」として図式化している
ものである。このような学びのプロセスは教育要領、保育指針、保育要領でも位置づけられ、
遊びを通した総合的な指導として大切にされてきた内容である。まさに、乳幼児教育の考え
方が教育界全体へと広がっているのである。

　教育要領、保育指針、保育要領では、子どもの自発的な活動としての遊びを支える環境を
構成し、その際に5つの領域の視点から保育内容を見ていくことを重視している。たとえば、
ままごと遊びをとっても、5領域が関連し合い、遊びの中で学びが起きていることが理解で
きるであろう。また、健康の領域の「体を動かしている」子どもの姿をよく見てみると、そ
こには子どもの育ちが多様にあることがわかるであろう。「幼児期運動指針」には、幼児の
運動は運動機能を高めるためではなく、総合的な学びである点が示されている。「幼児は心
身全体を働かせて様々な活動を行うので、心身の様々な側面の発達にとって必要な経験が相
互に関連し合い積み重ねられていく。このため、幼児期において、遊びを中心とする身体活
動を十分に行うことは、多様な動きを身に付けるだけでなく、心肺機能や骨形成にも寄与す
るなど、生涯にわたって健康を維持したり、何事にも積極的に取り組む意欲を育んだりする
など、豊かな人生を送るための基盤づくりとなることから、以下のような様々な効果が期待
できる。」[5] と記した上で、運動で育つ要素を5つの視点から解説している。

【幼児期における運動の意義】（『幼児期運動指針』より、筆者一部要約）
❶体力・運動能力の向上
　• タイミングよく動いたり、力の加減をコントロールしたりするなどの運動を調
　　整する能力。
❷健康的な体の育成
　• 丈夫でバランスのとれた体を育みやすくなる。
　• 生涯にわたる健康的で活動的な生活習慣の形成。
❸意欲的な心の育成
　• 思い切り伸び伸びと動くことは、健やかな心の育ちも促す。
　• 遊びから得られる成功体験によって育まれる意欲や有能感は、何事にも意欲的
　　に取り組む態度を養う。
❹社会適応力の発達
　• 友達と遊ぶことでルールを守り、自己を抑制し、コミュニケーションを取り合
　　いながら、協調する社会性を養う。
❺認知的能力の発達
　• 状況判断・予測などの思考判断を要する全身運動は、脳の運動制御機能や知的
　　機能の発達促進。
　• 自分たちの遊びに合わせてルールを変化させたり、新しい遊び方を創り出した
　　りするなど、遊びを質的に変化させることは、豊かな創造力も育む。

5）文部科学省幼児期運動指針策定委員会『幼児期運動指針、2 幼児期における運動の意義』平成24年3月、
　　https://www.mext.go.jp/a_menu/sports/undousisin/1319771.htm、2020年2月25日アクセス

4 保育者の役割と「健康」

1. 安心・安定できる環境

　子どもが心身共に健康な生活を送るためには、保育者の役割が非常に大きい。特に入園・進級当初の子どもには、安心・安定できる環境が必要である。この時期は、生活環境の違いや人間関係の変化から、不安感を抱くことが多い。子どもが安心して過ごすためには、大人が十分に気を配って生命の保持や情緒の安定を支える環境を用意することが必要である。保育所保育指針第1章総則、保育の目標では「十分に養護の行き届いた環境の下に、くつろいだ雰囲気の中で子どもの様々な欲求を満たし、生命の保持及び情緒の安定を図ること」[6]と示されている。保育者は、集団生活でありながらも、家庭のぬくもりを感じさせる空間になるように工夫したり、緊張を和らげるために遊びを誘発するコーナーを用意しておいたりと、子どもが安心・安定して生活を送れることに配慮した環境構成を考えていく必要がある。また、保育者は、子どもの気持ちに寄り添い、信頼関係を築くように心がけていかなければならない。

2. 子どもの主体性と保育者の環境構成

　子どもは自分の体を十分に使って主体的に環境に関わり、試行錯誤したりチャレンジしたりすることで様々な経験を得て育っていく。そのために幼稚園や保育所、認定こども園等は、子どもが主体で生活を送れる環境を常に考え整えていく必要がある。たとえば、子どもの生活における環境が乏しく、子どもが周囲の環境から何も誘発されなければ、子どもから主体的に物事に取り組みたい・関わりたいと思うことはない。また、食事、片づけ、排泄（はいせつ）、着替えなど生活習慣における動作や、鬼ごっこ、鉄棒、縄跳び、製作などの遊びの場面において、子どもが張り切って自らやろうと思って取り組み始めたことも、手順が複雑すぎたり、物の位置がわかりにくかったりすると、うまくいかずに気持ちが落ち込んでしまうこともある。子どもの意欲的な行動が達成感をもって終えられるように、保育者は子どもの状態、発達に応じた環境を工夫する必要がある。そのことにより、子どもが園での生活に自信をもって行動できるようになっていくのである。幼稚園や保育所、認定こども園等は、多くの友達と共に生活を進めていく場であるという特徴をもって

6）厚生労働省『保育所保育指針解説』フレーベル館、2018年、p.19

いる。そのため、一人ひとりの子どもがいつでも自分の好き勝手に行動できるわけではない。保育者は、時には仲間の一人として遊びに参加しモデルとしての役割を果たすことも必要である。年齢など子どもの発達の状況に応じて、自分たちの場を自分たちでどのように整えて、過ごしやすくしていくかということを、保育者は子どもと共に考えていく姿勢をもつことが必要になる。

3．健康で安全な生活を送るために

　幼稚園や保育所、認定こども園等において、保育者は子どもの命と安全を守り健康を増進する責任がある。保育者は、子どもが安全で伸び伸びと活動できる環境や機会をつくるために、参加のきっかけや励ましを与えたり、心身を動かす楽しさを知らせたりする援助を行わねばならない。そのためには、子ども一人ひとりの発達状況や、興味や関心を捉えながら、子どもの意図や意欲、挑戦したり探究を楽しんだりする気持ちを尊重した適切な指導が必要になってくる。

　ただ、子どもの主体性を尊重するといっても、大きなケガや命に関わるような危険な行為に対してはすぐに対応し、子どもの行動を制止しなければならない。しかし、常に子どもを危険から遠ざけ安全に守ることばかりでは、子どもの安全に対する意識や能力、安全で健康な生活をつくり出す力は養えない。

　保育において大切なことは、子どもにまったくケガをさせないのではなく、取り返しのつかない重大なケガや事故を防ぐことである。もちろんケガなどさせないことが前提ではあるが、万一起きてしまった小さなケガは子どもの経験とし、以後同様の出来事を防ぐためにも自分の身体感覚がわかるようにすることである。大きなケガや事故を防ぐためには、保育者が子どもの様子をよくみることと、保育者自身が危険を予測する力を身につけることにある。子どもの情緒が不安定な時や身体的に疲れている時などは注意が散漫になり、思わぬところでケガをすることがある。また、固定遊具での遊び方や、物の置き場所や扱い方など、大きなケガにつながる可能性がある場所や物、遊び方などについての危険を予測し、子どもの生活環境に合わせて整えることが求められる。そして、安全管理において最も重要なことは、保育者間が連携することである。子どもの状態や園内の危険因子を保育者間で共有し、共通意識をもって目を配る姿勢が重要となる。子どもの姿は日々異なり、それに応じて遊び方も変わり、保育者が用意する環境も変わってくる。計画や見通しをもって、日々子どもの生活の安全に、園全体で意識し続けることが求められる。そのような保育者の姿勢が、子どもの健やかな成長を支えるだけでなく、保育者の姿から子ども自身が健康で安全な生活の仕方に気づき、実践していく自立心につながるのである。

第2章

領域「健康」とは

　　幼児期は、自分の生活を離れて知識や技能を一方向的に教えられて身につけていく時期ではなく、生活の中で自分の興味や欲求に基づいた直接的・具体的な体験を通して学んでいく。そのため幼稚園や保育所、幼保連携型認定こども園等では、小学校以降の子どもの発達を見通した上で、幼児期の教育において育みたい資質・能力を、幼児期にふさわしい生活を展開する中で、幼児の遊びや生活といった直接的・具体的な体験を通して、人と関わる力や思考力、感性や表現する力などを育み、人間として、社会と関わる人として生きていくための基礎を培うことが求められている。

　　そこで、幼児期の教育において育みたい資質・能力（1章、p.13 − 14参照）を幼児の生活する姿から捉えたものを「ねらい」とし、「ねらい」を達成するために保育者が幼児の発達の実情を踏まえながら指導し、幼児が身につけていくことが望まれるものを「内容」として示されている。具体的には、幼児の発達の側面から、心身の健康に関する領域「健康」、人との関わりに関する領域「人間関係」、身近な環境との関わりに関する領域「環境」、言葉の獲得に関する領域「言葉」、感性と表現に関する領域「表現」の5領域である。実際の指導に当たっては、幼児の発達は様々な側面が絡み合って相互に影響を与え合いながら遂げられていくものであることから、幼児が環境に関わって展開する具体的な活動を通して総合的に指導されなければならない。

　　本章では、心身の健康に関する領域「健康」を中心に考える。

1　幼稚園教育要領、保育所保育指針、幼保連携型認定こども園教育・保育要領改訂（改定）の変遷

1．幼稚園教育要領改訂の経緯

　昭和23（1948）年に当時の文部省から「保育要領—幼児教育の手引き—」が刊行された。これは、幼稚園だけでなく、保育所や家庭における保育の手引書として編集されたものであった。

　幼稚園教育要領は、「幼稚園の教育課程のための基準を示すもの」としてこの保育要領を改訂し、昭和31（1956）年に作成された。その後、昭和39（1964）年に幼稚園教育要領の改訂が行われたが、この時、学校教育法施行規則76条が改正され、従来の「幼稚園の教育課程は、幼稚園教育要領の基準による。」との規定から、「幼稚園の教育課程については、この章に定めるもののほか、教育課程の基準として文部大臣が別に公示する幼稚園教育要領によるものとする。」として、小学校・中学校・高等学校と同様に、文部省告示として公示されることとなり、教育課程の基準としての性格が明確化された。以降、平成元年（1989）年、平成10（1998）年、平成20（2008）年、平成29（2017）年に改訂が行われ、現在に至っている[1]。

2．保育所保育指針の改正の経緯

　保育所保育指針は、昭和40（1965）年に保育所保育のガイドラインとして制定され、その後、平成2（1990）年、平成11（1999）年、平成20（2008）年、平成29（2017）年の改定が行われている。特に、平成20（2008）年の改定からは、保育所の役割と機能が広く社会的に重要であることからこれまでの局長通知から厚生労働大臣による告示となり現在に至っている。特に、平成29（2017）年の改定では、幼児教育の一翼を担う施設として教育に関わるねらい及び内容に関して、幼稚園教育要領、幼保連携型認定こども園教育・保育要領とのさらなる整合性が図られた。

3．幼保連携型認定こども園教育・保育要領の経緯

　平成26（2014）年4月、幼保連携型認定こども園の教育課程その他の教育及び保育の内容に関する事項を定めた教育・保育要領が、内閣府・文部科学省・厚生労働省共同告示され、平成27（2015）年4月に施行された。平成29（2017）年に改訂（改定）された幼

1）中央教育審議会/初等中等教育分科会/教育課程部会/幼稚園専門教育部会『第4期第1回（第9回）議事録・配布資料［資料22］』文部科学省、https://www.mext.go.jp/b_menu/shingi/chukyo/chukyo3/026/siryo/07072701/007.htm、2020年5月19日アクセス

稚園教育要領と保育所保育指針との整合性の確保のもと、幼保連携型認定こども園教育・保育要領も改訂され、平成29（2017）年3月、内閣府・文部科学省・厚生労働省告示第１号をもって公示されて現在に至っている。

2 領域「健康」の変遷

1．昭和39（1964）年

　昭和39（1964）年の幼稚園教育要領において、幼稚園教育の独自性について一層明確化し、教育課程の構成についての基本的な考え方が明示された。この幼稚園教育要領第２章内容において、

　「健康、社会、自然、言語、音楽リズムおよび絵画製作の各領域に示す事項は、幼稚園教育の目標を達成するために、原則として幼稚園修了までに幼児に指導することが望ましいねらいを示したものである。しかし、それは相互に密接な関係があり、幼児の具体的、総合的な経験や活動を通して達成されるものである。

　幼稚園においては、各領域に示す事項によって、全期間を通じて指導しなければならない事項の全体を見通し、望ましい幼児の経験や活動を適切に選択し配列して、調和のとれた指導計画を作成し、これを実施しなければならない。この際、各領域に示す事項については、幼児の年齢の違い、教育期間の相違および地域の実態などを考慮して、その程度を適切に決めなければならない」と示している。

　これらを受け、領域「健康」では、「１ 健康な生活に必要な習慣や態度を身につける」「２ いろいろな運動に興味をもち、進んで行なうようになる」「３ 安全な生活に必要な習慣や態度を身につける」の三つのねらいが示され、たとえば、１の要点では「身体、衣服、持ち物、身近な場所などを清潔にする」「便所をじょうずに使う」などの具体的指導内容が示された。さらに、これらの指導に当たっての留意事項が示されている。

2．平成元年（1989）年

　平成元（1989）年の幼稚園教育要領改訂においては、「幼稚園教育は環境を通して行うものである」ことが「幼稚園教育の基本」として明示され[2]、それまでの６つの領域のねらいや内容について幼児の発達の側面からまとめられ、６領域から５つの領域（健康・人間関係・環境・言葉・表現）に新しく編成された。さらに、幼稚園生活の全体を通してねらいが

２）中央教育審議会/初等中等教育分科会/教育課程部会/幼稚園専門教育部会『第１回議事録・配布資料 ［資料8］』文部科学省、https://www.mext.go.jp/b_menu/shingi/chukyo/chukyo3/026/siryo/05120701/008.htm、2020年5月19日アクセス

総合的に達成されるよう「ねらい」と「内容」の関係が明確化された。平成元（1989）年12月に刊行された幼稚園教育指導書増補版において、「幼児が生活を通して発達していく姿を踏まえ、幼稚園教育全体を通して幼児に育つことが期待される心情、意欲、態度などを『ねらい』とし、それを達成するために教師が指導し、幼児が身に付けていくものを『内容』としたものであり、ねらいと内容を幼児の発達の側面からまとめて5つの領域を編成した」と示されている。この領域構成については、5領域を維持し現在に至っている。心身の健康に関する領域「健康」は、健康な心と体を育て、自ら健康で安全な生活をつくり出す力を養う観点からねらいと内容がまとめられている。

　平成元（1989）年の領域「健康」では、「この領域は、健康な心と体を育て、自ら健康で安全な生活をつくり出す力を養う観点から示したものである」として、三つの「ねらい」が示された。

3．平成10（1998）年

　平成10（1998）年の幼稚園教育要領改訂では、領域構成については、現行の5領域を維持し、各領域の「留意事項」について、その内容の重要性を踏まえ、その名称が「内容の取扱い」に変更された。

　領域「健康」に関しては、「幼児を取り巻く環境や生活の変化に対応し、幼児の健康な生活リズムをつくりだし、戸外で伸び伸びと体を動かして遊ぶ活動を積極的に取り入れるとともに、友達と十分に遊ぶことによって自己の存在感や充実感を味わう体験を一層重視する。また、悩みや葛藤の経験を通して友達の存在に気付くといった自我の形成にかかわる体験や社会生活上のルール、幼児期にふさわしい道徳性を生活の中で身に付けるような指導を充実する。その際に、人としてしてはいけないことがあることに気付くようにするとともに、何がよくて何が悪いかを考えさせるようはっきりと指導するようにする。」[3]とされ、心身の健康を培う活動が積極的に取り入れられた。具体的には、幼児が自然の中で伸び伸びと体を動かして遊び、興味や関心が戸外に向くようにするとともに、その際には幼児の動線に配慮した園庭や遊具の配置などを工夫することが新たに内容の取扱いに示された。また、これまで第3章指導計画作成上の留意事項に示されていた基本的な生活習慣の形成に関する記述が、関係の深い領域に示す観点から、内容の取扱いに示された。

4．平成20（2008）年

　平成20（2008）年の教育要領改訂においては、幼稚園教育については、改訂の基本方針の一つである「近年の子どもたちの育ちの変化や社会の変化に対応し、発達や学びの連続性及び幼稚園での生活と家庭などでの生活の連続性を確保し、計画的に環境を構成すること

3）教育課程審議会『幼稚園、小学校、中学校、高等学校、盲学校、聾学校及び養護学校の教育課程の基準の改善について（答申）』文部科学省、平成10年7月29日
4）文部科学省『幼稚園教育要領解説』フレーベル館、平成20年10月、p.3

を通じて、幼児の健やかな成長を促す。」[4]ことから、領域「健康」においては、「内容」と「内容の取扱い」において次の事項が新たに示された。

【内容】
　・先生や友達と食べることを楽しむこと

【内容の取扱い】
　・十分に体を動かす気持ちよさを体験し、自ら体を動かそうとする意欲が育つようにすること
　・幼児の食生活の実情に配慮し、和やかな雰囲気の中で教師や他の幼児と食べる喜びや楽しさを味わったり、様々な食べ物への興味や関心をもったりするなどし、進んで食べようとする気持ちが育つようにすること
　・基本的な生活習慣の形成に当たって家庭での生活経験に配慮すること

5．平成 29（2017）年

　平成29（2017）年の幼稚園教育要領改訂では、改訂の基本方針である「幼稚園教育において育みたい資質・能力の明確化」「小学校教育との円滑な接続」「幼児期の終わりまでに育ってほしい姿、（『健康な心と体』『自立心』『協同性』『道徳性・規範意識の芽生え』『社会生活との関わり』『思考力の芽生え』『自然との関わり・生命尊重』『数量・図形、標識や文字などへの関心・感覚』『言葉による伝え合い』『豊かな感性と表現』）を明確化」「現代的な諸課題を踏まえた教育内容の見直し」等から、領域「健康」においては、「ねらい」「内容」が改訂された。また、平成24（2012）年3月策定『幼児期運動指針』（文部科学省）などを踏まえ、多様な動きを経験する中で、体の動きを調整するようにすることが「内容の取扱い」において新たに示された。

3　幼稚園教育要領、保育所保育指針、幼保連携型認定こども園教育・保育要領における領域「健康」の関係性

　これまでも、幼稚園教育要領と保育所保育指針等の教育・内容については、整合性がとられてきているが、平成29（2017）年の保育所保育指針の改定において、保育所保育は、「子どもが現在を最も良く生き、望ましい未来をつくり出す力の基礎を培うために、環境を通して養護及び教育を一体的に行っている」ことから、幼稚園や幼保連携型認定こども園と共に、保育所は幼児教育の一翼を担う施設として、保育所保育指針の教育に関わる側面のねらい及び内容に関して、幼保連携型認定こども園教育・保育要領及び幼稚園教育要領との構成の共通化を図った「健康・人間関係・環境・言葉・表現」の各領域における「ねらい」「内容」「内容の取扱い」が記載された。
　その際、保育所、幼保連携型認定こども園においては、発達による変化が著しい乳幼児期

の子どもが長期にわたって在籍することを踏まえ、乳児期（0歳）は、「健やかに伸び伸びと育つ」「身近な人と気持ちが通じ合う」「身近なものと関わり感性が育つ」の三つの視点から保育内容が見直された。また、1歳以上3歳未満児の保育内容を、発達の特徴を踏まえて、心身の健康に関する領域「健康」、人との関わりに関する領域「人間関係」、身近な環境との関わりに関する領域「環境」、言葉の獲得に関する領域「言葉」、感性と表現に関する領域「表現」の5領域で示された。

　さらに、幼児教育において育みたい子どもたちの資質・能力として、「知識及び技能の基礎」「思考力、判断力、表現力等の基礎」「学びに向かう力、人間性等」が示されるとともに、各領域におけるねらい及び内容に基づいて展開される保育活動全体を通じて育まれていった時、幼児期の終わり頃には具体的にどのような姿として現れるかを、「幼児期の終わりまでに育ってほしい姿」として明確化された。これにより、一層子どもの学びや発達を踏まえた教育・保育の実現が求められているのである（図2−①）。

【図2−①】心身の健康に関する領域「健康」

	幼稚園教育要領
保育所保育指針／幼保連携型認定こども園教育・保育要領	
1～3歳児	3～5歳児
健康な心と体を育て、自ら健康で安全な生活をつくり出す力を養う。	健康な心と体を育て、自ら健康で安全な生活をつくり出す力を養う。
ねらい (1)明るく伸び伸びと生活し、自分から体を動かすことを楽しむ。 (2)自分の体を十分に動かし、様々な動きをしようとする。 (3)健康、安全な生活に必要な習慣に気付き、自分でしてみようとする気持ちが育つ。	**ねらい** (1)明るく伸び伸びと行動し、充実感を味わう。 (2)自分の体を十分に動かし、進んで運動しようとする。 (3)健康、安全な生活に必要な習慣や態度を身に付け、見通しをもって行動する。
内容 (1)保育士等の愛情豊かな受容の下で、安定感をもって生活をする。 (2)食事や午睡、遊びと休息など、保育所における生活のリズムが形成される。 (3)走る、跳ぶ、登る、押す、引っ張るなど全身を使う遊びを楽しむ。 (4)様々な食品や調理形態に慣れ、ゆったりとした雰囲気の中で食事や間食を楽しむ。 (5)身の回りを清潔に保つ心地よさを感じ、その習慣が少しずつ身に付く。 (6)保育士等の助けを借りながら、衣類の着脱を自分でしようとする。 (7)便器での排泄に慣れ、自分で排泄ができるようになる。	**内容** (1)先生（保育士）や友達と触れ合い、安定感をもって行動する。 (2)いろいろな遊びの中で十分に体を動かす。 (3)進んで戸外で遊ぶ。 (4)様々な活動に親しみ、楽しんで取り組む。 (5)先生（保育士）や友達と食べることを楽しみ、食べ物への興味や関心をもつ。 (6)健康な生活のリズムを身に付ける。 (7)身の回りを清潔にし、衣服の着脱、食事、排泄などの生活に必要な活動を自分でする。 (8)幼稚園（保育所）における生活の仕方を知り、自分たちで生活の場を整えながら見通しをもって行動する。 (9)自分の健康に関心をもち、病気の予防などに必要な活動を進んで行う。 (10)危険な場所、危険な遊び方、災害時などの行動の仕方が分かり、安全に気を付けて行動する。

4 資質・能力と領域「健康」

　第1章でも述べたように、平成29（2017）年に改訂（改定）された幼稚園教育要領・保育所保育指針等において、小学校以降の子どもの発達を見通しながら教育・保育活動を展開し、次の三つの資質・能力を育むことが示された（1章、p.13-14参照）。

（1）「知識及び技能の基礎」

　　豊かな体験を通じて、感じたり、気付いたり、分かったり、できるようになったりする。

（2）「思考力、判断力、表現力等の基礎」

　　気付いたことや、できるようになったことなどを使い、考えたり、試したり、工夫したり、表現したりする。

（3）「学びに向かう力、人間性等」

　　心情、意欲、態度が育つ中で、よりよい生活を営もうとする。

【平成29年告示幼稚園教育要領第1章総則第2−1】より

　これらの資質・能力は、個別に指導をされるものではなく、遊びを通した総合的な指導の中で一体的に育むよう努めることが重要である。特に、領域「健康」における資質・能力に関して、平成28（2016）年12月「幼稚園、小学校、中学校、高等学校及び特別支援学校の学習指導要領等の改善及び必要な方策等について」（答申）（中教審第197号）において、健康・安全・食に関する資質・能力を以下のように示している。

（1）「知識及び技能の基礎」

　　様々な健康課題、自然災害や事件・事故等の危険性、健康・安全で安心な社会づくりの意義を理解し、健康で安全な生活や健全な食生活を実現するために必要な知識や技能を身に付けていること。

（2）「思考力、判断力、表現力等の基礎」

　　自らの健康や食、安全の状況を適切に評価するとともに、必要な情報を収集し、健康で安全な生活や健全な食生活を実現するために何が必要かを考え、適切に意思決定し、行動するために必要な力を身に付けていること。

（3）「学びに向かう力、人間性等」

　　健康や食、安全に関する様々な課題に関心を持ち、主体的に、自他の健康で安全な生活や健全な食生活を実現しようとしたり、健康・安全で安心な社会づくりに貢献しようとしたりする態度を身に付けていること。

【教育課程部会「幼稚園、小学校、中学校、高等学校及び特別支援学校の学習指導要領等の改善及び必要な方策等について」（答申）（中教審第197号）、平成28（2016）年12月】より一部抜粋

　実際の指導の場面においては、幼稚園、保育所等においては、「ねらい」及び「内容」に基づき、子どもの発達や興味・関心等を踏まえながら日々の教育・保育を展開していくとともに、小学校以降の子どもの発達を見通しながら、生きる力の基礎を育む教育・保育活動を展開していくことが大切である。

5　「幼児期の終わりまでに育ってほしい姿」と領域「健康」

　平成29（2017）年の幼稚園教育要領、保育所指針等の改訂（改定）において、小学校教育との円滑な接続を目的に、以下の通り「幼児期の終わりまでに育ってほしい姿」が示された。

- ●健康な心と体
- ●自立心
- ●協同性
- ●道徳性・規範意識の芽生え
- ●社会生活との関わり
- ●思考力の芽生え
- ●自然との関わり・生命尊重
- ●数量・図形、標識や文字などへの関心・感覚
- ●言葉による伝え合い
- ●豊かな感性と表現

　これは、「ねらい」及び「内容」に基づく活動全体を通して資質・能力が育まれている幼児の具体的な姿であり、特に5歳児の後半に見られるようになる姿を示したものである。たとえば「健康な心と体」では、「幼稚園生活の中で、充実感をもって自分のやりたいことに向かって心と体を十分に働かせ、見通しをもって行動し、自ら健康で安全な生活をつくり出すようになる。」とされている。教師が指導を行う際、このような「幼児期の終わりまでに育ってほしい姿」を念頭に置きながら、発達の各時期にふさわしい生活が展開されるように、指導計画を作成し教育、保育活動をしていくことが大切である。

　その際、特に留意しなければならないことは、領域「健康」と関連の深い「健康な心と体」のみを達成することが目的ではない。たとえば、乳幼児期に、保育者の愛情に包まれ安心、安全な環境の下で、心と体を十分に働かせて生活する中で、戸外で友達と十分に体を動かし遊ぶことを通して、互いのよさや特性（共同性）に気づいたり、楽しく遊ぶためにはルールやきまり（道徳性・規範意識の芽生え）があるということに気づいたりすること等も領域「健康」に関係の深い事項となる。

　このように、園生活の中で充実感をもって自分のやりたいことに向かって心と体を十分に働かせ、見通しをもって行動し、自ら健康で安全な生活をつくり出すようになっていくためには、領域「健康」のみで育まれるのではなく、ねらい及び内容に基づく活動全体を通して育まれることに留意しなければならない。園の生活において、安定感をもって主体的に環境に関わり、自己を十分に発揮しながら遊びや生活を楽しむ中で、体を動かす気持ちよさを感じたり生活に必要な習慣や態度を身につけたりしていく過程を大切にしていくことが必要である。

第3章

子どもの発達と健康との関係

　乳幼児期の子どもの発育・発達は非常に大きな差がある。出生時の体重や身長には個人差があり、発育・発達の速さや経過も同じにはならない。そのため、身体の発育、粗大運動と微細運動、言葉や精神の発達過程を把握し、年齢や成育歴の違いも踏まえて、必要な働きかけをすることが大切である。

　子どもの身体の諸機能や知的能力の発達に伴い、生活に必要な技能の習得が進み、食事、睡眠、排泄、清潔などの基本的生活習慣が徐々に形成されていく。その過程において、自分の身のまわりのことを自分でできる「自立」と、一つひとつの生活行動の意味を知り、必要に気づいて自分で考え行動できる「自律」が育まれる。

　本章では、乳児から5、6歳児の身体の発育と運動機能、言葉や精神の発達を理解し、子どもの年齢と個人差に即した保育の在り方を学ぶ。また、基本的生活習慣形成のためには、園と家庭との連携も重要である。子どもの健康、安全管理なども含めて、保育者の関わり方を考えていきたい。

1　子どもの育ち

　乳幼児期の子どもの発育及び発達は非常に大きな差がある。そこで、発育及び発達の差を個性と捉え、子ども一人ひとりに必要な援助や配慮を行うことが重要である。その際に、子どもの発育・発達する全体的な姿を把握しておくことが必要である。

1．乳児（0歳児）の育ち

　乳児期は、誕生後、母体内から外界への急激な環境の変化に適応していく、一生のうちで最も発育・発達が著しい時期である。保育所保育指針第2章保育の内容1−(1)−イでは、「乳児期の発達については、視覚、聴覚などの感覚や、座る、這う、歩くなどの運動機能が著しく発達し、特定の大人との応答的な関わりを通じて、情緒的な絆が形成されるといった特徴がある。」と示されている（幼保連携型認定こども園教育・保育要領でも同様、以下略）。子どもは、安心できる特定の大人との応答的な愛情豊かな関わりにより情緒的な絆が形成され、身近にいる大人を心のよりどころとして、身体的にも精神的にも発育・発達していく。

（1）身体の育ち

　乳児期は体重や身長の増加の割合が大きく、特に出生からの1年間は、成長がめざましい。体重は、生後3か月で出生体重の約2倍、1歳で約3倍に増加する。その後、2歳で約4倍、4歳では約5倍になる。身長は1歳で約1.5倍、4歳で約2倍、12歳で約3倍に増加する。

【図3−①】胎児期と出生後のからだのプロポーション（Stratzより作成）

胎生2か月　胎生5か月　新生児　2歳　6歳　12歳　25歳

　体格は年齢とともに大きく変化する。身長に対する頭部の割合は、出生時に4等身であったプロポーションが、加齢とともに8等身の成人に近づいていく（図3−①）。

　視力は母体にいた時から光を感じており、出生後すぐに見えている。上手に焦点を合わせることができないために、視界はぼやけているが、徐々に物や色を認識する。生後3か月頃には、機嫌の良い時には、人や物をじっと見つめたり、物の動きを目で追ったりするようになる。おもちゃのガラガラを振ると音や声のする方に顔を向けるなど、視覚や聴覚などの感覚を通して外界を認知し始める。生後6か月〜8か月頃は視力の発達が著しい時期で、視力は約0.1になり、人の顔を覚えて区別するようになる。その後、目の機能がさらに発達して立体視をするようになる。

　聴力は胎児期8か月頃には成人並みに発達していると考えられており、音には敏感である。

（2）粗大運動の発達

　図３-②にまとめているが、生後４か月頃になると首がすわり、たて抱きにされることによって首が自由に動かせるようになる。腕、手首、足は自分の意志で動かせるようになり、目の焦点も合うようになり視力も発達する。人や物、自然の様子など様々な刺激を受け、精神機能や運動機能が発達してくる。この時期、自分の手を上げて、その手を見つめるハンドリガードが見られる。その後、寝返りが打てるようになると、床の上にあるおもちゃ等に手を伸ばして握るようになり、やがて腹をつけて腕で進む、ずりばいにより、行動範囲が広がる。また、座ることができるようになると、視界が広がり自発的に物を見るようになる。両手も使えるようになるので身近な物に興味をもって関わり、探索活動が活発になる。手を伸ばして、物を振ったり、なめたり、床に打ちつけたり、転がしたりして遊ぶようになる。やがて、手を伸ばしても届かないところにある物を取ろうと、手を伸ばしながら上体を大きく前に出すと、両手を床に着いた四つ這いになる。四つ這いになると移動するスピードも増し行動範囲が広くなり、さらに探索活動も盛んになる。その後、膝を上げ足指で床をしっかり蹴り返しながら移動する高這いも見られるようになる。高這いにより、足首の柔軟性が高まり、蹴り返しが促される。上半身と下半身の連動運動である四つ這いとともに、高這いは歩行に至るまでの運動になる。

　また、探索活動が広がり上部にある物に興味をもつと、物につかまり立つようになり、伝い歩きで移動するようにもなる。やがて一人で立ち上がり、歩行を開始する。

　このように子どもの発達は、首がすわってから座位姿勢になり、歩行が開始するというように頭部から下部へ、身体の中心部から末梢部へと発達の順序と方向性がある。

【図３-②】乳幼児の移動運動の発達の様子（Shirleyより作成）

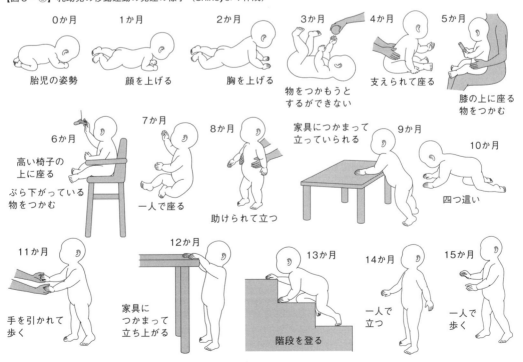

（3）微細運動の発達

　寝返りが打てるようになると、手に触れる物や目に映る物に手を伸ばし、触れた物を触り、手のひらでつかむ。手・指の運動である微細運動が活発になる。もみじ手と言われるように、手のひらが開いてくる。座ることができるようになると、両手に物を持って打ちつけたり、叩き合わせたりすることができるようになる。やがて親指と人差し指を使ってつまむことができる。9か月頃には手づかみ食べが見られ、細かく切った野菜やうどん等もつまんで、器用に食べることができる。手づかみ食べは、目と手、口の協応運動ができるようになってきたことでもある。

【図3−③】おもちゃをつかむ（4か月女児）。【図3−④】おもちゃをつかむ（10か月男児）。【図3−⑤】おもちゃを握る・つまむ（11か月男児）。

（4）言葉の発達

　4か月頃になると子どもは大人の顔を見つめ、「アー」「ウー」等の声を出すようになる。また、首がすわると子どもは対面であやしてくれる大人に向かってほほ笑みかける、社会的微笑も見られる。6か月頃には身近な人の顔がわかり、自分の意志や思いを伝えようと「あむ」「ばぶ」「ばばば」など「喃語」を発するようになる。関心がある物に指を差して示す「指差し行動」は、コミュニケーションの手立てである。指を差した方向にある物を保育者が一緒に見ながら、大人と一緒に物を共有することができる。そして、「アムアムアム」「マンマンマン」等、徐々に会話らしい抑揚がつくようになり、おもちゃを振りながら「ブ、ブ、ブ」「バー」等、盛んに発声したりする。また、「バイバイ」は手を振ったり、「おいしいね」は頬を触ったりする等、簡単な意味がわかり言葉に合った仕草ができるようになる。身近な大人が子どもの気持ちをくみ取り、一緒に手を振ったり、「バイバイ」と言葉にして返す等、大人とのやりとりがコミュニケーションとなる。

（5）精神の発達

　保育所保育指針では、「体の動きや表情、発声、喃語等を優しく受け止めてもらい、保育士等のやり取りを楽しむ。」[1]とある。子どもは空腹であったり眠かったりすると、声を出したり泣いたり、手足をバタバタと動かしたりして要求や意志をはっきり表すようになる。たとえば、子どもの泣きに対して、保育者が子どもの気持ちをくみ取り、抱っこしながら、

1）厚生労働省『保育所保育指針解説』フレーベル館、2018年、p.103

「お腹がすいたね、一緒に食べようね」と表情豊かに言葉で返すなど、丁寧に関わることを通して、子どもは保育者の声ややりとりを心地良いものと感じるようになる。そして、特定の保育者に対して愛着が芽生え、泣いて抱っこ等を求めるなどし、それに応答的に関わる保育者との間に基本的信頼関係を育んでいく。6、7か月を過ぎるころから、見慣れない人に対して、人見知りが始まる。人見知りは、子どもにとっては安心できる対象が認識できていることであり、順調な育ちの一つでもある。このような視力や認知の発達とともに、身近な人の声や顔がわかり、子どもの方から保育者に笑いかけたり、声や身振りで関わりを求めたりするようになる。安心できる保育者と関わり、遊ぶ中で、這う、立つ、歩く等の身体を動かすことの楽しさを経験していく。

2．1、2歳児の育ち

　この時期は歩行を開始し、運動機能がめざましく発達する。食事や衣類の着脱など身のまわりのことを自分でしようとする。また排泄の自立のための身体的機能も整ってくる。

　言葉が発達して語彙数も増え、片言の一語文から、二語文を話し始める。友達や周囲の人への興味や関心が高まり、他の子どもとの関わりを徐々に求めるようになる。また、行動範囲が広がり、探索活動が盛んになる中、自我が芽生え、自己主張することも多くなる。

　この時期にかかる病気は、感染症が最も多い。しかし、抵抗力が少しずつ備わってくる。

（1）身体の育ち

　身体活動量も増え、乳児のころのふっくらとした体型から、子どもらしいスマートな体型になる。体重は1歳で出生時の約3倍になり、2歳になると出生時の約4倍に増加する。身長は1歳で出生時の約1.5倍になり、身長は1年間に約7～8cm伸びる。

　1歳以降に視力は急速に発達する。視力は約0.2～0.25で、せんべいの破片など細かい物まで見えるようになる。上下左右や奥行など、空間を立体として感じ始めるようになることで、行動の幅も広がってくる。しかし、まだ両眼視機能は未熟で、障害物を認識できなかったり、目に入らなかったりする。

（2）粗大運動の発達

　歩行を開始すると歩くことが楽しく、一人歩きを繰り返す中でバランスや脚力がついてくる。1歳6か月頃には歩行が安定し、走るようになる。2歳頃になると歩く、走る、跳ぶといった基本的な運動機能が発達し、行動範囲が広がり運動量が次第に増える。両足でピョンピョン跳んだり、ボールを投げたりするばかりでなく、足で蹴ることもできるようになる。登る、もぐる、くぐる、またぐ、三輪車をこぐ等、様々な動きを楽しみながら行うことにより、運動コントロール能力を身につけていく。また、リズミカルな運動や音楽に合わせて身体を動かすことを好むようになる。そして、遊びや動きを通して

【図3－⑥】「ウサギになって大ジャンプ」（2歳6か月男児）

人や物との関わりを広げていく。人の行動にも興味を示し、盛んにまねるようになる。

（3）微細運動の発達

　歩行が安定してくると両手を自由に使えるようになり、手指の機能も発達していく。様々な物を手に取り、指先を使いながらつまんだり、引っ張ったり、空き容器に物を入れたり出したりの動作を繰り返し楽しむようになる。また、絵本をめくったり、クレヨンや鉛筆を持ってなぐり描きをしたり、紙をちぎったり、破いたり、貼ったりなどもできるようになる。

【図3－⑦】指先を使ってみかんの皮をむく（2歳3か月児）。

　1〜1歳6か月頃になると、物を目で見て確かめ、手でつまむという、目と手を協応させる力も発達してくる。

（4）言葉の発達

　言葉の理解が進み、自分の意志を親しい大人に伝えたいという欲求が高まる。「ハイ」や「イヤ」などの承諾や拒否を表す片言、一語文、二語文を言ったりする等、言葉の習得が進む時期である。言葉で言い表せないことは、指差し、身振りなどを盛んに使って自分の気持ちを伝えようとする。

　保育所保育指針では、「保育士等の応答的な関わりや話しかけにより、自ら言葉を使おうとする」[2]とある。子どもは、身近な大人との応答的な関わりによって、「ワンワン」や「マンマ」「ちょうだい」「かして」等、単語で意味を表す一語文を盛んに使い自分の気持ちを伝えようとする。たとえば、「マンマ」という言葉は、「マンマ食べたい」「マンマおかわり」等、様々な意味が込められている。保育者が「マンマ食べようね」と言葉を添えることで子どもは言葉を覚えていく。このように、身近な大人との関わりを通して、やがて、「マンマ、ちょうだい」「パパ、カイシャ」等、二語文を話し始め、コミュニケーションも発展する。言葉を盛んに使うようになると発声が明瞭になり、語彙数も次第に増加していく。

　また、この時期には、ぬいぐるみを赤ちゃんに見立てて母親のふりをしておもちゃのミルクをあげたり、積み木を自動車に見立てて車を運転しているつもりになったりする等、ごっこ遊びを楽しむ子どもの姿が見られるようになる。これは、実際にない場面を頭の中でイメージして遊具や用具を別の物に見立てたり、何かのふりをしたりするという象徴機能の発達によるもので、言語の習得と重要な関わりがある。子どもは、ごっこ遊びの中で自分の思いを言葉で表し、言葉を交わすことの楽しさを味わいながら言葉を習得していく。

2）厚生労働省『保育所保育指針解説』フレーベル館、2018年、p.158

（5）精神の発達

歩行を開始すると行動範囲が広がる。様々なことに興味や関心をもち、探索意欲が高まり主体的に活動するようになる。大人の手を借りずに、何でも自分でやってみたいと感じる自律心が強くなり、自我が芽生える。また、1歳6か月頃から自己主張が強くなり、「自分で」や「いや」と強く主張し、思い通りにいかないと泣いたり、かんしゃくを起こしたりする。また、悲しんだり、不安になったり、諦めたり、恥ずかしさを感じる等、様々な不安定な感情を表出する。

一方で、自分の行動のすべてが受け入れられるわけではないことに徐々に気づいてくる。子どもはまわりの大人が自分を信じ、受け止めてくれることにより、葛藤を乗り越え、気持ちを立て直していく。

この時期はまだ相手の気持ちに気づけず、所有意識が定かではないため、他人の物でも興味があれば手を伸ばして、取り合いになったりする場面が多く見られる。保育者が互いの気持ちを代弁し、相手にも思いがあることを丁寧に伝えていくことが重要である。その繰り返しで子どもの自我が育ち、相手にも思いがあることに気づく。自分の思いだけではなく、相手の思いも聞こうとするようになり、言葉による気持ちの伝え合いが芽生える。

3．3歳児の育ち

保育所保育指針では3歳以上児の保育について、「この時期においては、運動機能の発達により、基本的な動作が一通りできるようになるとともに、基本的な生活習慣もほぼ自立できるようになる。理解する語彙数が急激に増加し、知的興味や関心も高まってくる。仲間と遊び、仲間の中の一人という自覚が生じ、集団的な遊びや共同的な活動も見られるようになる。これらの発達の特徴を踏まえて、この時期の保育においては、個の成長と集団としての活動の充実が図られるようにしなければならない。」[3]と示している。生活に必要な基本的な生活習慣や態度を身につけることで、心身の健康を保持し、快適に園生活を送るようになる。また、友達のそばで友達と同じように遊ぶことから、徐々に関わり遊ぶようになり、やがて、気の合う仲間と集団遊びが活発に展開され、それぞれがもつ力や知恵を合わせて協力して遊ぶようになる。

（1）身体の育ち

体重は3歳で出生時の約4倍強になる。体重の増え方は2歳時よりも少なくゆるやかである。身長と体重のバランスが取れ、背骨がほどよいS字カーブになり、筋肉も発達して幼児らしい体型になってくる。

身体の筋肉の発達とともに、遊びの幅も広がってくる。視力は0.8～1.0程度になり、園内の掲示物や集団での絵本視聴等、細かな部分も確認できるようになる。乳歯20本がすべて生えそろい、食べ物を今まで以上にしっかり奥歯で咀しゃくすることができるので、食の

レパートリーも増える。

（2）粗大運動の発達

基礎的な運動能力が育ち、歩く、走る、跳ぶ、押す、引っ張る、投げる、転がる、ぶら下がる、またぐ、蹴る等の基本的な動作を習得していくとともに、生活や遊びを通して様々な動きを繰り返し行うことで、運動コントロール能力が高まる。平衡感覚も発達し、すべり台やブランコなどの固定遊具で遊べるようになる。また、運動能力の発達に伴い、食事、睡眠、排泄、衣類の着脱などの基本的な生活習慣がある程度確立してくる。

【図3－⑧】鉄棒にぶら下がって遊ぶ（3歳女児）。

（3）微細運動の発達

手指の機能が発達し、スプーンやフォークを使って上手に食事ができるようになる。また、不完全ではあるが箸を使うようにもなる。パンツをはいたり、大きめのボタンであれば着替えができたりするようになり、排泄や衣類の着脱なども自立してくる。

ハサミを使ったり、折り紙も上手ではないが二つ折りにしたりして遊ぶようになる。

（4）言葉の発達

子どもが理解する語彙数が急激に増加し、生活に必要な言葉がある程度わかり、したいことやしてほしいことを言葉で表すようになる。また、「おはよう」「ありがとう」「入れて」「貸して」「どうぞ」等、人と関わる言葉を自分から使うようになり、言葉を交わす心地よさを体験していく。保育者に対して「なぜ」「どうして」といった質問が盛んになり、物の名前や意味を理解しようとする知的興味や関心が高まり、言葉がますます豊かになってくる。簡単な話であれば、ストーリーがわかるようになり、絵本、物語、視聴覚教材などを見たり聞いたりして、その内容や面白さを楽しむようになる。

【図3－⑨】平行遊びの様子、砂で各自が楽しんで遊んでいる。

（5）精神の発達

友達との関係が子どもの生活や遊びにとって重要なものとなってくる。他の子どもと場を共有し、触れ合いの中で、少しずつ子ども同士で関わったりする姿も見られる。しかし、実際は、同じ遊びをそれぞれが楽しんでいる平行遊びであることが多い。遊びながら、他の子どもの遊びを模倣したり遊具を介して関わる中で、徐々に友達と分け合ったり、順番に使ったり、きまりを守ることを覚え始める。また、注意力や観察力が増し、身のまわりの大人の行動や日常経験していること等を取り入れて、ごっこ遊びの中で再現するようになる。こうした遊びを繰り返すことにより、人や物への理解へとつながっていく。生活経験を真似したごっこ遊びも見られ、「早くしなさいよ」「今日は遅くなるよ」等、大人の言葉をそのまま再

現して遊ぶ姿も見られる。

4．4歳児の育ち

　全身のバランスを取る能力が発達し、身体の動きが巧みになる。行動の幅が広がり、話しながら洋服を着る、走りながらボールを蹴る、音楽に合わせながら身体を動かすといった、二つの行動を同時に行う姿も見られるようになる。また、水、砂、土、草花、虫、樹木といった自分を取り巻く身近な自然に興味を高め、積極的に関わる中で、物や動植物の特性を知り、より豊かな関わり方や遊び方を体得していく。

　たとえば砂場で砂山をつくり、水を流すためのトンネルはどのようにしたらうまく掘れるか、トンネルに水を流すためにはどうすればよいか等、自分の手足を使い、試行錯誤しながら遊び方を探っていく。その中で、仲間といることの楽しさが感じられるようになる。しかし、ケンカも多くなり、自己主張をぶつけ合い、悔しさやつらさといった葛藤を経験する。その中で、相手の主張を受け入れたり、自分の主張を受け入れてもらったりする経験を重ね、他者と協調して生活していくという、人が生きていく上で大切なことを学ぶ。

（1）身体の育ち

　体重は出生時の約5倍になり、身長は出生時の約2倍になる。身体の全体のバランスがとれ、利き手や利き足がはっきりしてきて、身体の動きが巧みになり、「かくれんぼ」も楽しめるようになる。足根骨[4]もすべて出現し、しっかりとした足取りで歩くようになる。歩行量の増加に伴って足底筋群が強化され、これまで未発達であった足底のアーチ（土踏まず）が徐々に形成されてくる。脳の重量も成人の約8割まで増加する。投力に見られるように、筋力の男女差が出てくる時期でもある。

（2）粗大運動の発達

　全身の平衡感覚が発達し、平均台などの高さのある台を一人で歩いたり、バランスをとりながらスキップやケンパー跳び、リズムダンスを行うなど、巧みに身体を動かして遊ぶようになる。運動コントロール能力も発達し、ボール操作（投げたり、両手で受け取ったり、蹴る等の動作）もスムーズになる。ジャングルジムでぶら下がる、上がる、くぐる等身体の動きが巧みになる。また、鉄棒では腕や足の力で身体を支える『豚の丸焼き』などもできるようになる。活動的になり、全身を使いながら様々な遊びに挑戦し、運動量も増えてくる。

（3）微細運動の発達

　手指の機能がさらに発達し、歯ブラシの扱いが巧みになり、スナップボタンや穴あきボタンの掛け外し、小さいビーズの糸通しもできるようになり、基本的生活習慣が自立してくる。また、ハサミやノリ、セロハンテープなどの用具の使い方も上手になり、手本をまねて円や

4）足根骨…足首から下にあるかかとの骨のことで、計7個からなる。最初は一つひとつの骨が小さく、離ればなれでできていくので、子どもの足は非常にもろい。骨化が完全に終了するのは18歳頃である。

四角も描けるようになるが個人差がある。想像力を広げ、作ったもので遊ぶようになる。

（4）言葉の発達

　過去、現在、未来を表す言葉を使い分けるようになり、自分の経験したことや思っていることを言葉で伝えるようになる。「なぜ」「どうして」という質問を盛んにするようになったり、悪い言葉や憎まれ口が聞かれたりするようにもなる。

　また、かたい、やわらかい、ザラザラなどの触り心地を表現する言葉も話すようになる。

（5）精神の発達

　自分と他人との区別がはっきりわかり、自我が形成されていく。

　自分以外の人や物をじっくりと見るようになると、逆に見られる自分に気づき、自意識が芽生えてくる。また、目的をもって作ったり、描いたり、試したり、行動するようになり、失敗の恐れや不安など、様々な葛藤を体験する。このような気持ちをまわりの大人に共感してもらったり、励まされたりすることを繰り返しながら、友達や身近な人の気持ちを理解していく。

　この時期の子どもは、心が人だけにあるものではなく、他の生き物や無生物にもあるものと思っている。その中で子どもなりのイメージを膨らませ、物語を創って空想の世界を楽しみ、遊びを発展させていく。また、大きな音や暗がり、お化けや夢、一人残される不安など想像による恐れも増してくる。遊びを通して友達といることの楽しさが感じられるようになり、友達とのつながりが強まるが、一方では、ケンカも多くなる。やがて少しずつではあるが自分の気持ちを抑えたり、我慢できたりするようにもなる。

5.　5、6歳児の育ち

　心身ともに成長し、起床から就寝に至るまで生活に必要な基本的な生活習慣のほとんどが自立し、安心して見ていられるようになる。運動機能が向上し、動作がより滑らかで巧みになり、快活に跳び回るようになる。また、物事を対比する能力が育ち、園生活全体の流れを踏まえて、「何時になると給食だから、早く片づけよう」、「運動会まであと二日だから頑張って練習しよう」等、時間を認識し、見通しをもって活動できるようになる。

　この時期になると、仲間の存在がますます重要になってくる。数人のグループがまとまって、一つの目的に向かって行動するようになり、その中で楽しく活動するためには、それぞれが自分の役割を果たし、きまりを守ることの必要性を実感していく。そして、集団としての機能が高まってくる。

　6歳頃になると、ごっこ遊びを発展させた集団遊びが活発に展開されるようになる。遊びの中で役割が生じ、みんなが同じような行動をとるのではなく、それぞれの役割が自然に生じて、自分の特性や持ち味を生かして協同しながら遊びを持続し、発展させていく。仲間意識は強くなり、仲間同士で秘密基地や探検ごっこ等、手の込んだ一連の流れと様々な役割を考え出し、遊びはより複雑なものになっていき、自分たちの満足のいくまでやろうとする。その中で、みんなで知恵を出し合い、経験を生かし、創意工夫を重ねて遊びを発展させていく。

これまでの活動や経験を通して、達成感を味わい、自分はこんなことができるという自信をもつようになった子どもは様々なことに関心を示し、主体的、意欲的に環境に関わっていく。文字を書いたり、本を読んだりすることにも強い関心を示し、身近な自然や生活の変化に気づいたりする。そして、様々な経験を重ね、大人や子ども、自分より小さな子ども等、多くの人との関係性を広げることで自立心が高まり、やがて小学校入学に希望を抱き、日々充実感をもって生活するようになる。しかし、時には身近な大人に甘える姿も見られる。

【図3－⑩】協同遊びの様子（鬼ごっこ）。築山で一休みルールを作り、ダイナミックに遊んでいる。

（1）身体の育ち

【図3－⑪】を見ると、身長は、5～6歳の1年間で約6cm伸びる。令和元年（2019年）の5歳児の平均身長は男児で110.3cm、女児で109.4cmであり、前年度からみて、男女児共におおむね横ばい傾向である。体重は出生時の約5～6倍になる。5歳児の平均体重は男児で18.9kg、女児で18.6kgであり、身長と同様におおむね横ばい傾向となっている。身長、体重の個人差は顕著である。

また、乳歯から永久歯に生え変わり始める時期でもある。足底のアーチ（土踏まず）は6～7歳頃には形成が完了し、大人のようなアーチに近づく。運動機能がさらに向上し、生活や遊びの中で、大人が行う動作の多くができるようになる。

【図3－⑪】　幼児・児童生徒の発育状態の様子（文部科学省『学校保健統計（令和元年度）』より、筆者作成）

| 年齢/年度 | 男子 | | | | | | 女子 | | | | | |
| | 平均身長（cm） | | | 平均体重（kg） | | | 平均身長（cm） | | | 平均体重（kg） | | |
	令和元年	平成30年	平成元年	令和元年	平成30年	平成元年	令和元年	平成30年	平成元年	令和元年	平成30年	平成元年
5歳	<u>110.3</u>	110.3	110.8	<u>18.9</u>	18.9	19.3	<u>109.4</u>	109.4	110.0	<u>18.6</u>	18.5	18.9
6歳	116.5	116.5	116.7	21.4	21.4	21.5	115.6	115.6	116.0	20.9	20.9	21.0
7歳	122.6	122.5	122.5	24.2	24.1	24.0	121.4	121.5	121.8	23.5	23.5	23.6
8歳	128.1	128.1	127.9	27.3	27.2	27.0	127.3	127.3	127.3	26.5	26.4	26.4
9歳	133.5	133.7	133.3	30.7	30.7	30.3	133.4	133.4	133.1	30.0	30.0	29.8
10歳	139.0	138.8	138.3	34.4	34.1	33.7	140.2	140.1	139.5	34.2	34.1	33.9
11歳	145.2	145.2	144.3	38.7	38.4	37.9	146.6	146.8	146.1	39.0	39.1	38.7
12歳	152.8	152.7	151.3	44.2	44.0	43.4	151.9	151.9	151.4	43.8	43.7	43.8
13歳	160.0	159.8	158.6	49.2	48.8	48.7	154.8	154.9	154.8	47.3	47.2	47.4
14歳	165.4	165.3	164.4	54.1	54.0	54.1	156.5	156.6	156.4	50.1	49.9	50.0
15歳	168.3	168.4	167.8	58.8	58.6	58.7	157.2	157.1	157.1	51.7	51.6	51.9
16歳	169.9	169.9	169.6	60.7	60.6	60.6	157.7	157.6	157.6	52.7	52.5	52.5
17歳	170.6	170.6	170.5	62.5	62.4	62.0	157.9	157.8	157.8	53.0	52.9	52.6

（2）粗大運動の発達

　運動コントロール能力が向上し、縄跳びやボール遊び、跳び箱など、全身を使った複雑な協応運動も見られる。また、心肺機能が高まり、鬼ごっこやドッジボール、リレー等の集団遊びも盛んになる。運動遊びを友達と一緒に喜んで行い、活発に身体を動かし、難しい動作に挑戦したりする姿も見られるようになる。

　6歳児の握力は、男児で平均9.44kg、女児で平均8.75gである[5]。筋力はまだ未発達であるが、バケツに水を入れて運んだり、大型積み木を操作する等ダイナミックに身体を動かして遊べるようになる。

（3）微細運動の発達

　手先の器用さが一段と増し、目や手と身体の他の部分との協応運動も上手くできるようになる。ひもを結ぶ、ぞうきんを絞る等の動作ができるようになる。低年齢児の着替えを手伝い、穴あきボタンやスナップボタンなども留めてあげる姿が見られる。

　大人の援助により、のこぎりや金づちを使用してくぎを打つ等、様々な用具を扱って作品を作ることができる。

（4）言葉の発達

　遊びや生活の中で言葉によるやりとりが増え、自分の思いや考えをうまく表現し、仲間の言うことを聞く力を身につけていく。また、納得できないことに対して、「ずるい」「違う」等の言葉を使って表すことができるようになり、自分の考えを言葉で調整する力が芽生える。また、文字を書いたり、本を読んだりすることにも興味・関心をもち、何でも知ろうとする意欲が高まる。

（5）精神の発達

　内面的にも成長し、大人の判断で善しあしを決められるのではなく、自分なりに考えて納得のいく理由で物事を判断しようとする。自分と相手との主張のぶつかり合いやケンカが起きても、すぐに大人に頼るのではなく、自分たちで解決しようとするようになる。やがて、次第に相手を許したり、認めたりする社会生活で必要な基本的な力を身につけるようになり、仲間の中の一人としての自覚が生まれ、自分への自信と友達への親しみや信頼感を高めていく。仲間を大切にして協力して遊ぶ姿が見られる。ごっこ遊びも複雑化し、それぞれの役割分担も踏まえて、難しくなっても最後まで満足してやろうとする。たとえば、大型積み木を用いた基地ごっこであれば、作った基地の奥には、パソコン室や調理室、飼育室、プールなど部屋がいくつもあり、実に楽しい遊びが展開している。このように、子どもたちが知恵を出し合い、創意工夫を重ねた遊びの発展が見られるようになる。

　5）握力は、下肢の筋力やその他多くの部位の筋力と相関関係が高く、全身の筋力の程度を知るための指標にもなる。
　文部科学省 スポーツ庁『平成30年度体力・運動能力調査結果の概要及び報告書について』統計数値表、
　https://www.mext.go.jp/sports/b_menu/toukei/chousa04/tairyoku/kekka/k_detail/1421920.htm
　（2019年10月28日アクセス）

2　子どもの育ちと保育者の関わり

1．乳児（0歳児）の育ちと保育者の関わり

　保育所保育指針の乳児保育の実施に係る配慮事項では、「一人一人の子どもの生育歴の違いに留意しつつ、欲求を適切に満たし、特定の保育士が応答的に関わるように努めること」[6]とある。園では、保護者に代わり保育者が家庭的な雰囲気の中で子どもの情緒の安定を図り、不安なく生活できるように、子ども一人ひとりの生育歴の違いを十分に考慮することが求められている。生育歴には、子どもの誕生時の状態をはじめ、今日までどのような生活を送ってきたか、保護者の心身の状態や養育状況、家庭の状況など、生活のすべてが含まれる。このような生育歴の違いが子どもの欲求や行動などの違いとなって表れることから、保育者は、一人ひとりの子どものありのままの状態から、子どもの生活や発達過程を理解し、必要な働きかけをすることが大切である。たとえば、同じ月齢でも早産と正期産で生まれた子どもの発育及び発達は異なる。保護者の養育状況も踏まえて、「保護者との信頼関係を築きながら」その子どもに必要な関わりが求められる。

　また、この時期は子どもの要求に応答して、人と関わる心地よさを経験できるようにすることが重要である。子どもは表情や泣き、喃語などで自分の欲求を表す。これに特定の保育者があやしたり、抱いたりしながら子どもの欲求を満たし、愛情豊かに応答的に関わることで情緒的絆が形成される。たとえば、入園当初は、子どもは保護者からの分離の不安で泣いて過ごすことが多い。子どもの不安な気持ちを受け入れ、背中をトントンしながら抱っこをしたり、あやしたりする保育者との関わりを通して、子どもは保育者に安心感を抱き、徐々に園生活にも慣れ情緒も安定する。子どもが、保育者を頼りに、一緒にいることを心地よく思い、この保育者ともっと遊びたいという気持ちを育むことができるように、子どもからのわずかなサインも見逃さずに愛情豊かに関わることが重要である。そして、人生のスタートラインにあるこの時期に、子どもが人に対する基本的な信頼感を獲得することが生きていく基盤となると意識した保育が求められる。

【図3−⑫】応答的に関わる保育の様子。「いいもの見つけた」と指差す男児（11か月）に応える保育者

6）厚生労働省『保育所保育指針解説』フレーベル館、2018年、p.118

2．1、2歳児の育ちと保育者の関わり

　　1、2歳児の保育にあたっては、保健的な対応とともに、自我の育ちへの配慮が求められている。保育所保育指針では、「自我が形成され、子どもが自分の感情や気持ちに気づくようになる重要な時期であることに鑑み、情緒の安定を図りながら、子どもの自発的な活動を尊重するとともに促していくこと。」7)とある。自我が形成される1、2歳頃は、「いや」「だめ」と拒否する等、自己主張が強くなる。これは、子どもの中に自我が育ってきたことでもある。保育者は、まず、その子どもの気持ちを受け止めることが大事である。子どもは大好きな保育者だから、安心して自己主張するのである。

　　この時期の子どもは、思い通りにいかなかったり、言葉で十分に伝えられなかったりすると手が出てしまったり、時には大泣きをしたり、怒ったりして保育者にその気持ちをぶつけることもある。しかし、保育者にしっかり抱きとめてもらったり、なぐさめられたりしながら自分の気持ちを落ち着かせて立ち直らせていく。またこのころにはケンカも多い。ケンカは自我と自我のぶつかり合いであり、子どもはケンカを通して、我慢したり相手の存在を認めたりすることができるようになるなど、様々な感情を体得する機会でもある。保育者は、子どもの気持ちを受け止め、冷静に対応することが必要である。

【図3−⑬】掲示物を何度も剝がしてしまう子どもを膝に座らせ、落ち着かせる保育者

　　子どもが大好きな保育者の下で安心感、安定感を得て、自分でやりたい遊びを見つけて何度も繰り返し遊びに熱中することは、主体的に生きていく基盤となる。保育者は安全への対応を十分に行った上で、子どもの行動をむやみに禁止せずに見守っていくようにしたい。加えて、一人遊びが十分にできるように、ある程度おもちゃの数をそろえることや、遊びが楽しめる場、時間の保障を行うことが必要である。

3．3歳以上の子どもの育ちと保育者の関わり

　　幼稚園教育要領、保育所保育指針、幼保連携型認定こども園教育・保育要領が統一され、3歳以上児における領域「健康」のねらい、内容、内容の取扱いは、保育者の関わりや援助について、同じ方向性が示されている。幼児期の終わりまでに育ってほしい姿として、領域「健康」では、「〜充実感をもって、自分のやりたいことに向かって心と体を十分に働かせ、見通しをもって行動し、自ら健康で安全な生活をつくり出すようになる。」8)とある。日々の園生活において、保育者は子どもが安定感をもって環境に関わり、自己を十分に発揮して夢中になって遊びに没頭できるように援助したい。そのため、主体的な活動を促す人的環境、子どもが使ってみたい遊具や用具、素材などが十分にある物的環境、豊かな自然環境の充実

　7）厚生労働省『保育所保育指針解説』フレーベル館、2018年、p.181
　8）文部科学省『幼稚園教育要領解説』フレーベル館、2018年、p.54

を図り、発達を促す保育の工夫が求められる。

　たとえば、草花をすりつぶして遊ぶ色水遊びでは、はじめは保育者がモデルとなり、徐々に子ども自身で工夫して遊びが発展するように、様々な草や花、容器を用意し、子どもの主体的な活動を促す環境をつくり出すことが必要である。その際に、「幼児期の終わりまでに育ってほしい姿」を念頭に、3、4、5歳児のそれぞれの時期に経験させたい遊びを計画しておきたい。

　さらに、遊びや生活の中で状況の変化を予測して行動できるように、時には我慢して先を見通しながら自分をコントロールし、遊びや生活をつくっていく力を養いたい。た

【図3−⑭】咲き終わった花を棒ですりつぶして楽しむ色水遊び。
みんなで比べてみて、水の量が多いと色が出ないことに気がついた。

とえば、「明日はお店屋さんごっこだけど、看板がまだできていないから、片づけの時間までに作っておこう」、「ここでドッジボールをしたいけど、小さい組の子どもが通ると危ないから、場所をかえよう」等、時間をうまく使うことができたり、遊び場所を選んだりするなど、見通しをもって行動することができるように、日々の生活や活動の中で時間の意識や遊びの予測など、必要に応じて気づきを促していくことが必要である。

　また、生活の中での早寝早起きや食後の歯磨き、手洗い等、子ども自らがその必要性に気づいて行動できるように、保育を工夫していくことが求められる。安全性についても、保育者の環境への配慮とともに、子どもが自分で危険を予測し、行動できるような育ちを考えなければならない。子どもの発達を踏まえ、空間認知能力や危険予知能力などを高める遊びの工夫が必要である。

【図3−⑮】よく飛ぶ折り紙飛行機を折りたくて、保育者に教えてもらう5歳男児(左)／やりたいことが決まらずに保育者におぶさる5歳男児(右)

【図3−⑯】「今日は誰と寝ようかな」
自分で寝る場所を決めて簡易ベッドを運び、午睡の準備をする4、5歳児

3 基本的生活習慣

1．基本的生活習慣形成の意義

（1）基本的生活習慣とは

　人間が心も身体も健康で生きていくためには、生活する上で必要な習慣がある。これらは、国や地域により異なり、社会・文化・時代の影響を強く受け、そこで生きていくための知恵や工夫が積み重ねられている。生活習慣の中でも、特に生命的な営みとして日常的に繰り返されるものが基本的生活習慣であり、食事、睡眠、排泄、衣類の着脱、清潔の5つが挙げられる。これらは、子どもが心身ともに健康に育つための生活の基盤となり、社会生活に適応し、円満に送るために必要な生活習慣である。

　幼稚園教育要領の領域「健康」では、ねらいの一つに、「健康、安全な生活に必要な習慣や態度を身に付け、見通しをもって行動する」として基本的生活習慣を身につけることの必要性が示されている。保育所保育指針、幼保連携型認定こども園教育・保育要領は、幼稚園教育要領との整合性が図られているが、3歳未満児については配慮事項として、内容の取扱いで、「一人一人の状態に応じ、落ちついた雰囲気の中で行うようにし、子どもが自分でしようとする気持ちを尊重すること」と示され、自立に向けた援助が示されている。

（2）基本的生活習慣形成の意義

　基本的生活習慣はその形成過程において、非常に大きな意義がある。それは、自分の身の回りのことを自分でできる「自立」と、自分で必要に気づき行動できる「自律」を育むことができるからである。自立（律）は、子どもの自己有能感を育み主体性をもって考え行動していけるための重要な育ちでもある。単に生活に必要な技能を習得することだけではなく、なぜ行わなければならないか、その一つひとつの生活行動の意味がわかり、自分の生活に見通しをもって、自身の力で生活をつくっていこうとする力を育むことである。自立の過程において、幼稚園教育要領では、「生活に必要な行動が本当に幼児に身に付くためには、自立心とともに、自己発揮と自己抑制の調和のとれた自律性が育てられなければならない」[9] と示されている。

　たとえば、箸の使い方の習得においては、失敗しながらも簡単には諦めずに、試行錯誤を繰り返す中で、少しずつ修正されてうまく扱えるようになってくる。空腹ですぐにでも昼食を食べたいけど、その前に手を洗いに行ったり遊びたい気持ちを抑えてトイレに行ったりするなど、葛藤を乗り越える経験を重ねることにより調和のとれた自律性が育ち、自己管理能力が育成される。ここで育まれた自立心や自律性は、ひいては善悪の判断や道徳性を育むことにつながるのである。

9）文部科学省『幼稚園教育要領解説』フレーベル館、2018年、p.163

近年、少子化で子育て世帯は減少しているが共働き世帯は増加しており、社会で保育を担う割合が増えている。この背景には、女性の社会進出や景気低迷による夫の収入減少等が挙げられる。今後、政府の「女性の活躍促進」政策がさらに進むことで、ますます共働き世帯は増加するであろう。近年、保育所の保育標準時間は11時間となり、保育所で長時間生活する子どもも増加している。従来、それぞれの家庭で当然子どもたちが身につけているはずと思われていた基本的生活習慣の形成は、今や保育の場で取り組まなければならない重要な課題となっている。

2．基本的生活習慣形成と身体諸機能の発達

　基本的生活習慣は、身体の諸機能や知的能力の発達に伴って形成される。粗大運動から微細な手指の運動、目と手の協応運動、空間認知など、子どもが生活の中で十分に経験することが求められる。保育所保育指針の1歳以上3歳未満児の保育に関わるねらい及び内容の基本事項には、「基本的な運動機能が次第に発達し、排泄の自立のための身体機能も整うようになる。つまむ、めくるなどの指先の機能も発達し、食事、衣類の着脱なども、保育士等の援助の下で自分で行うようになる」と発達の特徴が示されている。また、領域「健康」のねらいには、「健康、安全な生活に必要な習慣に気づき、自分でしてみようとする気持ちが育つ」とある。基本的生活習慣の形成が本格的に始まるこの時期は、個人差が大きいことを踏まえ、子ども一人ひとりの自立に向けた援助が必要である。

（1）食事の習慣

　食事は生命の保持と発育及び発達に深く関わっている。適切な栄養を摂取することは、成長が著しい乳幼児にとって非常に重要である。厚生労働省の「授乳・離乳の支援ガイド」（2019年）では、子ども一人ひとりの発達に合わせた離乳食や食習慣形成の必要性が強調されている。

　栄養のすべてを母乳や育児用ミルクで摂っていた乳児は、吸う能力しか備わっていない。しかし、やがて母乳や育児用ミルク以外の味に慣れ、生後5〜6か月頃から始まる離乳食期を経て、固形食を摂り込むための咀しゃく機能を発達させる。生後9か月頃には手の発達に伴った手づかみによる自食がスタートし、乳歯が生えそろう3歳頃になると、大人とほぼ同じ食事が摂れるようになってくる。そして、4〜5歳になると摂食機能が育ち、食に対する好みや活動が広がり、就学前までには食を媒体とした社会性が発達していく。

　自食が完了するまでの過程は、健やかな心の発達を支える食育の場面でもある。そのため、おいしく食べるための食環境も重要である。安心できる大人がそばにいて、子どもが楽しい食事を日々重ねていく中で、様々なものが食べられるようになり、「食を営む力」が育まれる。

①食べる機能の発達

　食べる機能の発達には、食べ物を身体に摂り込むために、歯の働きを中心に消化吸収の補助をする咀しゃく機能を発達させることが大切である。

　新生児期は哺乳反射[10]で乳汁（母乳又は育児用ミルク）を摂取する。7、8か月頃にな

ると下の歯（乳歯）が生え始め、次に上の前歯が生えてくる。9〜11か月頃になると食べ物を前歯でかじり取って一口の量を学習していく。しかし、舌と上あごで食べ物をつぶしている状態で、まだ歯を使って噛むことはできない。上下4本ずつ、計8本の前歯が生えそろうのが1歳前後で、徐々に奥歯（第一乳臼歯）も生え始める。奥歯が生えてくると、食べ物を噛み砕いてすりつぶす咀しゃくが少しずつできるようになるが、あごなどの筋肉も未熟なため食べ物を噛む力は弱い。2歳6か月〜3歳6か月頃になると上下計20本の奥歯が生えそろい、噛むのが上手になり、次第に大人と似たような食事が食べられるようになる。

【図3−⑰】手づかみ食べ（11か月女児）

咀しゃく機能の発達で重要な役割を担うのが9か月頃に見られる「手づかみ食べ」である。「手づかみ食べ」は、食べ物を目で見て確かめ、食べ物の位置まで腕を伸ばし、手指でつかみ、口まで運び入れるという目と手と口の協応運動である。大人には当たり前にできるこの行動も、子どもにとっては、指しゃぶりやおもちゃをなめる等して、誕生から長い時間をかけて目と手と口を協応させてきた経験から獲得された機能である。この時期は自分でやりたいという欲求が出てくるので、自立を促すためにも「手づかみ食べ」を十分に経験させてほしい。

②食事の環境

保育時間が長時間化する中で、子どもにとって食事の場が温かくくつろげる場となるように、物的な環境に配慮する必要がある。園によってはランチルームを特別に設けたり、テーブルやイス、食器、食具、採光等の他、配膳や昼食時間に融通を利かせたりする配慮が行われている。

また、情緒の安定には人的な環境が重要である。子どもが食事の場面でとまどうことは、初めて食べるものとの出会いである。安心できる大人がそばにいて、「トマトさん、甘くて酸っぱくておいしいね」「すごい、食べられた」等、おいしさを言葉で伝えたり、励ましたりすることにより、子どもは新しい食べ物も食べてみようという意欲がわいてくる。また、まわりの大人や友達がおいしそうに食べる姿を見ることで、新しい食への安心感が伝わり、食べられるもののレパートリーも増えてくる。苦手なものを無理に食べさせるのではなく、子どもが自分で食べてみたいと思う環境をつくることが大切である。また、大人と一緒に食べることは、安全を図る上でも非常に重要である。

③食事の指導

食事は、子どもの生活の中で毎日行う営みであり、生涯にわたって健康で安全な、よりよい生活を送るための基本である。しかし、朝食を欠食したり、肥満や不健康なやせ方をしている子どもも見られる。日々の食事の場は、子どもの健やかな心身の発達を支える食育とつ

10）哺乳反射…自分の意思とは関係ない反射的な動きで、口周辺に触れたもの（乳首）に対して口を開け、吸い付き、母乳やミルクを飲むための一連の動きが表出される。

ながっていなければならない。保育所に
おいては、楽しく食べる子どもへの成長
を期待し、就学までに健康的な生活の基
礎である「食を営む力」が培われる食育
を目標としている。右の表や、【図３－
⑱】に掲げる子どもの姿の実現を目指し
た食育については、第８章で事例を通し
て扱う。

『楽しく食べる子どもに
　　　　～保育所における食育に関する指針～』
（第1章総則-1食育の原理-(1)食育の目標　より抜粋）

５つの子ども像
① お腹がすくリズムのもてる子どもに
② 食べたいもの、好きなものが増える子どもに
③ 一緒に食べたい人がいる子どもに
④ 食事づくり、準備に関わる子どもに
⑤ 食べものを話題にする子どもに

〔雇児保発第0329001号 厚生労働省雇用均等・児童家庭
　局保育課長（当時）、平成16年〕

【図３－⑱】発育・発達過程に応じて育てたい"食べる力"

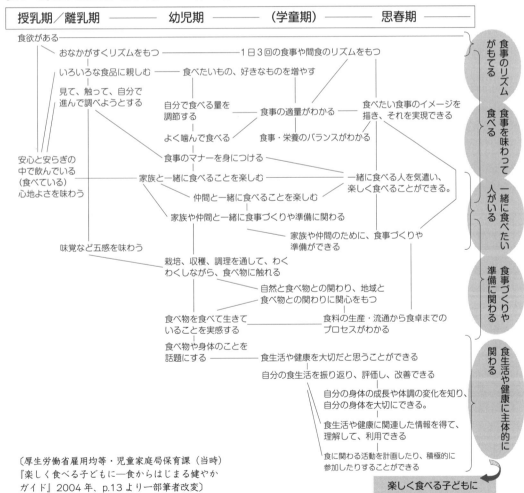

〔厚生労働省雇用均等・児童家庭局保育課（当時）
『楽しく食べる子どもに―食からはじまる健やか
ガイド』2004年、p.13より一部筆者改変〕

（2）睡眠の習慣

　睡眠は食事や運動と同様に、生きていくためには欠くことができないものである。

　睡眠は身体や大脳を休め、深い眠りの中で子どもの身体の成長を促す「成長ホルモン」や「メラトニン」が脳の下垂体から大量に分泌される。メラトニンは抗酸化作用（酸素の毒性から細胞を守る働きがあるため、老化防止や抗ガン作用がある）があり、1〜5歳頃に多量に分泌される。メラトニンは眠気をもたらすホルモンともいわれ、夜暗くなると分泌されるが、明るいところでいつまでも起きていると分泌が抑制される。遅寝による睡眠不足は、成長の遅れや食欲不振・注意や集中力の低下・眠気・疲れやすさ等をもたらす。また、子どもの場合、イライラ・多動・衝動行為などとして表れることもある。将来の肥満の危険因子になることも示されており[11]、睡眠不足は深刻な問題である。質のよい睡眠を確保するためには決まった時間に眠り、睡眠時間を十分にとることが重要である。

　規則正しい就寝は、質のよい睡眠が確保できると同時に、朝の快い起床に結びつくため、生物学的な見地からも健康的な生活リズムが獲得できる。ヒトの生体リズムは地球の周期よりわずかに長いため、朝の光を浴びたり朝食を摂ったりすることで、地球時間にリセットしている。また、朝の光は脳の発育を促し感情をコントロールする、セロトニンという神経伝達物質を活性化させる。セロトニンは体内ではつくることができないため、食事から摂取する必要があり、朝食の必要性はここにもある。

　早寝や早起き、朝食の摂取とともに、快い眠りを誘うための日中の運動も重要である。園の生活が家庭に連続して個々の生活習慣が形成される訳であるから、家庭での生活が重要になる。しかし、現代の社会は「24時間社会」ともいわれるほど夜型化が進み、家庭生活も夜型化し、子どもの生活に影響を及ぼしている。

　子どもは、大人と同様に夜ふかしもできるし、朝寝坊もできる。寝る時間は子どもに任せず、「寝かしつける」など、生活習慣の確立の援助が大切である。就寝・起床の自立は、眠る時刻になったら自分で眠り、朝起きる時刻になったら自分で起きられることである。入眠の際は子どもが不安に陥らないように、子守唄やお話、絵本を読んであげたりする等して、眠ることが楽しみとなるようにしたい。

　また、昼食後の午睡は、疲れた心と身体を休める休息タイムである。静かな環境で、身体と脳をゆっくり休ませることは、午後の活動への取り組みを意欲的なものにする。しかし、午睡で十分寝てしまうと、睡眠リズムが夕方にずれ込み、夜の就寝は遅くなるという悪循環に陥る。夜間の睡眠に支障をきたさぬよう配慮し、午睡後のおやつの時刻を考慮して、早めに起こすようにしたい。また、眠りたくない子どもは無理に寝かせる必要はないが、静かな環境の中で過ごすことが大切である。

（3）排泄の習慣

　排泄の習慣は、大脳の発達と関連する。膀胱に尿が溜まると信号を発して大脳皮質に伝え、「おしっこをしたい」という排泄欲求を自覚し、我慢したり、排泄したりする等のコント

11）厚生労働省『e-ヘルスネット　睡眠と健康』
　　https://www.e-healthnet.mhlw.go.jp/information/heart-summaries/k-02/（2019年10月アクセス）

ロールができるようになる。大脳皮質の発達が未
熟であると信号をキャッチできないので尿意や便
意は自覚できない。そのため、トイレットトレー
ニングを開始しても意味がない。大脳皮質の発達
の目安は歩行の開始である。歩行の開始は、大脳
皮質が発達してきたことを意味し、そのころにな
ると膀胱も大きくなり尿が溜められるようになる。
膀胱の大きさは、乳児では40〜50ml、2〜3
歳児では50〜100ml、4〜5歳児では100〜
150mlとなり、溜められる尿の量も増える。また、
個人差もあるが、回数も1歳頃までは、15〜10

【図3−⑲】 低年齢児用のトイレ

回であるが、2〜3歳になると9〜7回、4〜5歳児では6〜5回と徐々に減少する。

　歩行を開始し、排尿間隔が長くなれば（目安として2時間以上）、トレーニングの開始の
時期である。おむつからパンツ、便器への移行は2歳前後が目安である。子どもが排泄欲求
を自覚してトイレに行き、紙を使用して後始末ができるようになるためには、衣類の着脱や
手洗い、トイレドアの開閉なども必要となることから他の生活習慣の育ちとも関連する。排
泄の完了は、個人差もあるが、4歳6か月頃になると考えられている。

　園では、一人ひとりの発達を踏まえて、2歳頃からオマルやトイレの便器に座り、排泄の
経験を重ねていく。また、家庭での生活を把握し、連携しながら自立を促していくようにす
る。子どもは過度の緊張や不安、体調不良、遊びに夢中な時などにトイレに失敗することが
ある。完全に自立するまでは失敗は当然のこととして受け止め、その原因を探り解決するこ
とが必要であり、失敗を叱ることは、かえって自立を遅らせることにもなりかねない。成功
したら子どもと一緒に喜び、失敗したら支え、保護者と一緒に成長を認め、ほめていくこと
が大切である。

（4） 清潔の習慣

　身体を清潔にして身だしなみを整えることは、自分で
も気持ちが良く集団社会の中で生活していくマナーでも
ある。また、感染予防や健康づくりのために欠くことが
できない。清潔の習慣については、洗顔、手洗い、歯磨
き、うがい、鼻かみ、爪切り、入浴、洗髪などが挙げ
られる。これらの生活習慣は、日々の生活の流れの中で
習慣化し、身につけていくものである。その基礎となる
のが、「清潔にすると気持ちがいい」という実感である。
顔を拭いたら気持ちが良かった、髪の毛を結んでもらっ

【図3−⑳】歯磨き（5歳女児）

たらスッキリした、汗で濡れた服を着替えたらさっぱりした等、「気持ちがいい」という実
感の積み重ねが習慣化され、汗で濡れた服を着ていると気持ちが悪いから着替えたり、髪が
目にかかるとうっとうしいから結んでほしいと言うことができたりする。将来いつどこででも
も発揮できる力となるように、その必要性を認識し、習慣として行動できることが自分の身

体を清潔にしていく自立である。

　清潔の習慣の中でも特に手洗いは、乳児のころから意識づけを行っていきたい。生活の中では様々なものに手を触れる。手づかみ食べやおやつ等の食事場面、外遊びから室内に戻ってきた時、排泄後、病気の予防など、手洗いは頻繁に繰り返される習慣である。水と関わることが好きな子どもは多いため、手洗いの習慣は比較的習得しやすい。手洗いの必要性が理解でき、自発的に行うことができるように、洗い方も含めてその都度指導することが大切である。

　園での清潔の習慣は、日々の園生活の流れの中で繰り返し行われることによって身につき習慣化される。家庭においては取り組みにくい習慣でも園だからこそ獲得しやすいといえる。やりたくないことでも、友達がやっている様子を見ることによって、自分もやろうとする気持ちが高まる。保育者や友達と一緒にやることで必要性を意識し、習慣として身についていく。園で培われた習慣が家庭でも習慣化されるように、家庭との連携をとりながら進めていくことが大切である。

【図3－㉑】手首までしっかり洗う（5歳男児）。小さいクラスの子ども（2歳女児）が見取り学習をしている。

（5）衣類の着脱の習慣

　衣類の着脱については、1歳過ぎから興味をもち、衣服や靴下を引っ張って脱ごうとしたり、帽子をとったりする姿が見られる。2歳頃になると自分で着ようとし、履きやすい靴は一人で履けるようになる。3歳後半にはパンツや靴を上手に履くことができ、園の制服も4歳になると、袖を通して着られるようになる。衣類の着脱は粗大運動で、身体の中央から外側に向かう脱ぐ動作と、反対に中央に向かう着る動作が求められる。手先の器用さが問われるボタンかけは6歳頃にはできるようになり、衣類の着脱の自立が完了する。遊びの中で多様な動きの経験を重ね、衣類の着脱習慣が身についてくる。

　衣類の着脱の自立のためには運動機能の発達の他、知的発達、言語発達なども関係するため、身につけるべき内容がその子どもの発達に適しているかどうかを見極める必要がある。一人ひとりの発達に合わせ、適した方法で、どこを引っ張れば脱ぎやすいか、どこを持てばボタンがかけやすいかなど、具体的に伝えていくことが大切である。子どもにとっては高度な生活技術が要求されるため、教え込むことになりがちであるが、上着を着る時に袖をトンネルに見立てて遊ぶ等、楽しみながら行えるように配慮したい。

　衣類の着脱の自立とあわせて、暑さを感じたら衣服を脱ぎ、寒ければ着る、汗をかいたら着替えるなど、子どもが自ら着替えの必要性に気づけるようにしたい。そのため、着替えた時の気持ちのよさが感じられるように、子どもに、「さっぱりして気持ちがいい」「きれいになって気持ちがいい」などの言葉がけを行うことも大切である。

　園は家庭と比較して衣類の着脱の機会が多い。活動の中で着替える他、食事でこぼした時、午睡の時、汗をかいた時など、靴や帽子の着脱も合わせると様々な着替えの場面がある。園

だからこそ、着脱の繰り返しも苦にならずに生活の流れの中で自然に行われるため、生活習慣が獲得しやすいともいえる。子どもは、友達との関わりの中で友達を模倣したり、友達の着替えを手伝ってあげたり、自分が手伝ってもらったりする中で、同じ課題に向かって挑戦する楽しさや達成感を味わうことができる。

【図3－㉒】靴を履く（2歳男児）

　そして、脱いだ衣服をたたむことや、脱いだ靴を決められた自分の場所に置くことなど、後ですぐに使えるようにするための一連の手順が見通しをもって、きちんと行われることによって、期待感や充実感も味わえる。慣れてくると次の活動を早くしたい気持ちから、準備の手順を簡略化してしまうことがある。後で自分が困ることに気づき、見通しをもった生活ができるようになることが必要である。

3．保育者の役割

　子どもにとって生活習慣の形成は、目標に向かって試行錯誤をしながら困難を乗り越えることでもある。上手にできなかったり、途中で諦めたくなったりした時、温かく見守り励ましてくれる保育者は子どもの心のよりどころとなる。子どもは、周囲の大人から受け止められているという安心感で情緒が安定し、やってみようとする活動意欲も高まる。幼稚園教育要領解説では、この時保育者は、「幼児が自分でやろうとする行動を温かく見守り、励ましたり、手を添えたりしながら、自分でやり遂げたという満足感を味わわせるようにして、自立心を育てることが大切である。」[12]と示されている。

　子どもが少しでもできたら、「上手に手が動いているね」「さっきより、上手になっているよ」等と、その取り組みの過程をほめ、できなくても挑戦したことをほめるようにしたい。保育者に認められて、少しでも「できた感じ」を味わう経験の積み重ねが自立心を育むことになる。

　子どもの興味や関心を高め、進んで取り組もうとするためには、保育者がモデルとなって、やってみせることが有効である。「幼児期は、周囲の行動を模倣しながら自分でやろうとする気持ちが芽生える時期である。」[13]と幼稚園教育要領解説でも示されているように、子どもは保育者や周囲の子どもの動きや表情をよく見ている。たとえば、保育者が楽しそうに歌を歌いながら衣服をたたむのと、忙しそうにするのとでは、子どもの反応はまったく異なる。保育者は子どもから常に見られている意識をもってほしい。

　また、「自分たちの生活にとって必要な行動やきまりがあることに気付かせたりすることなどにより、幼児自身に生活に必要な習慣を身に付けることの大切さに気付かせ、自覚させ

12）文部科学省『幼稚園教育要領解説』フレーベル館、2018年、p.163
13）文部科学省『幼稚園教育要領解説』フレーベル館、2018年、p.163

るようにして、自律性を育てることが大切である。」[14] とも述べられている。そのためには、たとえば外から帰ってきたらなぜ石けんでよく手を洗わなければいけないか、食事の後はなぜ歯磨きが必要であるか等について、絵本や紙芝居などの教材も活用したい。手洗いの時には、「今、石けんの泡が親指さんのバイ菌をやっつけています。次は人差し指さんです」「これで、風邪菌をやっつけました」等と説明し、保育者が子どもと関わりながら、実際に洗ってみせることも効果的である。

　生活習慣形成は、保育者と子どもが一対一で関わることが多い。一人ひとりが必要な生活習慣を身につけるまで、丁寧な関わりが求められる。

《指導の例外》

　子どもの安全に関わる習慣は、強制的な指導もやむをえない場合がある。たとえば、アレルギー食の子どもが普通食の子どもの給食やおやつに手を出してしまったり、あるいは、普通食の子どもが自分のおやつをアレルギー食の子どもにあげたりする事案が発生した場合、即座に制止しなければならない。生活習慣は子どもの自発的な行動として実践されることが必要であるが、例外があることも踏まえる必要がある。

4. 家庭との連携

　園における基本的生活習慣の形成は、家庭での生活をベースに、家庭での経験を十分に配慮することが求められている。園と家庭が連携し、基本的生活習慣の形成に必要な体験や適切な援助などについて、共通理解を図ることが大切である。子どもは家庭と園とが生活の場であるから、それぞれの場所で生活の仕方が異なると混乱を招く。たとえば、排泄習慣形成について、園ではトレーニングパンツで練習していても、家庭ではおむつで生活している場合、トイレットトレーニングは上手く進まない。保護者の意向を考慮し、連携体制を整えることが大切である。

　近年、保護者の就労形態が多様化し、保育のニーズも広がっている。保育所の開所時間の長時間化や休日保育、朝食や、夕食などの導入も進んでおり、園で家庭や地域の子育てを支援する必要性はますます増えている。園と家庭とで、子どもの生活上の連続性を考慮し、互いの役割分担を認識するとともに、目標に向かって同じ価値観をもって協力し合うことが大切である。子どもの家庭の事情は様々で、困難を抱えている保護者も少なくないことから、個々の家庭に合った連携が必要である。

14）文部科学省『幼稚園教育要領解説』フレーベル館、2018年、pp.163-164

4　安全な生活と病気の予防

1．安全な生活環境

　子どもは好奇心旺盛で興味や関心、能力に応じて環境に積極的に関わり、遊びや生活を通して多くのことを学習し身につける。しかし、環境の中には危険も潜んでいる。保育者は子どもの発達を踏まえて危険を取り除き、子どもが伸び伸びと行動できる安全な環境の整備が求められる。

　幼稚園教育要領の領域「健康」の目標には、「健康な心と体を育て、自ら健康で安全な生活をつくり出す力を養う。」とあり、ねらいの一つに「健康、安全な生活に必要な習慣や態度を身に付け、見通しをもって行動する。」とある。保育所保育指針の「健康及び安全」では、「子どもの健康及び安全の確保には、子どもの生命の保持と健やかな生活の基本であり、一人一人の子どもの健康の保持及び増進並びに安全の確保とともに、保育所全体における健康及び安全の確保に努めることが重要となる。」とある。子どもの健やかな成長には、保育者による一人ひとりの子どもと集団全体の安全確保は欠くことができない。加えて、子どもが自分の安全は自分で守り、安全に行動できる能力を育んでいくことが重要である。

（1）乳幼児期の発達特性と安全

　子どもが安全に生活できる環境を整備し、事故や傷害から自分を守る安全能力を育成するために、保育者は子どもの発達特性を理解しておく必要がある。例とともに見ていこう。

①身体的特性

　・頭部の占める割合が大きい

　子どもの体型は2歳児で5等身、6歳児で6等身であり、頭部が大きく重心が上半身にある。そのため、バランスに欠け転倒や転落をしやすい。

　特に、頭が重く頭を支える首の筋力が非常に弱い生後6か月以下の乳児は、脳も未熟で頭蓋骨との間に隙間があいている。頭を強く揺らされると脳が頭蓋骨の中で揺れ、血管や脳自体がダメージを受け、脳障害や死に至ることもある（揺さぶられっ子症候群）。

　【例】ショッピングカートから身を乗り出した時に頭から落ちてしまった。

　・視野が狭い

　左右方向の視野は、大人が約150度であるのに対して子どもは約90度、上下方向の視野は、大人が約120度であるのに対して子ども（6歳頃）は約70度である。子どもは大人より視野が低く狭い。加えて、身長も低いので大人が見えていても、子どもには見えていないことがある。

【図3-㉓】　子どもと大人の視野の違い

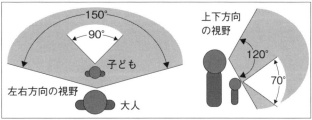

【例】園庭で鬼ごっこをしている時に、少しのよそ見で鉄棒に激突してしまった。

②精神的特性

・知的機能より感情的機能が優位

大脳が未発達で抑制回路の形成が不十分であることから、感情のコントロールが上手くできずに感情をそのまま相手にぶつけてしまう。

【例】４歳男児は、保育所でいつもより遅く迎えに来た母親に対して飛びかかり、泣きながら両手で叩く、蹴る等が治まらなかったので、見かねた保育者が母親から子どもを引き離した。

・自己中心的な思考

興味があるものに意識が集中するので、特定の部分が強調されて知覚する。そのため、目の前にあっても見えていないことがある。

【例】ボール遊びに夢中になり、ボールを追いかけて道路に飛び出し、交通事故に遭ってしまった。

・現実的でない万能意識

ヒーローのような力をもっていると思い込み、万能意識をもって予想外の行動をとってしまう。

【例】アニメのヒーローになりきって、揺れているブランコから飛び降り、足を捻挫してしまった。

・空間意識が未熟

空間認識力は、物がどのようにあるのか、その状態を即座に正しく捉える能力である。子どもの空間認識や理解については、上下は３歳で、前後は６歳でおおむね理解できるようになるが、左右の区別は最も遅く、６歳になっても未熟である。空間意識が未熟であると、距離感や周囲の状況を的確に判断することができずに、事故に遭うことがある。

【例】前方から近づいてくる自動車が停止しているかのように見えたり、自動車との距離感がわからなかったりして事故に遭ってしまう。

（2）保育における危険の意味

危険には、リスクとハザードの考えがある。子どもは遊びの中で、転倒やケガをして痛い思いをしたり、怖い思いや危険な目にもあったりするが、同時に遊びに潜む危険性を知り、回避する能力も育まれてくる。リスクとは、このように遊びに伴う危険であるが、子どもは小さなリスクへの対応を学ぶことで大きな事故を回避できるようになる。一方で、重大な事故につながる危険性や子どもが判断不可能な危険性をハザードという。たとえば、固定遊具の腐食やねじのゆるみなどで、あってはならない事故となる可能性がある。ハザードは取り除き、子どもが危険を学ぶ機会であるリスクについては、十分に注意し、見守っていくようにしたい。

乳幼児期の子どもが、遊びを通して自ら危険を回避する力を身につけていくことの重要性を保護者にも周知し、理解を深めることが大切である。

（3）リスクの管理とハザードの除去

　子どもの発達段階や遊びや生活の経験により、リスクとハザードの判断が分かれることがある。そのため、一人ひとりの子どもに対して、どこまでがリスクで、どこからがハザードであるか、保育者の判断が重要となる。保育者は子どもの能力に合ったリスクを残し、ハザードを取り除いて、安全な環境にしていくことが重要である。

　ハザードには、用具や遊具などの物的ハザードと、それを利用する人に関わる人的ハザードがある（図3－㉔）。物的ハザードと人的ハザードは切り離さずに留意することで安全な環境が整備できる。

【図3－㉔】ハザードの例

物的ハザード…遊具の構造、施工、維持管理の不備などによるもの	人的ハザード…利用者の不適切な行動や服装などによるもの
・不適切な配置 　　動線の交錯、幼児用遊具と小学生用遊具の混在など ・遊具及び設置面の設計、構造の不備、高低差、隙間、突起、設置面の凹凸など ・遊具の不適切な施工 　　基礎部分の不適切な露出など ・不十分な維持管理の状態 　　腐食、摩耗、経年による劣化、ねじなどのゆるみの放置など	・不適切な行動 　　ふざけて押す、突き飛ばす、動く遊具に近づくなど ・遊具の不適切な利用 　　過度の集中利用、使用中止の措置を講じた遊具の利用など ・年齢、能力に適合しない遊具で遊ばせる 　　幼児が単独で、あるいは保護者に勧められて小学生用遊具で遊ぶなど ・不適切な服装、持ち物 　　絡まりやすい紐のついた衣服やマフラー、ヘルメット、ランドセル、サンダル、脱げやすい靴やヒールのある靴などを着用したまま遊ぶ、携帯電話をネックストラップで首から下げたまま遊ぶなど

国土交通省『都市公園における遊具の安全確保に関する指針（改訂第2版）』2014年、p.10

（4）ケガと事故

　子どもの発育及び発達により、ケガや事故の発生や原因、種類が異なる。負傷部位は、頭部と顔部（額、目、口、歯など）を合わせた割合が約6割を占め、次いで上肢、下肢の順であった（図3－㉕）。頭部、顔部の負傷は重大事故につながりやすい。そのため、外傷がない場合でも医療機関で精密検査を受けることを念頭に、迅速な応急処置や、その後の詳細な経過観察、状況に応じてすぐに119番に救急要請を行うことも必要である。

【図3－㉕】園における負傷の部位別発生割合
日本スポーツ振興センター『学校管理下の災害　令和元年版』2018年、「第二編基本統計（負傷・疾病の概況と帳票）帳票3　負傷・疾病（男女別）」より作成

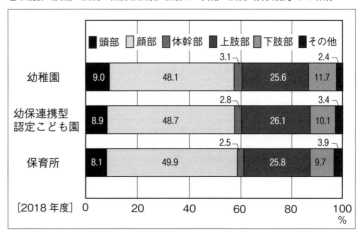

※四捨五入により%の合計は100にならない場合がある。

【図3−㉖】園における負傷・疾病の場所別発生割合

区分		件数	区分		件数
園内・園舎内	教室（保育室）	28,261	園内・園舎外	運動場・園庭	22,744
	実験実習室	10		プール	486
	体育館・屋内運動場	1,361		排水溝	32
	講堂	461		手足洗場	195
	遊戯室	4,294		水飲み場	62
	廊下	3,097		農場	34
	昇降口	817		その他	399
	階段	927		計	23,952
	ベランダ	808	園外	道路	1,591
	屋上	161		遊園地	2,101
	便所	1,018		運動場・競技場	202
	その他	348		体育館	127
	計	41,563		山林野（含スキー場）	147
				海・湖・沼・池	10
				河川	54
				その他	567
				計	4,799
			合計件数		70,314

※幼稚園、保育所等、幼保連携型認定こども園の件数を集計して作成
日本スポーツ振興センター『学校管理下の災害　令和元年版』2018年、「第二編　基本統計（負傷・疾病の概況と帳票）帳票10　負傷・疾病（体育用具・遊具別）」より作成

園内でケガや事故が発生しやすい場所は、図3−㉖からわかる通り、園舎内では保育室、園舎外では運動場・園庭が際立って多く、次いで遊戯室、廊下である。階段やベランダは、他の場所と比較すると少ない。固定遊具では、すべり台が最も多く、次いでブランコ、うんてい、鉄棒、ジャングルジムであり、砂場のケガも多い。

年齢別（0〜6歳）に多い死亡事故（図3−㉗）の1〜5位は、「窒息」（就寝時や食物誤嚥等）が0歳児で1〜4位を占め最も多く発生しており、1〜2歳児でも上位であった。「交通事故」は1歳以上のすべての年齢で1位であった。「溺水」は1歳以上ですべての年齢で2位か3位以内、「建物からの転落」は3〜4歳で多かった。

保育所保育指針第3章健康及び安全3−⑵では、特に睡眠中、プール活動、水遊び中、食事中での重大事故が発生しやすいことを挙げ、事故防止及び安全対策として「保育中の事故防止のために、子どもの心身の状態等を踏まえつつ、施設内外の安全点検に努め、安全対策のために全職員の共通理解や体制づくりを図るとともに、家庭や地域の関係機関の協力の下に安全指導を行うこと。」と示されている。

事故が発生してしまった場合は、園全体でその原因の究明と今後の対策を行う必要がある。あと少しで事故になるところでヒヤリとしたり、ハッとしたりする場面も少なくない。ヒヤ

【図3−㉗】年齢別死亡事故

	1位	2位	3位	4位	5位
0歳	窒息（就寝時）	窒息（胃内容物の誤嚥）	窒息（詳細不明）	窒息（食物の誤嚥）	交通事故
	32%	23%	11%	10%	6%
1歳	交通事故	溺水（浴槽内）	窒息（胃内容物の誤嚥）	窒息（食物の誤嚥）	窒息（その他の物による誤嚥）
	28%	23%	9%	8%	5%
2歳	交通事故	窒息（胃内容物の誤嚥）	溺水（その他原因）	窒息（食物の誤嚥）	窒息（詳細不明）
	43%	8%	7%	6%	4%
3歳	交通事故	建物からの転落	溺水（屋外）	溺水（浴槽内）	窒息（食物の誤嚥）
	37%	16%	9%	7%	5%
4歳	交通事故	建物からの転落	溺水（浴槽内）	溺水（その他原因）	溺水（屋外）
	36%	13%	8%	8%	8%
5歳	交通事故	溺水（屋外）	溺水（浴槽内）	溺水（その他原因）	建物からの転落
	47%	14%	7%	5%	3%
6歳	交通事故	溺水（屋外）	溺水（その他原因）	溺水（浴槽内）	建物からの転落
	50%	19%	6%	4%	4%

消費者庁『子供の事故防止関連「人口動態調査」調査票分析〜事故の発生傾向について〜』2016年、p.3より作成

リ・ハット事例の収集や要因の分析を行い、事故については、発生日時、発生場所、子どもの動き、服装、保育者の位置、事故の要因などについて情報を収集し、保育者間で事故直後の対応や子どもの危険性への気づき、リスク、改善策などについて検討する。

2．安全教育

　幼稚園教育要領の安全に関する事項として、第2章ねらい及び内容、健康2の内容には、「幼稚園における生活の仕方を知り、自分たちで生活の場を整えながら見通しをもって行動する。」「危険な場所、危険な遊び方、災害時などの行動の仕方がわかり、安全に気を付けて行動する。」と示されている。子どもの生活や遊びの中には、一つ間違えると大きなケガや事故につながる恐れのある危険な場所がある。たとえば、階段などの段差がある場所でふざけたり押したりしては危険である。また、すべり台を立ったまますべったり、短縄を振り回したりするなど、遊び方や用具などの扱いについて危険が伴う場合がある。

　子どもには、その場でなぜ危険であるか、具体的に知らせたり気づかせたりして、安全な行動がとれるようにすることが大切である。そして、子どもが自分の安全を守る意識とともに、他者の安全を守る態度も育てることが求められる。

　安全教育は、生活安全、交通安全、避難訓練に分けられる。危険に気づき、危険を回避し、また危険に遭遇したら対処できる能力が育まれるように、計画的な指導が必要である。

（1）生活の安全

　園では、子ども一人ひとりの安全な生活環境を確保するために、生活のあらゆる場面で事故発生防止に取り組む必要がある。基本は、保育者の見守りである。子どもの年齢や健康状態、場所、活動内容などに留意し、子どもを過信せずに目を離さず、「見守る」という構えをもつことが大切である。

　保育所保育指針第3章健康及び安全3－(2)－イでは、「特に、睡眠中、プール活動・水遊び中、食事中等の場面では重大事故が発生しやすいことを踏まえ、子どもの主体的な活動を大切にしつつ、施設内外の環境の配慮や指導の工夫を行うなど、必要な対策を講じること。」とあり、リスクを除去するための留意点が示されている。

　睡眠中のリスクの除去については、子どもを一人にしないことが最も重要なことである。就寝前の点検で、子どもの口の中の確認や寝具の弾力性に注意すること、寝具の周辺にぬいぐるみやひも等を置かないことも大切である。保育現場では、各自治体から子どもの安全対策に関する指導が示されている。睡眠中の安全対策として、寝付きや睡眠中の姿勢（うつ伏せにしない）、顔色、呼吸の状態をきめ細かく観察（ブレスチェック）し、時刻とともに記録する。特に、0歳児では5分に1回、1歳児では10分に1回の観察を行う等、具体的なチェック時間が示されている自治体もある。

　プール活動や水遊びを行う場合は、監視者と指導者の役割分担の明確化が示されており、監視体制が不十分な場合は活動の中止を検討する。監視者は監視に専念し、エリア全域に規則的に目線を動かし、動かない子どもや不自然な動きをしている子どもがいないか常に監視する。また、監視中に監視以外の用事（電話や対応など）が入っても監視が最優先であるこ

とを認識し、監視に集中できるように配慮することが重要である。

　食事の場面では、誤嚥など窒息のリスクとなるものを除去することが大切である。子どもの口に合った量を食べさせ、飲み込んだことを確認し、汁物などの水分を適切に摂らせることも必要である。食事中の眠気や姿勢も誤嚥の原因になる。

（2）交通安全

　「交通事故」は1歳以上のすべての年齢で、死亡事故の第1位である（図3－㉗）。幼稚園教育要領第2章ねらい及び内容、「健康」内容の取扱いでは、「～交通安全の習慣を身に付けるようにするとともに、避難訓練などを通して、災害などの緊急時に適切な行動がとれるようにすること。」とある。交通事故の多くは保育時間以外で発生しているが、交通事故から子どもを守るためには、年齢や子どもの視野の発達などを踏まえ、園において交通安全指導を行う必要がある。道路の歩き方や交差点の渡り方、信号の見方など交通上のきまり等に関心をもたせるために、地域にある道路や横断歩道のビデオ、紙芝居、人形劇などの視覚教材の活用は有効である。また、自動車や自転車、歩行者、信号、交通安全指導員などになりきって遊ぶ交通ごっこは、遊びを通してそれぞれの立場から交通ルールが学べる。地区の交通安全指導員や警察の協力を得て、園庭に横断歩道、信号機などをセットして行う交通安全指導は、信号機の見方、横断の仕方、右側通行などの模擬体験ができる。

　保育者は、散歩や遠足などの園外保育において具体的に危険と結びつけ、交通ルールを守って行動できるように指導することが大切である。交通安全の習慣を身につけるためには、保護者の役割が大きい。交通安全教室に保護者の参加を促したり、園だよりで交通ルールやマナーを知らせたりして、家庭との連携を図ることが必要である。

（3）防災対策と避難訓練

　保育所保育指針第3章健康及び安全4－(2)－1アでは、「火災や地震などの災害の発生に備え、緊急時の対応の具体的内容及び手順、職員の役割分担、避難訓練計画等に関するマニュアルを作成すること。」とある。そのためには地域の実情を踏まえて、安全確保の体制、職員の役割分担、警察や消防、病院などの関連機関との協力体制を整備し、あわせて職員、保護者の情報連絡体制を徹底することが必要である。

　防災、減災のために避難訓練は定期的に行い、地震や津波、噴火、豪雨、洪水、竜巻など地域の実態に合わせた災害時の行動の指導が求められる。また、不審者との遭遇や様々な犯罪から身を守る対処の仕方を身につけさせることも含まれる。避難訓練にあたっては、子どもたちに、避難訓練がなぜ必要であるか、どんな行動をとらなければいけないかを理解させておく必要がある。避難訓練は園児のためだけの訓練だけではなく、非常時に保育者が落ち着いて状況を把握、判断し、どのように子どもを守り、行動するかの訓練でもあるということを自覚しておきたい。

　子どもたちに緊急時の行動をわかりやすく伝えるためのキャッチフレーズがある。たとえば災害時の安全のための『**お**かし**も**の約束』である。これは、「**お**さない」「**か**けない」「**し**ゃべらない」「**も**どらない」を表している。また地域や社会生活での安全として、防犯のキャッチフレーズで『**いかのおすし**』がある。これは、「知らない人について**いか**ない」「車に**の**ら

ない」「おお声で助けを呼ぶ」「すぐ逃げる」「人にしらせる」のことで覚えておくと役に立つ。

（４）事故の際の応急処置

　日常発生しやすいすり傷、切り傷、打撲、鼻血などに対しては、適切な応急処置を行うことができるようにしておく。医療機関の受診が必要な場合は、速やかに連絡を取り受診する。子どもがぐったりとしている時には、大声で人を呼び、救急車の手配や処置など手分けをして行う。心臓や呼吸が止まっている時には、心肺蘇生を開始する。人工呼吸法やAED（自動体外式除細動器）の使用等の救急蘇生法は、安全で効果的なものとなるように正しく習得する必要がある。これらについては、保育者等をはじめ全職員が各種研修会等において、適切に身につけておかねばならない。

３．病気の予防

（１）感染症の予防

　園における集団生活では、子ども同士が濃厚に接触する機会も多く、抵抗力が弱い乳幼児の感染症には注意をしなければならない。特に、保育所では乳児から６歳児までの子どもが在園しており、年長児では重症にならない感染症でも、低年齢児では重症化する場合がある。保育所保育指針第３章健康及び安全１－⑶－イでは、疾病への対応として、「感染症やその

【図３－㉘】園で問題となる主な感染症および出席停止の期間

対象疾病	出席停止の期間
インフルエンザ	発症した後（発熱の翌日を１日目として）５日を経過し、かつ解熱した後２日（幼児は３日）を経過するまで。
百日咳	特有の咳が消失するまで、又は、５日間の適切な抗菌性物質製剤による治療が終了するまで。
麻しん	解熱した後３日を経過するまで。
流行性耳下腺炎	耳下腺、顎下腺又は舌下腺の腫脹が発現した後５日を経過し、かつ全身状態が良好になるまで。
風しん	発しんが消失するまで。
水痘（みずぼうそう）	すべての発しんが痂皮（かさぶた）化するまで。
咽頭結膜熱	主要症状（発熱、咽頭炎、結膜炎など）が消退した後２日を経過するまで。
結核及び髄膜炎菌性髄膜炎	結核、髄膜炎菌性髄膜炎及び第三種の感染症にかかった者については、病状により学校医その他の医師において感染のおそれがないと認めるまで。
腸管出血性大腸菌感染症	医師において感染のおそれがないと認められていること。無症状の場合、トイレでの排泄習慣が確立している５歳以上の子どもは登園を控える必要はない。５歳未満の子どもでは、２回以上連続で便から菌が検出されなくなり、全身状態が良好であれば、登園可能。
ノロウイルス感染症	嘔吐、下痢等の症状が治まり、普段の食事がとれること。ただし、登園を再開した後も、ウイルスは便中に３週間以上排出されることがあるため、排便後やおむつ交換後の手洗いを徹底する。

文部科学省『学校保健安全法施行規則第18、19条』学校感染症の種類（2種）、厚生労働省『保育所における感染症対策ガイドライン（2018年改訂版）』2018年より、作成

他の疾病の発生予防に努め、その発生や疑いのある場合には必要に応じて嘱託医、市町村、保健所等に連絡し、その指示に従うとともに、保護者や全職員に連絡し、予防等について協力を求めること。」とある。

　学校保健安全法施行規則第18条、19条では、予防すべき感染症が第一種から第三種に分類されている。その中でも園で問題になる感染症は、第二種に挙げられている飛沫感染の他、第三種に挙げられる腸管出血性大腸菌感染症、ノロウイルス感染症、RSウイルス感染症である。感染症は拡大の防止のために出席停止期間の基準があり、園でも学校保健安全法の目安を基準としている。病状が回復し、登園の際には、保護者に医療機関で感染の恐れがないことを証明する「登園許可書」を必ず提出してもらうことになる。

（2）感染症の対策

　感染を完全に防ぐことはできないが、流行を最小限にするための対策として、感染経路を断つことが有効である。感染経路は、咳やくしゃみで感染する飛沫感染、病原体が空気の流れによって拡散する空気感染、感染源である人に直接触れることで感染する接触感染などがある。飛沫感染、空気感染対策は、換気をこまめに行い、咳エチケットを守ることである（図3-㉙）。接触感染対策は「手洗い」が最も重要であるため、手洗いの適切な手順を身につける必要がある（図3-㉚）。

【図3-㉙】咳エチケット

●3つの正しい咳エチケット
　1．マスクを着用する。
　　　マスクをつけるときは取扱説明書をよく読み、正しくつけましょう。鼻からあごまでを覆い、隙間がないようにつけましょう。
　2．ティッシュ・ハンカチなどで口や鼻を覆う。
　　　口と鼻を覆ったティッシュは、すぐにゴミ箱に捨てましょう。
　3．上着の内側や袖（そで）で覆う。
　※また、手を洗うことでも病原体が広がらないようにすることができます 。
●悪い事例
　・せきやくしゃみを手でおさえる。
　　　せきやくしゃみを手でおさえると、その手で触ったドアノブなど周囲のものにウイルスが付着します。ドアノブなどを介して他の人に病気をうつす可能性があります。
　・何もせずにせきやくしゃみをする。
　　　せきやくしゃみをするとき、しぶきが2mほど飛びます。しぶきには病原体が含まれている可能性があり、他の人に病気をうつす可能性があります。

厚生労働省HP『咳エチケット』https://www.mhlw.go.jp/stf/seisakunitsuite/bunya/0000187997.html.（2019年4月アクセス）

　特に、乳児は床を這ったり、手に触れるものを何でもなめたりするので衛生管理を徹底する。幼児については、正しいマスクの装着や手洗い、遊具・用具を衛生的に扱う等の基本的な衛生対策が必要である。

　また、感染症特有の症状が現れたり、感染症の疑いがある子どもへの対応は、嘱託医の指示を受けるとともに、別室に隔離し、他の子どもと接触することがないように配慮する。あわせて、保護者との連絡を密にし、医療機関を受診するように助言する。

【図3−㉚】正しい手洗いの方法

正しい手洗い方法

以下の手順で、30秒以上、石けんを用いて流水で行いましょう。
　① 液体石けんを泡立て、手のひらをよくこすります。
　② 手の甲を伸ばすようにこすります。
　③ 指先とつめの間を念入りにこすります。
　④ 両指を組み、指の間を洗います。
　⑤ 親指を反対の手でにぎり、ねじり洗いをします。
　⑥ 手首を洗い、よくすすぎ、その後よく乾燥させます。
※年齢の低い子どもには手洗いが難しいので、保護者や保育士、年上の子どもが一緒に洗う、手本を示すなどして、少しずつ手洗いを覚えさせていきましょう。

厚生労働省『保育所における感染症対策ガイドライン（2018年版）』2018年、p.14

（3）子どもの健康支援と健康管理

　近年、保護者の保育ニーズに即して通常の保育の他にも延長保育や夜間保育、一時預かり、病児・病後児保育、休日保育など様々な保育が実施されている。そのため子どもの健康管理が従来にも増して重要になっている。健康管理は、園の子どもたちが健康で順調に発育・発達するための適切な環境を整え、計画的に行うことが必要である。

①健康診断

　健康診断は、健康の維持や疾病の予防に役立てるものであり、学校保健安全法施行規則に定められている。
　保育所保育指針第3章健康及び安全1−(1)−イでは、「子どもの心身の健康状態に応じて保育するために、子どもの健康状態並びに発育及び発達状態について、定期的・継続的に、また、必要に応じて随時、把握すること。」と示されている。園の嘱託医と委託歯科医による定期的な健康診断や、保育者による身長や体重などの計測を通して、子どもの発育及び発達状況を把握し、日々の保育者の観察や、保護者の家庭での情報収集を総合的に行うことにより、慢性的疾患や障害、不適切な養育の早期発見にもつながる。
　幼稚園教育要領第2章ねらい及び内容、健康2の内容(9)には、「自分の健康に関心をもち、病気の予防などに必要な活動を進んで行う。」とある。保育者は、健康診断や身体測定などを通して子どもが自分の身長や体重などの伸びを実感できるように、たとえば紙テープなどで身長を示したり、手・足型を取ったりして自分の身体に関心がもてるように働きかける。また、ケガで痛い思いをしたり、病気で辛かったりした体験などから、自分の身体を大切にしなければならないことに気づかせて、丁寧に手を洗うことや、上手に歯磨きをしようとする意識を育てることが必要である。

②健康観察

　保育者により行われる日々の健康観察は、心や身体の健康問題を早期に発見して適切な対応を行うことが目的である。感染も早期に異常を発見することにより、集団への感染を避けることができ、予防策を立てることができる。
　観察の視点は、子どもの機嫌や顔色、食欲、鼻汁、咳、便の状態、皮膚の様子、寝る時の

様子、いつもと違う行動など様々である。保育者は子どもを見る目を養い、異変にすばやく気づくことが大切である。特に乳児は、自分で訴えることができないので保育者が気づくことが何より重要になる。そのためには、普段の子どもの健康状態を十分に観察して、把握していくことが大切である。普段と違う様子を感じたら、他の子どもから離して保育者一人で判断せずに他の保育者とともに観察し、処置や対応を考える。

　話すことができるようになると、子どもから不調を訴えることがある。「痛い」「かゆい」「赤くなった」「血が出た」「気持ちが悪い」「うんちが出た」などと訴えるが、外見で判断できない場合もある。特に、ズキズキ痛むやチクチク痛むなど、痛みの様子や程度、痛む場所が聞くたびに変わったりする。子どもを落ち着かせて、触ったり問いかけたりしながら状態を把握することが求められる。

　このような観察は登園から始まり降園まで続く。降園時には朝の受け入れ時と違う様子が見られないか、十分観察を行うことが大切である。

第4章

子どもの育ちと健康

　子どもが幼稚園や保育所等の生活において、体を動かす気持ちよさを感じたり、生活に必要な習慣や態度を身につけたりしていくということは、その基盤として家庭から連続した園生活の中で安定感をもって環境に関わり、自己を十分発揮して遊びや生活を楽しむという過程があってこそのことである。子どもが園生活の中で安定感をもって環境に関わるとは、どのようなことであろうか。また、乳幼児の自己発揮とはどのような姿として表れているのであろうか。

　さらに、幼稚園教育要領や保育所保育指針等の改訂（定）において、幼児教育を行う施設として共有すべき事項に「幼児期の終わりまでに育ってほしい姿」が示され、その項目の一つに「健康な心と体」が挙げられた。そこに示された「心と体を十分に働かせる」とはどのような姿として捉えるとよいのか。

　本章では、健康に関わる土台となるこれらの姿を、具体的な事例を基に考えていきたい。

1　安定感をもって環境に関わるとは

　安心、安定は子どもが自己表出する基盤として重要な要素である。しかし、その安定感をもつきっかけは子ども一人ひとり違う。子どもが園生活に安定感をもつとはどのようなことか、事例の子どもの言動一つひとつをイメージしながら考えてみよう。

事例①　「クモさん　ブルブル……」　　　　　　　1歳5か月

　アイちゃんは登園後、母親が子育て学習会の出席に遊戯室に行ってしまったため、泣いて母親を追いかけようとする。保育者はアイちゃんを抱き止め、何とか気分が変わらないかと気に入った玩具をあれこれ持たせたり、遊んで見せたりして働きかけた。

　しかし、なかなか泣き止まないアイちゃん。そこで保育者はアイちゃんを抱いて戸外に出、生け垣の白い花のところに連れていく。「いっぱい、咲いているね。白いお花、いっぱいだね」などと声をかけてみたものの泣き止まない。その時、保育者はその生け垣に張るクモの巣と黄色と黒の縞模様の手足の長いクモを見つけた。ちょっとアイちゃんには怖いだろうかと思いつつも、気分が変わることを願い見せることにする。「アイちゃん、ほら、クモさん、いるね」。すると意外にも、アイちゃんはクモをじっと見つめ泣き止んだ。そこで一緒にクモを眺めることにする。すると、風が吹いてクモの巣が揺れた。クモの巣と共にクモも揺れる。その姿を見て、とっさに保育者は「あっ、クモさん、ブルブルって踊ってるね」と声をかけ、抱いているアイちゃんの体を揺らした。すると、アイちゃんの表情が笑顔に変わる。

　保育者は、風が吹くたびに「クモさん、ブルブル」と言っては、アイちゃんの体を揺する。そのたびに、にこにこっと笑うアイちゃん。

　母親が保育室に戻ってくるころにはすっかり機嫌が直り、にこにことお母さんに手を伸ばし抱かれていく。保育者が朝からの経過を母親に話していると、母親の腕から降りたアイちゃんが保育者と母親の話す様子をじっと見ている。保育者が「『クモさんブルブル』って言って体を揺らすと、とっても喜んでいました」と動きもまじえて伝えると、なんと、アイちゃんはその保育者の言葉に合わせて体を揺らし始めた。おかあさんも、その姿を見て、「そう、アイちゃん、ブルブル踊ったのね」と笑いかけると、何度も体を揺らすアイちゃんだった。

**　あなたなら、母親の前で体を揺らしたアイの動きをどのように捉えますか？**

(事例①を読み解く)　**心地よさと楽しい感覚が安定感へとつながる**

アイは保育者と母親の話す様子を見ていたが、その言葉の意味や内容をわかって聞いているわけではない。しかし、保育者が話す「ブルブル」という言葉の響きや保育者の動きを耳や体で感じて、保育者が自分のことを母親に語っていることを感じ取ったのであろう。だから、保育者の声や動きに反応するように動いたのではないだろうか。

1歳児といえども、このように楽しい感情を抱くと、やってみたくなったり、何度も繰り返したりする。最初は母親から離れ不安であったのが、保育者に抱かれ、興味や関心を引くものを見つけてもらい、心地よさと楽しい感覚を味わうことで、気持ちが安定していく。

こうした安定感から、言葉こそ理解していないが母親と保育者の会話の雰囲気を感じとって入ってきたのであろう。母親に『ブルブル』の自分の動きも見せたくなったのであろう。まさに『こんな風に踊って楽しかった』と言葉にならない気持ちを伝えているようで、保育者も母親も幸せな気分になったのである。

事例②	「今日は、バス、止まってないね」	3歳

入園してしばらくしてもタケシくんは、登園しても、母親からなかなか離れられず、母親が帰ってしまうと今度は保育者にしがみつく。抱かれたまま持ち物の始末をする毎日である。

ある日、保育者はタケシくんの持ち物のマークやタオル等にいつも乗り物の模様がついていることに気づく。乗り物が好きなのかもと考え、保育室前の芝生に、乗り物に見立てた巧技台の箱を並べてみた。

保育者が「タケシくん、バスが来ましたよ」と声をかけると、自分から「乗る」と言って保育者の腕から降り、巧技台に座る。これまで保育者にしがみついていたタケシくんとは打って変わった姿である。それどころか、巧技台の端を押して「ピンポーン」と言い始めた。「次、降りますか」と言葉をかけると、「次は、○○、○○。お降りのかたはボタンを押してください」などの運転手の口調をまね、喜んで遊ぶ。

翌日は雨。タケシくんは母親と保育室前の芝生を見ながら、「今日はバス、止まってないね」とつぶやいた。

（後日、母親から、毎日、市バスに乗って登園してくること、タケシは運転手の見える座席に座りたがることを聞く）

あなたなら、雨天に芝生を見てつぶやくタケシの思いにどう関わりますか？

（事例②を読み解く）　**家庭から園へと連続する生活や遊び**

　タケシのつぶやきから、いかに昨日のバスごっこを楽しんだか、そして、今日も期待をもって登園してきたかがうかがえる。こうした遊びへのヒントになったのが、保育者のタケシの持ち物の傾向への気づきである。園での生活や遊びは、家庭や地域での様々な体験とつながっている。子どもの教育・保育において、家庭との連携、家庭や地域での生活との連続性が必要不可欠とされているのは、このようなことからである。子どもの生活は園に来て始まるのではない。保護者がなぜ子どもの持ち物に乗り物のマークを付けてきているのか。そこには、園でも自分の好きなものに囲まれ、母親がいなくても安心して過ごすことができるようにという母親ならではの愛情であることも理解したい。カリキュラム・マネジメントを考慮する際、こうした園以外も含む子どもの生活全体、子どもを取り巻く状況等を理解し、生かしていくことが重要である。こうした家庭・地域・園の循環を通して、子どもの世界は徐々に広がり、一つひとつ安心を積み重ねながら、自分の生きる世界に自分から関わっていく力も身につけていくのであろう。

　このタケシの「バス、止まってないね」の声は、まさにその自分の世界を広げていこうとするつぶやきでもある。戸外に出られずとも、保育者がその後の環境の構成として考えておかなければならない大事なキーワードである。雨の降り込まないベランダや廊下などを有効活用し、タケシに芽生えてきた興味や関心を遊びにつなぎ、園での生活への安定感を広げていくことが重要である。

事例③　「どうしたら、同時にすべるのかな」　　　4歳

　ケンくんは、材料棚からティシュペーパーの箱を2個持って来て、すべり台の上から何度もすべり落としている。今日は、とてもさわやかな青空で、他の子どもたちは保育室から飛び出し思い思いに戸外での遊びを楽しんでいる中、テラスのすべり台で、ケンくんは一人で遊んでいる。黙ったまま、すべり台の上から2個の箱をすべらせ、その後、自分もすべり、また、下に落ちた箱を持って、階段を上っていく。そのことを何度も繰り返した後、すべり台の下に座り込んでいる。ケンくんの様子を見て、戸外へ誘おうと思って近づいた保育者は、ケンくんが箱を持ってつぶやいている言葉を耳にして誘い出すのを思い返した。

　ケンくん「どうしたら、同時にすべるのかな…」

つづき…
　ケンくんはこうつぶやいた後、また、すべり台の上に行き、それまで2個の箱を並べて

すべらせていたが、今度はその２個を重ねてすべらせた。結局、何度やっても同時にすべり台の下に落ちてくることはなかったが、ケンくんは満足そうだった。

> あなたなら、このケンのつぶやきをどのように受け止めますか。なぜ、保育者は戸外へ誘うことをやめたと思いますか？

（事例③を読み解く）　**なんでもないことも子どもにとっては大事な遊び・発見**

　ケンの行動は、一見、何を遊んでいるのかわかりにくい。すべり台ですべってはいるが、その遊具での遊びでもなさそうだ。箱を使ってはいるが何かに見立てたり使ったりしているわけでもないので、ごっこ遊びともいえない。しかし、ケンにとっては大事な遊びであることを、保育者はケンのつぶやきから感じ取ったのであろう。

　ケンにとってこの行為は、すべり台の上から箱を２個同時に離して、同時に下にすべり落ちるようにしたいという大切な実験ともいうべきものだったのである。きっと「同時に」という言葉をどこかで耳にし、その新しい語彙の意味「同じ」ということも知り、今日は「同時に箱がすべり落ちるかどうか」を実際に確かめていたと考えられる。あえていうならば「実験ごっこ」ともいえるものである。

　箱を「並べてすべらす」ことから「重ねてすべらす」という動きに変化してきたことは、子どもなりに、「予想し試し確かめ、さらに工夫する」という大事な思考力の芽生えともいうべきものである。しかし、この姿を子どもの側に立って読み取らなければ、「こんなにいい天気なのに外で遊ぼうとしない子」「一人でたわいもないことをしているだけの子」などとしてしまいがちである。大人にとっては何をしているのかわからないことも、子どもにとっては大きな意味をもつ遊びであるかもしれないことを認識しておく必要がある。「ままごと遊び」「砂遊び」といった名前のつけられない遊びの中にこそ、遊びの本質が潜んでいることを見逃してはならない。

事例④　「どろけいするもの、この指とまれ」　　　5歳

　ヤスユキくんは、年中児の間ずっと朝、保護者から離れがたく保育室にも入らず、時には一日中、カバンをかけて過ごすこともある子どもだった。そんなヤスユキくんが進級して新しい保育室や保育者にとまどいながらも、自分から入室してきた姿には驚かされた。ヤスユキくんなりに進級という節目を迎え、自分を切り替えたのかもしれない。

　そんなある日、クラスの子どもが「どろけいするもん、この指とまれ」とまわりの子に呼びかけていた時である。保育者は、子ども同士で遊びを進めていこうとする姿を見守っていると、ヤスユキくんの様子が目に留まった。ヤスユキくんは、その声に反応するかのように、じっと見つめながら下ろしていた片方の

手を少しだけ上げかけていた。友達の指に飛びついていく他の子どもからは比べ物にならないくらいの微かな動きであるが、確かに上げていた。

> ヤスユキのこの微かな動きから、あなたならヤスユキの気持ちをどう捉え働きかけていきますか?

(事例④を読み解く)　**発達の違い、幼児期の終わりまでに育ってほしい姿を踏まえた保育**

　事例のように年中児のヤスユキは、自分をかたくなに出さない、逆にかたくなになることが本人の精一杯の出し方、意思表示のように思われた。しかし、保育者は「園が家庭と同様に安心できる場であることを実感させたい」「気負いもなく自分の気持ちを出すことができたら、もっと違う楽しさやまわりと関わる喜びが味わえるようになるだろう」と願い続けてきた。そして、担任保育者だけでなく園全体が協働して園の雰囲気を醸し出しもしてきた。その雰囲気が少しずつヤスユキの気持ちをほぐしつつあったのであろう。それが、春休みという園と少し離れた家庭での生活、進級という意識の変わり目の時期とも重なり、ヤスユキは自分で自分の気持ちを切り替えようと心を動かしたのではないかと思われる。

　そして、さらにその心の動きが行動になって表れたのが、微かな腕の上げ方だったのではないだろうか。単に鬼ごっこへの興味や関心というだけでなく、ここで「自分から一歩踏み出したら年長での生活や遊びの中で自分をもっと自由に発揮できるかもしれない」と心と体が一体になった行動ではなかっただろうか。

　こうした姿のように、子どもの育ちは大筋では同じ方向を向いているが、その過程や切り替わるタイミング等は子ども一人ひとり違う。そのことを踏まえ、その過程の姿を捉えておく必要がある。そうでなければ、せっかく子どもの育つチャンスを逃すことにもなるであろう。こうした機会を指導につなげていくことが大切である。その場合、年長児であることも踏まえ、手がかりになるのが「幼児期の終わりまでに育ってほしい姿」である。関連の深い項目は「健康な心と体」になるであろうが、心と体が一体となる姿は「自立心」「協同性」等、他の様々な項目と関連し合って生まれてくることも忘れてはならない。

1節のまとめ

(1) 心と体を十分に働かせて生活すること

　子どもが健康で安全な生活を営むためには、乳幼児期に愛情に支えられた安全な環境の下で、心と体を十分に働かせて生活することが必要である。保育所保育指針、幼保連携型認定こども園教育・保育要領の乳児保育に関わるねらい及び内容の身体的発達に関わる視点「健やかに伸び伸びと育つ」において、また、1歳以上3歳未満児の保育に関わるねらい及び内容の心身の健康に関する領域「健康」、さらには幼稚園教育要領等の領域「健康」における「内容の取扱い」にはすべて「心と体の健康は、相互に密接な関連があるものであることを踏まえ」と示されている。「心と体を十分に働かせる」「心と体の密接な関連」とはどのような姿として捉えるとよいのであろうか。その姿を表す言葉として「伸び伸びと」や「生き生

きと」等と表現されることもあるが、そもそも「伸び伸び」「生き生き」とはどのような姿なのか考えてみたい。

　それは、単に子どもの表面的な言動の活発さや積極性を指しているものではない。子どもが家庭からの自然な流れの中で安心して園での生活を受け入れ、ありのままの自分を表出しながら保育者や友達との生活や遊びを楽しみ、その中で自分から環境に働きかけ自分らしさを発揮し、自己の存在感や充実感を味わうことが必要である。こうした内面の充実が、もっとやってみようという意欲や態度を培い、身体の諸機能をバランスよく育んでいくことにつながる。

　こうした視点で再度、前述の事例を通して、心と体の関連を捉えてほしい。乳幼児期の心と体の健康は相互に密接な関連をもち、一体となって形成されていくものであることが理解できる。

（2）心の安定を図ること

　保育所の保育は、養護と教育を一体的に行うことを特性としている。その養護の理念として、保育所が乳幼児期の子どもにとって安心して過ごせる生活の場となるためには、健康や安全が保障され、快適な環境であるとともに、一人の主体として尊重され、信頼できる身近な他者の存在によって情緒的な安定が得られることが必要とされている。

　また、幼稚園においても、子どもは安定した情緒の下で自己を十分発揮することにより発達に必要な体験を得ていくものであることを考慮し、乳幼児期にふさわしい生活の展開や遊びを通した総合的な指導、一人ひとりに応じた指導の重要性を示している。幼保連携型認定こども園においても同様である。

　それでは、子どもの心の安定を図るためには、どのようなことが必要であろうか。それは、生活や遊びの場面は違っても、子ども一人ひとりが「主体的な存在としての自分」であることを大切にされていると実感できることであろう。言い換えれば、自分の生理的な欲求から始まり、感じたこと、考えたこと、表現したこと、したいこと、してほしいこと、困ったことなど、様々な感情を受け止めて、応答的な関わりを得られることである。一人ひとりの子どもの主体性を尊重し、子どもの自己肯定感が育まれるよう対応していくことが重要である。

2　子どもの自己発揮の姿とは

　子どもは生活や遊びの中で様々に自分を表出する。心を開くことでより伸びやかに体を動かし、体を動かすことでさらに心は解き放たれていく。このように心と体は一体となって働くものである。園での子どもの心の動きを捉えられるのは、その子どもと共に生活している保育者である。だからといって、一緒に居さえすればわかるものではない。子どもの心の揺れ動きに寄り添い受け止める保育者の感性があってこそわかるものである。子どもの姿から見えてくる自己発揮の様子を捉えてみよう。

事例①　「ぼくは、笛を吹いているの」　　3歳

　赤組の子どもたちは今、保育室の舞台のような台の上で、歌ったり踊ったりすることが大好き。

　今日も、ままごとのスカートをはいたり、空き箱でギターや太鼓を作ったりしては、舞台の上で歌や踊りを披露している。その様子を見ていたヒロくんも紙を丸めて何かを作り、まわりの子の後について舞台に上がる。ヒロくんが立つのは、舞台の奥の一番端っこである。

　他の子どもが、喜んで「今から体操します」などと言ったり、思い思いに体を動かし踊ったりしている間、ヒロくんは表情も変えずに立ったままである。しかし、作ったものを口に当て吹き始めた。それはどうも、笛のようである。

　それを離れた場でじっと見ているシュンくん。ドングリの入った箱を手に持っている。保育者が一人で遊ぶシュンくんのために一緒に作ってくれた箱である。シュンくんは舞台で踊りが始まると、思わず腰に手を当てている。じっと見ている中で、舞台の子どもが「ころころころころ、こぅろころ」とドングリの歌を歌うと、その箱をその歌に合わせて「じゃらじゃら」と鳴らす。

> 他の子どもと違う、ヒロやシュンの動きについて、あなたはどのように捉えますか？

事例①を読み解く　子ども一人ひとり違う自己の表出の仕方を理解し受け止める

　園の中で安定感が増してくると、子どもは本来の自分を発揮し出す。我を忘れて夢中になって遊ぶ中では、何かになりきったり見立てたりして、自分を十分に出して遊ぶ。しかし、子どもの自分の出し方は、個々それぞれ、また、発達の過程においても様々である。大胆に

自分を表現する子どももいれば、慎重に目立たず表す子どももいる。発達していく方向性は同じでも、その過程で同じように表出するわけではないことを踏まえておかなければならない。

　ヒロは、この時期、まわりの子どもへ関心をもち始め、同じように動いてみようとしつつある。他の子どもと同じように舞台に上がろうとする。しかし、舞台に上がっても、まわりの子どもに隠れ、前面からは見えにくい、一番奥の端の目立たない場所にいる。その場所がヒロにとっては今、一番安心していられる場なのである。でも、自分の存在をアピールしようともしている。それが、自分の作った笛を吹くことである。作り物の笛なので、音が出ているわけではない。しかし、ヒロは音を出しているつもりなのである。自分の声の代わりとして笛を吹くことが、今のヒロの精一杯の自分の出し方なのである。その音にはならない音の存在を保育者は聞き逃さずに受け止めたい。

　また、シュンも同様である。まだ、舞台に上がるまでには至っていなくても、思わず腰に手を当てたり、自分の持っているドングリの箱を鳴らしたりする瞬間は、舞台に上がっているような感覚を抱いているのであろう。ひょっとすると、そのドングリの歌が始まった途端、心は舞台に上がっていたのかもしれない。

　このように子ども一人ひとりの表面的な行動や言葉のみで判断せず、その内面を受け止め、認めていきたい。その子どもの感覚を共に味わおうとする保育者の存在が、子ども一人ひとりをその子らしく表出することにつながるであろう。

事例② 「机から枝を出したり引っ込めたり…」 3歳

　ヨウイチくんは体も大きく、自分のしたいこともはっきりとしているので、同じ年齢の子どもからは一目置かれているようなところがある。

　今朝も、意気揚々と登園してきたヨウイチくんは、大好きなブロックを見つけ、かごいっぱい抱えて独り占めで遊ぶ。後から登園した子どもが使おうとすると、「だめっ！」「ぼくの」と強い口調で抱え込む。

　ヨウイチくんの使いたい気持ちも受け止めつつ、「○○ちゃんも使いたいんだって、貸してほしいな」と働きかけてみるが、そばに寄ってくる子どもを強引に押しのけようとする。そのことを保育者が「それは○○ちゃん嫌だよね」と代弁すると、怒って近くの机の下にもぐりこんで寝転がってしまった。

　「使わないんだったら○○ちゃんに貸してあげてね」と声をかけても、机の下から「だめ」「あっち行って」などと、泣きながらどなりちらすばかりである。

　しばらく保育者は様子を見守りつつ、他の子どもとブロックで遊んでいると、その机の下から枝が出たり入ったりするのが見える。よく見ると、今朝、ヨウイチくんが見せてくれた登園途中で

拾ってきた小枝である。その枝に気づいて、目を向けるとすっと引っ込める。そして、また、にゅーっと出す。この動作を繰り返すうちに、ヨウイチくんはにやにや笑い出した。

ヨウイチのこの小枝の動きには、どのような意味が込められているのでしょうか。あなたなら、どのように受け止めますか?

(事例②を読み解く)　**子どもなりの気持ちを切り替えるタイミングを受け止める**

　この小枝の動きは、ヨウイチの気持ちそのものである。一旦は、怒って机の下に潜り込んだとはいえ、一時の興奮が少し落ち着いてくると、このままではどうしようもないこともわかりかけてくる。潜り込んだ机から出ていきたいけれども、出るタイミングが子どもなりに見つからないヨウイチ。その時に気づいたのがポケットに入っていた、今朝拾ってきた小枝であったのであろう。机と机の隙間にちょうど入る太さということもあり、出したり入れたりする中で、さらに気持ちが落ち着いてきたのであろう。

　すると、机越しに見える保育者や他の子どもの見え方も変わってきたのだろう。自分が、とても親しみを寄せてきた保育者が見える。でも保育者は他の子どもに関わっている。声も出してみたいが、「あっちに行って」と怒鳴っていたことも引っ込みがつかない。その時に役立つのが小枝である。小枝を出したり引っ込めたり、その動きはまさに机の下から出て行きたいけれどもきっかけがつかめない自分の気持ちの表れでもある。保育者に自分の存在をわかってもらいたいという思いの表れでもあろう。

　保育者に気づいてもらったことで、ヨウイチはどれだけほっとしたことだろう。うれしかったことであろう。ここでの安心感が保育者への信頼感、親しみの深さへとつながっていくのである。

事例③　**「消防車のバギーカーにこだわるカズくん」**　　　　3歳

　カズくんは障害の診断名がついているわけではないが、支援の必要な子どもである。遊具にもこだわりがあり、バギーカーの中でも消防自動車のタイプのものが使えないと機嫌が悪い。また、クラスの子どもが大勢いる場にはなかなか入れず、一緒に活動することも避けたがる子どもである。

　生活発表会が近づきクラスの子どもは保育者と共に簡単な劇遊びをすることにしている。保育者は、カズくんにも少しでもまわりの子どものしていることに興味をもってほしいと願う。そこでカズくんのこだわっている消防車のバギーカーのタイヤをふき、遊戯室でも使えるようにした。カズくんはお気に入りと一緒なので喜んで入室できたものの、『三匹の子ぶた』の劇遊びをする子どもには見向きもせずに、遊戯室中、消防車を走らせている。しかし、最後、保育者がオオカミになりエントツから入り込み、なべに落ち込んで「あちちちー」と走り回る場面になると、その消防車で保育者を追いかけてくる。この姿に保育者はハッとして、劇の構成を考え直し、最後の場面でカズくんの消防車を登場させ、オ

オカミの熱いお尻に水をかけてもらうことにする。すると、カズくんは劇遊びの中で喜んで消防車を走らせ登場してくるようになる。劇遊びの一員として参加したのである。そして、クラスの子どもたちもカズくんの消防車の登場を楽しみにするようになった。

　発表会当日、カズくんが満面の笑みで消防車を走らせ登場すると、保護者の表情はうれしそうな笑い顔に変わった。

　　支援の必要な子どもに対しては、その子どもの困難さに応じて配慮（合理的配慮）[1]することが求められています。あなたなら、カズが安心して自分を出すことができるよう、どのようなことを考えますか？

事例③を読み解く　子どもの抱える困難さに向き合い、支援を工夫する

　こうした支援の必要な子どもにとっては、特に安定感のある環境を工夫することは非常に重要なことである。単に障害の種別に応じた配慮のみならず、その子どもが困難としていることがどのようなことであるかを理解し、それに応じた配慮が求められる。

　カズの場合、他の子どものいる場になかなかなじめなかったり、遊具に対するこだわりの強さも見受けられたりする。この事例では、そのこだわりの強さを逆に生かして、大勢の子どものいる場に安心して入ることができるよう配慮している。さらに、カズの遊び方にも理解を深め、保育者が工夫を重ねていったことで結果的にクラスの一員として劇遊びに加わることになった。学級のみんなと活動する楽しさまでは味わわなくても、保育者とのつながりを基盤にクラスの子どもと場や時を共にする面白さを感じていくことにはなったのではないだろうか。

　この支援を必要とする子どもの困難さへの配慮が合理的配慮[1]である。子どもの特性と必要な配慮を園全体の教職員が共通理解し、同じ方針で関わっていくことができるよう個別の指導計画等を作成することが望まれる。また、保護者にもその些細な変化や経過を保育の意図とともに説明し、他の子どもと一緒に活動するとは、単に同じ行動や言葉で表すことではなく、その子なりの自己発揮の仕方で満足感や充実感を味わうことであることを伝えていきたい。

1）合理的配慮を受ける障害のある子ども（人）とは
　障害者差別解消法（正式名称：障害を理由とする差別の解消の推進に関する法律〈平成25年法律第65号〉）に基づき合理的配慮を受ける障害のある人とは、法律に書いてある「障害者」で、障害手帳を持つ人のことだけではなく、身体障害、知的障害、精神障害（発達障害や高次機能障害を含む）のある人、その他の心や体のはたらきに障害（難病に起因する障害を含む）がある人のことを指すほか、障害や社会の中にあるバリアによって、日常生活や社会生活に相当の制限を受けている人すべてが対象となっています。【内閣府障害者差別解消法リーフレットより一部要約】

事例④ 「ダンスショーを見に来て」　4歳

女の子たちがままごとのスカートをはいたり、楽器を鳴らしたりして、ショーごっこをしている。そのお客として見に来た男の子たちは、最初は単にイスに座って見ているだけであったが、楽器演奏が始まると、自分たちもマラカスを選んで手に持ち、鳴らしながら見るようになる。その音のリズムにますます体が音楽にのってきて、両腕を盛んに動かして鳴らす。ついには、イスから立ち上がり、女の子たちの踊る舞台下まで出ていって、体全体でリズムをとりマラカスを鳴らす。そのうちどんどん前に出ていき、ついには自分が舞台に上がってしまう。そして、その曲のフィナーレでは、舞台の女の子たちよりも前面に出て、「やっ」とかけ声をかけて終わる。その表情は最高の笑顔であった。

あなたなら、この見ていた男児の行動の変化をどのように捉えますか?

事例④を読み解く　まわりの子どもに影響され、自分のこととして感じ、楽しんでいく

4歳児が、園での生活にも慣れてきて、まわりの状況にも目を向けつつ、どんどん自分の楽しさとして受け入れていく様子が感じられる。最初、男児は、女児の遊びを見るという受け身の状態であったが、その中で音楽やそのリズムの楽しい雰囲気に心が動き、自ら楽器を持つという行動に変化していく。つまり、その楽器に自分なりに働きかけていくという主体性が出てきている。女児の音楽のリズムとマラカスの音との響き合いにさらに楽しさが増してくる。そのように心が動くと、身体も一体になって動かしたくなってくる。座っていたのが立ち、立っていたのが女児に近づき、ついにはお客だった自分が舞台に上がってしまう。そして、最後は、自分が舞台の最前面に出てきてしまう。その過程は、自分の心が開放され自分の楽しさを発揮する過程の姿が見て取れる。

こうした過程を通して、楽しさを共有することで、相手への関心が心地いい関係として築かれ、友達への関心や広がり、さらには深まりとしての協同性へとつながるのである。

事例⑤ 「はなすよ、はなすよ」「はい、こいで、こいで、こいで」　5歳

今、5歳児の中では一輪車ブームである。なかなか乗れない子どもから、すでにバーを持たずにすいすい進める子どもまで、いろいろである。中には、乗れるようになった子どもが、まだ乗れない子どもにつきっきりで教える姿も見られる。

ハルカちゃんもその教える子どもの一人である。
今日は、仲のよいアキラくんの一輪車の後ろをつ
かんで、教えようとしている。乗っているアキ
ラくんはバランスが取れずふらふらしているので、
一輪車をつかむのも一苦労である。しかし、その
うち、その揺れが小さくなった時、ハルカちゃん
が叫んだ。

　「はなすよ、はなすよ」
　そして、手を一輪車から離した瞬間、今度は「はい、こいで、こいで、こいで」と、ア
キラくんにペダルを踏み込んで漕ぐように声をかけた。

　このハルカの「はなすよ、はなすよ」「はい、こいで、こいで、こいで」という言葉
に込められた意味をあなたならどのように考えますか？

事例⑤を読み解く　自分の体験と重ね合わせて相手を理解し行動する

　ハルカがこの言葉をアキラにかけたタイミングを考えてみよう。何も考えずに「はなす
よ」と言ったのではない。離された方も離されただけの覚悟がもて、自分だけで踏ん張って
みようという気持ちになれるかどうかというタイミングで声をかけている。「はなすよ、は
なすよ」と２回同じ言葉をかけているのは、アキラにその覚悟を促して、その自覚ができた
ところで、手を離そうとしているのである。そして、その言葉と間髪を入れず、「こいで」
と言っている。それも、「こいで、こいで、こいで」と３回即座に続けて言っている。き
っと、早くペダルを踏み込まないとせっかく一人でバランスが取れたところであるのに、その
状態が保てなくなることを知らせたかったのであろう。それほど、このハルカの言葉は理に
かなっているといえる。

　では、どうしてこのような言葉が出てきたのであろうか。それは、ハルカ自身の一輪車の
体験からきているものであろう。自分もアキラと同じような乗れない状況、乗れそうで乗れ
ない状況などを経て、乗れるようになってきたのである。その変わり目には、こうすると乗
れるようになるという納得をしながら、体得してきたものがある。それらは、一輪車ができ
るようになる「こつ」ともいえる。ハルカ自身が、この感覚で手を離されたり、ペダルを漕
いだりしたから、一人で乗る感覚が味わえたのであろう。その「こつ」をアキラにタイム
リーに伝えたい思いでいっぱいになっていたのである。そして、事例のように状況にふさわ
しい言葉をかけようとしたのである。「こつ」は言葉だけでは教えられない感覚に近いもの
であるので、アキラが乗れるように感じる感覚とは少し違うかもしれないが、ハルカは自分
のつかんだ「こつ」を伝授したいような気持ちだったのであろう。

　一輪車は体を動かして遊ぶ遊具であるが、一輪車遊びには、それに取り組む過程での子ど
もの努力や葛藤、感覚や感性等が非常に強く関わり合っていることがわかる。この心と一体
になっているからこそ、挑戦意欲やあきらめずに取り組もうとする力、達成感や充実感等が
養われていくのであろう。

事例⑥　「強いかもしれないけど…」　　　5歳

　ドッジボールに夢中になる5歳児。思い切り投げたり、強い球を体で受け止めたり、素早く身をかわして逃げたり、それぞれの挑戦意欲がわいてきて、クラスの大勢の子どもたちが取り組んでいる。

　その中で、シュンくんは、真っ先にボールを取りたい一心で、ボールめがけて走っていく。足も速く、身のこなしも機敏なので、だれよりも真っ先にボールを手にする。やや強引なまでの取り方の場合もあるが、まわりの子も、そのシュンくんの力の強さを知っているので、ボールの取り合いになるとやや引いてしまいがちである。

　今日も、シュンくんは何度もボールを手にし、意欲的である。しかし、まわりの子どもは何となく面白くなさそうである。中には、『しょうがない』とあきらめ、ゲームから抜けてくる子どもも出てきた。保育者は、その子どもの「だって、ぜんぜん、ボール取れないんだもん」という声に、そのことがシュンくんに伝えられるように背中を押してみた。

　保育者と一緒にシュンくんのところに行ったマサルくんが、顔を真っ赤にして勇気を出して声を出した。「シュンくん、ドッジボールつよいかもしれないけど、勝手なことするからつまらんく（つまらなく）なってくる」単に『ボールが取れない』とだけ伝えるのかと思っていた保育者の予想を超えた言葉である。シュンくんを見ると、そのことを言ったマサルくんの顔をじっとにらむように見つめ黙っている。しばらく、そのにらみ合いが続く。そして、その後、横一文字につぐんでいたシュンくんの口元が動いた。「わかった」と低い声で一言答えるとボールをマサルくんに渡した。

　　シュンとマサルが対峙した場面、あなたならそれぞれの思いをどのように受け止め二人の育ちにつなげていきますか?

事例⑥を読み解く　まわりの考えに気づき自分の気持ちを調整し、折り合いをつける

　まず、シュンから考えてみよう。シュンは自分を十二分に発揮して遊ぶ子どもである。思い通りに遊びたがるが、ドッジボールのような集団での遊びの場合は、「ボールを取りたい」という考えが、自分の欲求の満足からだけでなく、チームとしての意味、自分の役割等を捉えて思い及ぶようになることが願わしいであろう。そのためには、他の子どもとの関係性の深まりが必要であり、そこに保育者の援助が必要となる。

　今回、その絶好のチャンスでもあり、そのために保育者はマサルの後押しをしていった。その時のマサルの態度は保育者の予想以上の姿であった。シュンに伝えた言葉が、シュンを全面否定するものではなかった。「強いかもしれないけど」とシュンを一目置く言葉を言ってから、「勝手なことするからつまらなくなる」と理由を伝えている。筋を通した言い方で

ある。逆をかえせば、『勝手なことしなければ、シュンは強くて頼りになる』とも受け取れる。5歳児は、友達との関係ができてくると、自分がまわりの子どもにどのように受け入れられているのかを気にし始める。人の目を気にするというのではなく、自分の存在価値を友達の中で確認したいところであろう。シュンがマサルの言葉に黙ってしまったのは、こうした言葉の意味を感じ取ったからであろう。また、自分自身もボールの取り合いの末に強引に取っている姿を客観的に受け止め、若干、後ろめたさも感じていた頃でもあったと思われる。だからこそ、このマサルの言葉はシュンにとっては考えざるを得ない言葉であったと思われる。黙ったままマサルの顔を見つめるしかできないシュンの心は大きく揺れていたことであろう。その中で、「わかった」と一言返しているのは、自分の気持ちを調整した結果である。

　集団での遊びは、こうした一人ひとりの自己発揮と自己抑制の調和を図る自律性が求められる。そのためには、これまでに積み重ねた友達との関係性の深まりが基盤として必要である。こうした姿が、幼児期の終わりまでに育ってほしい姿へとつながるのである。

事例⑦　「だって、年少さん、こわいんだもん」　　5歳

　このところ、5歳児が友達同士で忍者になったつもりで、修行に出かけたり、技を考えたりして遊んでいる。今日は忍者の家「忍者屋敷」を作り始めた。段ボール板を使って、壁が回転して雲隠れができるようにするなど、自分たちのイメージを実現しようと保育者にも手伝ってもらいながらも、時間をかけて作っていたので、今日は屋根まではつけられなかった。帰りの話し合いの時間。明日は屋根をつけるという話題になった。

　保育者が「何でつけようか」と投げかけると、ケンジくんは「段ボール板がいい」と言う。すると、タクくんは「黒のビニール袋でつけたい」と言う①。保育者が「どうして、そう思うのか」と二人にたずねると、ケンジくんは「見えなくなるから」、タクくんは「ちょっと暗くなるから」と答える②。タクくんは、続けて、「だって、年少さん、こわいんだもん」と言う③。タクくんのこ

の言葉を聞き、その遊びの展開を予想した保育者は、「小さい組も呼びたいなって思ったんだね」とクラスの子どもにも言葉を補って説明した。そこで、さらに、クラスの子どもに、「どうしようか」と投げかけると、先ほどのケンジくんは「二つ作って、選んでもらおう」と答えた④。

　その後、材料などを確認し、明日の遊びへの目的や期待をもたせた。

> 　タクの「だって、年少さん、こわいんだもん」という言葉、ケンジの言った「二つ作って、選んでもらおう」という言葉には、どのような思いが込められているのでしょうか。あなたなら、二人の育ちをどのように読み取りますか？

（事例⑦を読み解く）　**相手の考えを受け止め、折り合いをつけながら、新しい考えを生み出していく**

　この話し合いのケンジ・タクの言葉から、その意味や意図を捉えてみたい。

　まず、①から④までの二人の自分の考えや思いなどについて考えてみる。

①二人とも、忍者屋敷の屋根作りへの期待が大きく、はっきりと自分の考えを述べている。本日、家作りに使用した段ボール板で作りたいと言うケンジは当然の考えである。しかし、かたやタクの「黒のビニール袋」は予想外ともいえる。

②保育者から理由を問われ、二人とも「○○だから」と明確に答えている。この時のタクの「ちょっと暗くなるから」は、保育者にとって想定外の内容である。

③しかし、この答えから、すでに、タクがこの忍者ごっこをどのような見通しをもって進めていこうとしているかがうかがえる。自分たちが作った忍者屋敷に年少組も呼びたい。でも、その時、真っ暗では怖がってしまう年少児もいるかもしれない。しかし、透明では忍者屋敷のイメージはない。そこで考えたのが、ちょっと暗くなるであろう「黒のビニール袋」だったのである。

④タクの考えを補う保育者の言葉をケンジは聞き、タクの意図や考えを理解し、納得の上、答えたのが「二つ作って選んでもらう」だったのであろう。友達の考えをも受け入れながら、自分の思いも生かそうと折り合いをつけ、新たな発想をしている。

　まさに、二人が自分たちの遊びに主体的に取り組み、自分の考えを友達に伝えながら、心と体を働かせながら、下記のようにいろいろなことを学んでいる。

❶自分たちの遊びを振り返る意識、明日への見通しをもって考えようとしていること。遊びの目的を共有し、意欲的に相談しようという仲間関係が深まっていること。遊びに必要な素材を考え、これまでの遊びを通して捉えた特性を生かして、選択しようとしていること。

❷理由を自分なりの論理で考え、言葉で伝えようとしていること。

❸明日のことだけでなく、その先の遊びをどのように進めるか、内容や異年齢との関わり等の見通しをもっていること。友達の考えや理由を聞き、自分のこととして受け止めようとしていること。

❹友達の考えに触れ、自分の考えと折り合いをつけ、さらに新しい考えを生み出す喜びや楽しさを味わっていること。

　しかし子どもは、こうしたことを学ぶために遊んでいるわけではない。自分たちの遊びへの思い入れが強く、各自がその遊びへの目的を明確にもち、互いに意見を出し合う中で、もっと楽しく面白くしたいと考えて進めようとしているからである。その子どもの考えや思い入れを理解しようとする保育者による投げかけや補足の説明等で、子どもの「見方・考え方」が、さらに深くなっていく。保育者の子どもの言動を深く理解し、子どもと共に遊びを創造しようとする姿に基づいているのである。

（1）自己を発揮するとは

　事例を通し、子どもが自分を発揮する様子は様々であることが理解できたことであろう。子どもが今の自分を表出する時、その子どもの心は大きく揺れ動きながらも、その今を精一杯出そうとしている。たとえ、表面的にはそのように見えていなくても、微かな表情やしぐさの変化、わずかな一言の言葉に潜む意味を読み取る保育者の専門性により見いだされる姿である。その姿は、さらに伸びやかに表すことへとつながる発達の過程における大事な姿であることも捉えておかなければならない。まわりとの比較や一般的な発達の段階を目安にして判断するのではなく、その子なりの見落としてはならない重要な姿である。

（2）子どもの自己発揮を促すには

　子どもが自己を表出できるようになるには、保育者は何を大事にするとよいのだろうか。ここでは、下記の5点について挙げておきたい。

①安心して自分が出せるよう、保育者が心のよりどころとなる

　子どもの安定感は、愛情豊かで子どもにとって心地よい保育者との関わりの下、一人ひとりの子どもが受け入れられていると感じる時に得られるものである。乳児の場合は、生理的、心理的欲求が満たされて、心地よく生活することができることが必要であり、そのことが、その後の生活の基盤ともなる。愛情を込めて、子どもの欲求を丁寧に受け止め、応答しながら愛着関係を積み重ねていくことが重要である。保育者は、子どもが安心して自分を出せる心のよりどころとなることが大切である。

②子どもの行動に温かい関心を寄せる

　子どものありのままをそのまま受け入れ、信頼をもって見守ることである。見守るとは、決して、放っておいたり子どもの為すままを見ていたりすることではない。見守るには見守るだけの子どもへの理解が前提として必要である。そして、その理解を基に子どもの行動を予想し、時には予想外の行動にも、子どもにとっては意味のあることが含まれているかもしれないと余裕をもって受け入れられる心の幅が必要である。

③心の動きに応答する

　子どもの表面に表れる言葉や動きは、心の揺れ動きがあって表れてくるものである。表面上の活発さだけではなく、言葉にならないつぶやき、表情、微かなしぐさに潜む心の揺れ動きに大人の方が心を寄せて応答していくことが必要である。そのことにより、子どもは「わかってもらった」うれしさと安心で、保育者に心を開いていく。

④共に考える

　子どもが困っていたりとまどっていたりすると、ついつい大人は解決の方向づけをすることを指導と受け止めやすい。子どもの側に立ち、時にはその子なりの考えや受け止め方に寄り添い、子どもなりに気持ちの切り替えができるまで共感しつつそばに居ることで、子どもは満足し、自分から歩み始めることもある。保育者の自己満足で終わってはならない。

⑤子どもなりの達成感を味わう経験を支える

　子どもは自分自身で体験し、様々なことを納得しながら得ていく過程で達成感を味わっていく。あくまで、子どもが自ら考え乗り越えていくことができるように支えていくことが必要である。その過程で、保育者はさりげなく関わること、子どもにとっては自分自身の力でやり遂げたと思えるような状況をつくることが必要であろう。そして、その子どもの満足感や充実感を共に喜んだり認めたりして自信をもてるようにする。

　まさに、子どもの主体性と保育者の意図がバランスよく絡み合っていることが重要である。活動の主体は子ども、保育者は子どもの活動が生まれやすく、展開しやすいように意図をもって関わることである。こうしたことが確保されて初めて子どもは自己を発揮し、健やかに成長していくのである。

第5章

子どもの遊びと健康

　乳幼児期の子どもは、身体発育と運動発達がめざましい時期にある。寝ているだけであった子どもが、首がすわり、寝返り、お座り、ハイハイ、つかまり立ちを経て、歩き始める。驚くべきことに子どもは、遊ぶ中でこのような発達を遂げていくのである。遊びにおいて子どもは、自身の心と体を十分に働かせながら、周囲の「もの・ひと・こと」との多様な応答を楽しんでいる。その中で、運動に必要な動作を獲得し、自分の動作と周囲の環境との相互作用を捉え、自分の身体を思うようにコントロールして動きを創り出す面白さに気づいていく。つまり、遊びでの体験そのものが子どもの心身を育んでいくのである。ここに、乳幼児期の子どもの「健康」を支える教育・保育における「遊び」の重要性がある。この章では、身体を動かして遊ぶ子どもの姿を具体的に捉え、そこから読み取れる子どもの経験内容と多様な体験が深まりや広がりをもち子どもの成長へとつながっていく過程をみていくことにしよう。

1　子どもの運動遊びと育ち

　乳幼児期の子どもの運動発達は、一定の順序（頭部から下部、中枢から末梢、全体から部分、両側から片側〈利き手・利き足の確立〉、粗大から微細）で進んでいくとされる。また、知覚を手がかりに運動を自分の思うように巧みに制御（コントロール）する働きである運動コントロール能力[1] が急激に発達する特徴をもち、ぎこちない動きを繰り返す中で協調的でスムーズな動きを獲得していく時期である。しかし、現代社会では生活が便利になったこと等の生活環境の変化により、体を動かす機会の減少が危惧されており、「主体的に体を動かす遊びを中心とした身体活動を、子どもの生活全体の中に確保していくことは大きな課題である」とされている[2]。要するに、運動発達を支えるのは、子どもの自発的活動である遊びである。

　本節では、（1）歩行の開始とともに自分の体を獲得する時期（0－1歳児）、（2）様々な動きを試しながら全身のバランスを図っていく時期（2－3歳児）、（3）微細な動きや難しい動きに挑戦していく時期（4－5歳児）に区切り、各時期における子どもの運動遊びの姿を取り上げていく。遊びの中で、子どもはどんな動きを体験しているのか、その体験がどのような育ちへとつながっていくのか、育ちを支える保育者の援助と合わせて捉えていこう。

（1）歩行の開始とともに自分の体を獲得する時期（0－1歳児）

事例①	「おもしろいものみえた」	3か月

　ベビーベッドに寝かせてもらったユリカちゃん。ふと目の前に、手作りのメリーゴーランドがあるのが目に留まった様子。しばらく、ジーッと見つめている。保育者が、メリーゴーランドのねじを回して、音を鳴らすと、"あーなんか聞こえる"というふうに、手足をバタバタさせてうれしそうな表情を見せる。

あなたは、3か月の乳児にとっての運動をどのようなものと考えますか?

1）　杉原隆・河邉貴子 編著『幼児期における運動発達と運動遊びの指導－遊びのなかで子どもは育つ－』ミネルヴァ書房、2014年、p.9
2）　文部科学省『幼児期運動指針ガイドブック』2013年、p.48

（事例①を読み解く）　目でものを追うことから始まる運動

　生後3か月の乳児は、この事例のようにベッド等に寝ている状態が常といえる。身体全体を動かす運動はまだできないが、それでもただ横になっているのではなく、能動的にまわりの環境と関わりながら動こうとしていることが読み取れる。ここでの動きのはじまりは、目の動きである。3か月頃になると、子どもは目を使って、自分の気になるものをしっかりと追うことができるようになってくる。目で捉えた外界のものの姿やものの動き、耳から入る音の刺激に対して、様々な表情や自分の手足を動かして応えようとする姿に、環境と自分の体とを呼応させようと動く3か月の乳児の運動のありようを見ることができる。

事例②　「自分で丸すずまでいきたい」　　　　　　　　　6か月

　ケントくんは、目についた丸すずに向かって、自分から手を伸ばしている。うつぶせの姿勢で、前に行こうと手を突っ張ると、なぜか後ろに下がってしまう。足をパタパタさせても、前には進めない。次に、体をよじったら、コロンと仰向きにひっくり返ってしまった。それでも、もう一回のけぞるようにして、ゴロン。何とかうつぶせに戻ると、指をにぎにぎしてみる。丸すずまであと数センチ！　でも届かずに、泣いて母（保育者）を呼ぶ。

　ケントの挑戦が生まれたのはなぜでしょうか？　また、それを支える大人の関わり方をどう考えますか？

（事例②を読み解く）　落ち着いた環境で発揮される乳児の主体性

　ケントの挑戦が生まれたのは、ケントが「自分で丸すずのところまでいきたい」という強い思いを抱いたことであったといえる。そんなケントの思いをケントが丸すずに手を伸ばす動きから読み取った母親（と保育者）は、その思いを子ども自身で遂げられるように、挑戦する時間をたっぷりと取り、温かな眼差しで見守っている。

　この事例のように、乳児は自分の体をあれこれと動かす遊びの中で、自分の思いと体の動きのズレを捉えたり、動かした時の感覚を得たりして、自分の体について知っていく経験をしている。まわりの大人が安易に丸すずを取ってあげてしまったら、このような経験をする機会を奪ってしまうことにもなりかねない。ゆえに、保育者は、乳児が安心して伸び伸びと動ける環境をつくっていくとともに、自ずと体を動かそうとする意欲を捉え支えていくことが大切である。

事例③　「何かいい音するよ」 9か月

最近、お座りが安定してきたナツキちゃん。この日、保育室の楽器のコーナーで、見つけたのがエッグマラカス。両方の手に、しっかり握っている。大きさも手にちょうど合う感じで、持っているだけでもうれしそう。"でも、不思議なの。このタマゴ、なんか音がするよ"ということに気がついたナツキちゃん。そこで、手を振ってみる。シャカシャカ。しばらくじっと耳をそばだてて、また振って、を繰り返して、何か音がするということを確かめているようだ。ずっと、2つのマラカスを握って離さないナツキちゃんであった。

エッグマラカスを握って離さないナツキの気持ちを、あなたならどう考え関わりますか？

事例③を読み解く　乳児の発見への共感的な眼差し

　乳児もお座りがしっかりしてくると、両手を自由に使うことができるようになるため、いろいろなことを試す姿が見られるようになる。

　この事例では、手に収まる大きさや触れるタマゴの形、適度な重さをもつマラカスがナツキにとってジャストフィット！　しっくりとくる感覚が"握って離さない"ナツキの姿につながったと読み取ることができる。また、自分が手を動かすと耳から音が聞こえてくるという動きと音との結びつきも、ナツキにとって「大発見！」であった。それは、一度に発見したわけではなく、手を動かして振っては聞いて、手を止めては聞いてを繰り返しながら、自分の手の動きと音との関係性を確かめようとしている姿ともいえるだろう。

　保育者は、乳児が様々なものに触れ、動きとともに得ている喜びや驚きに応答し、その世界をともに味わいながら、心と体の発達を温かい眼差しで支えていきたい。

事例④　「ベビーカーデビュー」 1歳1か月

　つかまり立ちができるようになったハルカちゃん。最近では、廊下の壁に貼ってある掲示物につかまりながら立とうとするようにもなり、両足にバランスよく力が入り出していた。この日、突然、ハルカちゃんがベビーカーを押しながら、保育室のドアから出てきた。最初は、左右にフラフラしながらベビーカーを押していたが、廊下の真ん中までくる頃には、満面の笑みで楽しんでベビーカーを押している。その後、廊下にあった机にぶつかり、

一休み。その間に、保育者がベビーカーの向きを変えると、またベビーカーを押して、保育室の方に歩いていった。

初めてベビーカーを押して歩くハルカに、あなたならどのような言葉をかけますか？

(事例④を読み解く) **乳児の"初めて"にみる心と体の発達**

　この事例は、まだつかまらずには歩けないハルカが、人形用のベビーカーデビューをした瞬間のエピソードである。「ハイハイ」から「寝返り」へ、「つかまり立ち」から「歩行」へと、この時期の身体発達はめざましく、自分の体でできる新たな動きが増え、まさに"自分の体"を獲得していく時期である。その過程は、一人ひとりによって異なり、この事例のように突然訪れる子どもの"初めての挑戦"や"初めての成功"があり、親や保育者にはその瞬間に立ち会える幸せがある。

　しかし、何かができるようになるという体の動きの変化には、心の変化や育ちが伴っている。つまり、目に見えてわかりやすい部分にのみとらわれるのではなく、見えない内面の動きにも敏感になることが重要である。事例からは、ハルカのベビーカーへの興味やベビーカーを使っていた母親や友達への憧れの気持ちを捉えるとともに、自分の体とベビーカーを動かして歩くことができたという有能感や満足感に寄り添い、言葉をかけていくことの必要性を学ぶことができる。

（2）様々な動きを試しながら全身のバランスを図っていく時期（2－3歳児）

事例⑤　　　「トンネルくぐれるかな？」　　　1歳11か月

　自分のしたいことは、とことんやってみたいヨシトくん。この日は、お気に入りのベビーカーで遊んでいる時に、友達が作ったソフト積み木のトンネルを見つけた。そして、ベビーカーを押して近づいていくと、トンネルの前で少しスピードを落として、そろそろとトンネルの間にベビーカーが入るかどうかを確かめている。少し進むとソフト積み木の右側に少しベビーカーが当たってしまったけれど、トンネルは崩れなかった。そして、今度は、自分もと言わんばかりに、頭を下げ、腰をかがめて、ソフト積み木に当たらないようにそろそろとトンネルをくぐることができた。

　ヨシトはこの挑戦からどんな学びを得ているのか、考えてみましょう。

（事例⑤を読み解く） **試してみる中で体をコントロールしていく**

　自分の足で歩けるようになると、子どもは、様々な動きを試すようになっていく。たとえば、ものを持ったり、引いたりしながら歩くことで、ものを操作することを覚え、自分の体の動きとものの動きを捉えたり、試したりする楽しさを感じるようにもなる。

　2歳近くになると、この事例のように、自分の体とものの動き、そしてまわりの環境との関係をうまく調整しながら、体を動かすことを楽しむようになる。ヨシトは、トンネルの大きさを確かめるために手前でスピードダウンをしたり、トンネルを通り抜けるために自分の体をかがめた状態を保持したまま、注意深く、くぐったりしている。このような姿から、日々まわりのものに関わって遊ぶことを楽しむ中で、自然と様々な動きができるようになっていることや、自分のイメージする動きや姿勢に近い形で自分の体をコントロールしたいという気持ちが育ちを支えていることがわかる。

事例⑥　「築山の変身！」　　　　3歳

　いつもは、駆け上ったり、駆け下りたりしている園庭の築山に、今日は大きなビニールシートとマットが敷かれている。子どもたちは、裸足になり、マットで作った道の上をよじ登ったり、座ってすべり降りたりすることを楽しんでいる。ケイコちゃんは、片足ずつ踏ん張りながら自分の力で登り切ろうとしている。ユウキくんやトシノブくんは、先生の背中にくっついてすべり降りる。タカシくんは、体を横にしてゴロンゴロンと転げ落ちる。それを見たユウトくんは「スーパーマン！」と言って腹ばいになり手を伸ばしてすべり降りる。どの子もうれしくて仕方がない様子で、キャーキャー言いながら登っては、すべり降りることを繰り返し楽しんでいる。

> 築山のすべり台を用意した保育者の意図はどのようなことでしょうか？

（事例⑥を読み解く）　**全身を使った様々な動きを引き出す仕かけ**

　この園の普段の築山での子どもたちの動きは、足を使った上り下りが主であった。そんな保育の環境を大きな仕かけで変化させることによって、子どもの様々な体の動き、特に全身を使っての粗大運動が引き出されるような遊びの展開が見られる。築山の斜面全体を覆うくらいのビニールシートは、子どもたちのしゃがむ・座る・すべるなどの動きを引き出している。また、クッション性のあるマットを敷くことで転がる・すべる・這い降りるなどの動きを引き出している。結果、子どもたちは、通常の生活や遊びの中ではあまり経験しない動き

をこの遊びの中で楽しみながら経験することができていた。

このようなダイナミックな動きの面白さや戸外での解放感はとても魅力的であり、子どもたちの意欲をかきたて、満足感につながっている。保育者は、目の前にいる子どもたちの体の動きを捉え、新たな動きが引き出されるような環境を工夫してつくり出す必要がある。

事例⑦ 「コブタ、まてまてー」 　3歳

誕生会で、担任の保育者たちによる「3びきのこぶた」の人形劇を見た子どもたち。翌日、子どもたちが登園すると、オオカミのお面をかぶった保育者が「コブタさん、おはよう」と挨拶。子どもたちは「キャー」と大喜び。支度を終えた子が「私もコブタやる」と言うと、製作棚に用意されていたコブタのお面に色づけをして、コブタに変身。他の子も、オオカミやコブタに変身しての追
いかけっこが始まった。園庭の固定遊具（チェーンネット）をコブタの家のドアに見立て、そこにオオカミがやってくる。「ピープ・ピープ・ピャー」というかけ声で、コブタが家から逃げ、それをオオカミが追いかけるという具合だ。

繰り返して追いかけっこを楽しんでいたある日のこと、コブタ役の子どもが「オオカミさん、ジュースがあるよ」と言い、保育者にジュース（手をグーに握った形）を差し出した。オオカミ役の保育者が「なになに？」と言って、受け取り飲むまねをする。すると「それは眠り薬だよ〜」とコブタたち。それを聞いたオオカミは、「はーあ、眠くなっちゃったな」と言ってその場にしゃがみ込み、眠る振りをする。その間に、コブタが逃げるというオリジナルな展開も加わって楽しむことになった。

> 単純な追いかけっことは違うやりとりが遊びの中で展開されています。あなたが保育者なら、この後の遊びをどのように展開していきますか？

事例⑦を読み解く イメージとともに動く

3歳児の子どもが、お話の世界に自分を投入して楽しむ中で、思わず体を動かしてしまう好例である。体の動きとしては、追う・追われる動きを楽しむ単純な追いかけっこと同様である。しかし、子どもにとって、自分として走るのと、コブタになって走るのとでは、見える世界は全然違うといってよいだろう。同じコブタになっている友達と出会い、気持ち（ドキドキ・ワクワク）を共有し、声もそろえることで一緒に動く楽しさを感じている。また、最初は、ただ逃げる・追いかけることに精一杯で、夢中になっていた子どもたちも、繰り返し楽しんでいく中で、オオカミ役の保育者と言葉のやりとりを楽しむようになる遊びの変化の様子も描かれている。

このように、イメージとともに動くことは、子どものより多様な動きを引き出し、また、

新たな遊びの展開を生み出すことで、状況に応じて子どもが動きを変化させる楽しさも引き出している。保育者は、子どもとイメージを重ね、その世界を楽しみながら、多様な動きを経験できるようにしていく必要があるだろう。

（3）微細な動きや難しい動きに挑戦していく時期（4－5歳児）

事例⑧　「いま助けにいくね」　　　　　　　　　　　　　　　4歳

　4歳児になり、5月の遠足をきっかけに、子どもたちと始めたバナナ鬼。ルールは、バナナ色のマントをつけたバナナ星人（鬼）が、他の子どもを追いかけ、捕まるとバナナ（両手を頭の上で合わせて静止）になる。他の子どもがバナナをタッチすると、また逃げることができるという鬼ごっこ。

　この日も、バナナ星人（鬼）になったハヤトくんが、みんなを追いかける。ショウタくんは、「こっちだよー」とはやし立てながら、逃げる。すると、鬼に捕まりバナナになる。それを見たユキノブくんは、鬼が後ろを向いている時をねらい素早い動きで助けにいく。リョウコちゃんは、捕まるのが少し怖くてなかなか安全基地から出られない。ユミエちゃんとミナちゃんは手をつないで逃げることを楽しんでいる。保育者も逃げる方に加わり、捕まってバナナになるとショウタくんやユキノブくんが「先生！」と言って助けにくる。

> バナナ鬼で子どもたちが楽しんでいることを踏まえて、あなたが保育者ならどのようなことを考えながら一緒に遊びますか？

事例⑧を読み解く　発達に合わせた遊びの選択や配慮

　このバナナ鬼で子どもたちが楽しんでいるのは、友達や保育者を助ける・助けられるという「助け鬼」の魅力である。それは、4歳児の友達や保育者との関係構築に支えられた楽しみ方である。また、運動に対する興味や力の差が出てくる4歳児では、どの子どもも自ら参加でき、楽しんで続けられるような工夫が求められる。たとえば、この事例のように鬼ごっこの場合、捕まってしまった子どもが復活できること、あるいは、捕まらずにいられる安全基地があること等により、捕まるのが怖い・嫌だと感じる子どもにとっての安心材料になる。反対に、鬼役にとって逃げる範囲を限定すること、同じ子どもが鬼にならないようにすること等の工夫によって、子ども同士でも楽しく続けられる。

　事例⑦で挙げた3歳児の鬼ごっこでは、イメージを基に追う・追われる動きを経験していた。4歳児になるとこの事例のように、友達との関係を基に、追う・追われる動きを経験するとともに、楽しく遊ぶためのルールへの気づきを得る。5歳児になると、友達と作戦を立て、協力して様々な動きを生み出したり、必要なルールを考えたりするようになる。このよ

うに、各年齢の発達に応じたふさわしい鬼ごっこを選択し、子どもの発達に必要な経験を積み重ねていく必要がある。

事例⑨　「コーン倒しリレー」　5歳

年長組の生活にも慣れてきた5月のはじめ。みんなでの活動に、クラスでの「コーン倒しリレー」を保育者が提案した。「あのね、今日は、お庭にあるいろいろな色のコーンを使って、いつもとちょっと違う、面白いゲームをしようと思うんだ」と話し始めると、子どもたちは興味津々。「リレーにしようと思うんだけれど、思い切り走っていって、コーンをバーンっと倒しちゃうの、それからまた走って旗を回って、コーンを起こして、次の人にタッチということ」と説明すると、目を輝かせた子どもたちが「やるー！」と言ってすぐに園庭へ。結果、走ることに苦手意識を感じ始めてきていたアサコちゃんも楽しめた。最近、みんなでの活動に対して「面白くない」と言って気持ちよく参加できていなかったヒデトシくんも、「もう一回、もう一回」と言うほど熱中した。

運動遊びにおいて、あなたなら子どもの「やるー！」という気持ちをどのように引き出しますか？

事例⑨を読み解く　「ダメなこと」を逆手にとって

この事例からは、子ども心をくすぐるほんの少しのアイデアによって、子どもの意欲が引き出されることを学ばされる。普段の生活や遊びでは「やってはいけない」と言われるようなことを、逆手にとって、堂々とゲームとしてやろうという保育者の意図である。実際に、多くの子どもたちのやる気を引き出し、走ることへの苦手意識をもつアサコやみんなでの活動に対して消極的なヒデトシの変貌ぶりが読み取れる。

5歳児になると、アサコのように運動に対する苦手意識を感じる姿や、ヒデトシのように結果が見通せるがゆえに参加を渋る姿も出てくる。また、リレーというと足の速い子だけが活躍するという活動展開に陥りがちなことも事実であろう。そこで、事例のような発想の転換や多様な活動の展開が、パターン化やマンネリ化を打ち破り、柔軟にルールを組み替えながら“リレー”という運動遊びそのものの楽しさや奥深さへと誘っていくといえる。その裏側には、保育者の、子ども心をもって子どもとともに楽しむ姿勢と、個々が様々に体を動かす楽しさを感じられるようにしたいという願いがあったものと考えられる。

事例⑩　「ジャングルジムからジャンプ」　　　　5歳

この園では、園庭のジャングルジムの下に、厚みのあるマットを準備して、ジャングルジムからジャンプを楽しむ遊びが年長組ならではの遊びとなっている。進級した子どもたちは、待っていましたと言わんばかりに「先生、ジャンプがしたい！」と要求。危なくないよう環境（ブルーシート、マット、すべり止め、待ちながら応援できるよう並べたすのこ）を整え、身支度（すべらないように裸足になること等）をし、保育者が一人ひとりの力量を見守りつつ、遊び始めた。

ミュウちゃんが先陣を切って跳ぶ。それを見たユウキくん、ナオトシくん、アツシくんも次々に跳んでいく。そんな中、登ったけれど、跳び込めずに止まってしまっているリカコちゃん。「どうするかな？」と思って見ていると、順番を待っている子どもたちの中から、「大丈夫だよ、思ったよりも簡単だよ」と励ましの声が上がる。「リカコ、リカコ、がーんばれ」との応援の声も。しかし、みんなからの注目にさらに固まってしまったリカコちゃん。その姿を見て、ミュウちゃんがそばに行き、「怖かったら、ちょっと待ってからにする？」と言葉をかける。ミュウちゃんとともに、少し場所をずれるリカコちゃん。すると、次の順番だったユキヒコくんが、「じゃ、俺が跳ぶのを見せてあげる」と跳んでみせる。リカコちゃんは、その場で他の子たちが跳ぶ様子をじっと見ている。

もし、あなたがリカコの担任保育者だったら、リカコにどのような援助をしますか？

（続き…）

リカコちゃんの初めての挑戦から2週間、あれから、リカコちゃんはジャングルジムのジャンプに入ってくることはなかった。しかし、2週間後のある日、再び、ジャングルジムの列に並ぶリカコちゃんの姿があった。すぐ後ろには、ミュウちゃんが一緒に並んでいる。そして、いよいよリカコちゃんの番になる。前回の経緯を知っている保育者とミュウちゃんらの友達が固唾を呑んで見守っている。しかし、やはりすぐには跳べない。ミュウちゃんが「私、先に行こうか」と声をかける。首を横に振るリカコちゃん。しばらく粘った後、リカコちゃんが自分のタイミングで跳んだ。まわりから大拍手を受け、恥ずかしそうに頬を赤らめるリカコちゃんだった。

このようなダイナミックな遊びを行う際、安全に関する配慮としてどのようなことが考えられますか？

事例⑩を読み解く "自分"を知り、チャレンジを続ける

　5歳児になったらできる憧れの遊び。しかし、やりたいこととできることは違う。そのことをまさに身をもって感じたリカコの姿があったといえる。自分からやりたいと思って列に並んだリカコは、登る前からまわりの子どもの跳ぶ様子をじっと見ていた。跳ぶタイミング、跳ぶ時の足や手の様子、着地点など、見て学んでいた。跳べなかった初回は、跳べないことを知る大事な経験だったと振り返ることができよう。子どもは、むやみに危ないことをするわけではなく、慎重にタイミングを見計らったり、自分の体を信じたり、力量を知ったり、様々な葛藤や思考をめぐらせながら自分の挑戦をする。その経験の貴重さを読み取ることができた。

　また、リカコの挑戦を支えたまわりの子どもたちの雰囲気やサポートにも学ぶ点が多い。自分が早く跳びたいと思えば、リカコに対する非難の声も上がったであろう。しかし、この時の子どもたちは、自分も真剣に挑戦しているからなのか、リカコの出来事を自分のことに置き換え、こうしてほしいだろうなと思うアドバイスや気持ちに添った言葉をかけていた。

　このような各々の真剣な挑戦は、少し難しい課題に対する意欲によって引き出され、安心して挑戦できる物的・人的環境によって実行に移すことができる。そして、やり遂げた達成感が自分の体に対する信頼や自己有能感を高め、5歳児らしい発達の姿を保障することへとつながる。

　この事例を読んで、驚かれた方も多いのではないだろうか。運動経験や運動能力の低下が叫ばれる現代において、このようなチャレンジングな遊びを実践する難しさがあるのも現状である。この事例から学べるのは、子どもの挑戦をどのように生み出し、支えられるかということであろう。あらかじめ考えられる危険（ハザード）は、次のように取り除いている。

　たとえば、ジャンプする場所の安全確保はもより、すべらないようにする子ども個々の身支度、そしてジャンプする際のトラブルや身体衝突が起きないよう順番を明確にする、何よりも保育者が必ずそばにいることが遊ぶ条件という約束事がある。その上で、子どもたちが個々の挑戦に向かって、じっくりと取り組めるような時間と雰囲気、子どもたちとも危ないことについて話し合い、確認し合いながら、遊びを子どもたちの遊びとして創り上げていった過程があったという。

　リカコが跳ぶまでの待つ時間を、まわりの子どもたちと一緒にもつことができる。そういう子どもたちとの信頼があるからこそ、保育者もこういうチャレンジングな遊びを提案することができるのではないだろうか。

1節のまとめ

　本節では、おおまかな発達の時期に区切った子どもの運動遊びを取り上げながら、どのような動きの体験と内面の育ちがあるのか、具体的に捉えてきた。みなさんは、子どもたちの姿から、現代に生きる子どもたちの遊び、運動、健康、そして育ちについて、どのようなことを感じ取られたであろうか。平成29年告示幼稚園教育要領等において提示された「幼児期の終わりまでに育ってほしい姿」の「健康な心と体」では、「（幼稚）園生活の中で、充

実感をもって自分のやりたいことに向かって心と体を十分に働かせ、見通しをもって行動し、自ら健康で安全な生活をつくり出すようになる」とある。そのためには、乳児期から没頭して遊ぶ中で、心と体の双方の育ちを充実させることが重要である。

　最後に、1節のまとめとして、（1）なぜ遊びが重要か　（2）子どもの運動遊びと育ちを捉える視点について触れておきたい。

（1）なぜ遊びが重要か

　遊びの重要性については、随所で触れてきたが、子どもの健康な心と体という発達側面にとって、遊びがなぜ重要なのかという問いに答えておく必要があるだろう。杉原・河邊（2014）[3] は、遊びを通して育まれる乳幼児期の運動能力として、運動コントロール能力、意欲的な心、社会性、認知的能力、安全への気づきを挙げている。このように、遊びそのものが発達に必要な経験を総合的・包括的に含むものであるため、その答えは多様である。

　そこで、ここでは、自己決定と有能感という運動の原動力に注目したい。それは、自分の体を自分の思うように動かすこと、自分の運動によって環境の変化を引き起こすことができると感じられることである。事例からも読み取れたように、生後間もない乳児は、自分の体を動かすこともままならない。それが、周囲の「もの、ひと、こと」からの刺激に応え、自らの体を動かしながら応答を繰り返していく中で、自然と様々な動きを試したり、新たな動きを発見・創出したりして、自分で自分の体を操れるようになっていく。まさに、動きの主体は自分にあるのだという感覚を得、自分の有能感を高めていく過程である。

　また、自分の体を獲得した幼児期の子どもは、さらに多様な動きへの挑戦や発見を続け、体を動かした後の爽快感や楽しさ、面白さという快感情を得ながら、次なる挑戦へとつながる意欲を高めていく。これらの過程が体を動かすことの好きな子どもを育んでいく。ここに、遊びと健康の発達のつながりが見えるのである。このことを実証的に明らかにした研究もある。杉原ほか（2004）[4] の調査では、一斉保育中心の園より、遊びを取り入れている園の方が、有意に運動能力が高いとの結果が提示され、子どもたちの自己決定を尊重し、遊びの中で運動することによって高い運動意欲をもつ子どもを育成することが示されている。

　そのために必要なことは、子どもたちの自己決定を支える環境と、子どもがどのような動きへと動機づけられているのかをしっかりと見て、捉えることであろう。このような具体的な援助のポイントについては（2）であわせて取り上げることにする。

3）杉原隆・河邊貴子 編著『幼児期における運動発達と運動遊びの指導－遊びのなかで子どもは育つ－』ミネルヴァ書房、2014年、pp.50-63
4）杉原隆・森司朗・吉田伊津美（2004）『幼児の運動能力発達の年次推移と運動能力発達に関与する環境要因の構造的分析』平成14～15年度文部科学省科学研究費 補助金（基盤研究B）研究成果報告書研究課題/領域番号14380013

（2）子どもの運動遊びと育ちを捉える視点

①発達に応じた遊び

　乳幼児期の子どもは、身体発育と運動発達がめざましい時期にあると述べたが、まず、その発達の段階や順序、連続性について理解をすることが必要であろう。それは、子どもの発達に応じた機能や課題が遊びに含まれることによって、育ちが促されるからである。このことは、ヴィゴツキーが提唱した発達の最近接領域[5]の重要性を示している。つまり、子どもにとって、「できない」動きではなく、「できそうでできない」動きが遊びの中で体験できることが重要である。

　また、子どもにとって、遊びとは「心身を動かしながら物事との応答に没頭する状態」であることを根幹に置き、子どもの自発的な動きを引き出し、熱中・没頭するために、様々な工夫を生み出すことが必要であろう。具体的には、子どもの興味や意欲を適切に捉えた機会の提供、あるいは好奇心を引き出し、子どもの体が思わず動いてしまうような環境の工夫が挙げられる。また、子どもが自己決定を行える物的環境、時間や雰囲気づくりへの配慮も挙げられる。

②乳幼児期の多様な動きの大切さ

　「幼稚園教育要領解説」や「幼児期運動指針」等にもあるように、乳幼児期は多様な動きの経験が重要な意味をもつ時期とされている。大人にとっての運動は、一つの動きを繰り返し練習することをイメージしやすいが、乳幼児にとっては、様々な動きのパターンを体験することが重要となる。したがって、様々な動きのパターンが体験できるような遊びの展開や工夫が求められる。たとえば、事例からも得られたように、イメージや想像力を生かす工夫、施設や用具の使い方のバリエーションを増やす、一緒に遊ぶ子どもたちの人数やルールを変更する等、普段の遊びにちょっとした変化や工夫を加えるだけでも、多様な動きの体験へとつながっていく。

　また、保育者の言葉かけ一つでも子どもの動きは変わることが指摘されている。近藤（1994）[6]は、動作獲得につながる助言には、直接その技術のポイントを指す「動作の焦点化」（例：まっすぐ腕を伸ばして）よりも「意識の焦点化」（例：「ぽーん」と前に）を促すことが大事であるとしている。この指摘は、指導者と学習者との間に「身体感覚の共有」をもたらす"わざ言語"[7]と重なるものである。すなわち、子どもとの対話の中で、子どもの新たな動きを創発していくような保育者の援助における工夫も有効といえるであろう。

　その際、用具の点検や動線の確保など安全面には十分配慮すること、子どもが自分の体を動かして遊ぶことに熱中・没頭し、失敗も含めながら試行錯誤できる時間や空間が確保されること、試行錯誤や挑戦に対して保育者の共感や励ましの姿勢があることによって、子ども

5）ヴィゴツキー 著、土井捷三・神谷栄司 訳『「発達の最近接領域」の理論—教授・学習過程における子どもの発達』
　　三学出版、2003年、pp.61-66
6）近藤充夫『幼児期の運動における心と体の発達』世界文化社、1994年
7）生田久美子『わざ言語：感覚の共有を通しての「学び」へ』慶應大学出版会、2011年、pp.28-30

の多様な動きの体験が引き出され、継続的に支えられることも忘れてはならない。

③子ども理解と援助

　最後のポイントは、子ども理解の大切さである。これは保育の基本であり、その重要性はどの領域においても欠かせないことであるが、ことに、子どもの健康を考える際には、個々の子どもの身体発育が異なることから、運動機能や動きにも差や特徴が表れることを改めて確認する必要があろう。また、身体の動きは、「できる」「できない」という目に見える評価を下しやすい特徴がある。それは、子どものまわりにいる大人側の問題にとどまらず、子ども自身の自己覚知・自己肯定にもつながる問題となりうる。

　たとえば、集団での生活が進み、自分の動きと友達（他者）の動きとを比べられるようになってくると、友達のようにやりたいと刺激を受けることがある一方で、同じようには「できない」自分にもぶつかることになる。その時に、経験する心情の複雑な発達も表れてくる。そのため、特に重要なのは、今、眼の前にいるその子をまるごと理解することである。もちろん、動きの変化や動作獲得の状況に目を向け、できたことを認め・励ますことによって、できた喜び、満足感、達成感を共有していく援助は必要である。しかしながら、そのような表面的な変化のみにとどまらず、奥に隠れている内面（心情）の変化を捉えることが大切といえる。特に、子どもが夢中になって遊んでいる時、その子は、その動きの中の、何にどんな気持ちで取り組んでいるのかを子どもの身になって捉え、理解することである。その理解があるからこそ、その子ができなくて困っている時、助けがほしい時に、そっと後押しする援助が可能になるのである。

　このような保育者の援助について、かつて倉橋は「充実指導」という言葉を提唱し、「子供が自分の力で、充実したくても、自分だけでそれが出来ないでいるところを、助け指導してやる」ことであると述べた。その例として、「ブランコに乗って子供が漕いでいる」場面を挙げ、どうやったらよく漕げるかとやっているが、どうも思うようにいかない時に、先生が来て、「その子供が一ぱいに、その子としてこの位までいきたいと思うところを指導する」こととしている[8]。

　ここで大切なのは、「その子としてこの位までいきたいと思うところ」を子どもの側に立って、理解していることである。つまり、保育者側から立てた「この位」（目標）ではないということである。さらに、「指導する」力が強すぎるとその子の動きにならなくなる、もっと言えば、その子の遊びにならなくなることもある。そうならないためにも、個々の子どもを理解し、その子にとって必要なタイミングに、必要なことを行う援助が保育者には求められるといえる。

8）倉橋惣三『幼稚園真諦』フレーベル館、2008年、pp.38-39

2　子どもの意欲を引き出し支える環境構成

　生活環境の変化による乳幼児の健康や運動発達に関する様々な課題がこれまで指摘されている。具体的には、自然環境が失われ、実際に子どもが自然に接する機会が減っていることに伴い、身体や五感を通した直接体験が減少していること、便利で効率的な移動手段の普及や遊び方の変化によって、様々な動きを経験する機会が減り、それに伴い体力も低下していること、日常の生活体験が希薄で経験が不足していること等が挙げられる。それに加え、特に近年では、子育ての責任を一手に担う保護者の安全志向と危険（けが）への過度な不安が増していること、スマートフォン等のICT機器への依存的な関わりによって心身に不調をきたしていること等、現代的な課題も山積みである。

　他方、園内に目を投じてみると、室内での遊びを好み戸外への興味がない子ども、日常生活における姿勢保持の困難さや手指操作のぎこちなさが見られる子ども、失敗することを恐れて様々なことに意欲的になれない子ども等の存在がある。また、園庭などの屋外環境には、各園ならではの特徴や課題があり、子どもの心身の発達を支える物理的・空間的・時間的環境が十分でない場合もある。

　そのような現状を踏まえた上で、本節では、子どもの運動発達を支えるための日々の保育における具体的な工夫や環境構成の仕方に学びを広げよう。

（1）戸外での遊びに関心をもてるように

事例①　「靴が履けない」　3歳

　入園して、約1か月。保育者は登園前の靴箱を掃除しながら、タカユキくんの園庭用の靴が真っ新な様子であることに気づいた。タカユキくんは、乗り物が好きなので、室内の木製の汽車やブロックで遊んでいることが多い。降園後の園庭開放では、走ったり、すべり台をしたりする姿も見られるが、保育時間中は比較的室内で過ごしている。

　そこで、「よし、今日はタカユキくんを外に誘ってみよう」と決めた保育者。室内遊びが一区切りついたところで、タカユキくんに声をかける。「行かない」と言うタカユキくん。「どうして？」と聞くと「だって、外にはあんまり楽しいことない」と言う。「そっか。でも、見に行ってみるのも悪くないんじゃない？　先生と一緒に探検に行ってみない？」と声をかけると「一緒なら、行く」と答える。「じゃあ、テラスのところで、待ち合わせね」と言い、その後、テラスに行くとタカユキくんが靴を履きかけて止まっている。「どうしたの？」と聞くと「履けない」「え？」「履けないの」「ああ、そうだったの。タカユキくん、できなかったら、我慢しな

いで、できないって先生に言ってくれたらいいんだよ」「履けないんじゃなくて、履けるんだけど、ビリビリ（マジックテープ）がうまくとめられないの。ぎゅってきつくしまらないと脱げちゃうの、イヤなの」保育者が手を添えながら一緒に靴を履くと、うれしそうに園庭に駆け出していった。

　　タカユキが靴を履く時の保育者とのやりとりから、あなたは、タカユキにとっての「靴」は、どんな意味をもつものと考えますか？

事例①を読み解く　体を動かす意欲を支える個別の援助

　「なぜ戸外に出たがらないのか」その理由は、子ども一人ひとりによって異なることを教えてくれる事例である。タカユキの場合、その大きな要因の一つとなっていたのが、靴であった。子どもは、自分の靴へのこだわりを様々な形で表現する。好きな色やお気に入りのデザインであること、「お母さんに買ってもらった」「誰々ちゃんと同じ」など、その子どもなりの靴に対する思いやストーリーがある。そんな思いに乗じて、戸外での遊び、遊びとまで行かずとも靴を履いて戸外に出ることそのものを楽しむ姿もたくさんある。

　タカユキの場合は、その靴のフィット感にこだわる姿として描かれている。タカユキの母親は、「マジックテープがきつくなくても脱げることはない」と保育者に伝えていたようだが、保育者は、このタカユキとのやりとりから、タカユキの「脱げそう」な感覚は、本当に脱げてしまうことではなく、靴と自分の足との一体感に対するズレだったのではないかと振り返っていた。ここから、子どもが十分に体を動かすためには、子どもにとって靴が、自分の身体の一部のようになることによって可能となるのだという学びが得られる。したがって、子どもの声に耳を傾け、その子どもにとっての戸外への誘い方を吟味することが必要である。

事例②　「私のチャレンジ」　　4歳

　運動会の余韻も冷めつつも引き続き、戸外で体を動かして遊ぶ楽しさを感じていってほしいと考えていた保育者たち。保育者間で話し合った末に、チャレンジメニュー（太鼓橋・ぽっくり・ジャングルジム・草花での色水・ダンゴムシ探し・砂場の山づくり）を考案し、いろいろな動きや体験に挑戦できるような取り組みにしようということになった。保育室内にイラスト入りチャレンジメニューを掲示し、チャレンジした子どもの名前を記入するとともに、折りに触れチャレンジしている子どものエピソードを話すようにしていた。

　ある日の昼食後、サクラちゃんが紙に懸命に何かを書いていた。保育者は、昼食の片づけもしながらうれしそうに見守っていると、サクラちゃんはできた紙を見せにきた。見ると、ブランコに乗った女の子の絵が描いてあった。保育者が絵の脇に書かれた「ぶら

んこにのってくさをけれるかな」という字を声に出して読むと、うれしそうなサクラちゃん。「サクラちゃん、最近、ブランコビュンビュンできるようになったものね。これ、もしかしてサクラちゃんのチャレンジメニュー？」と聞くとうなずき、「先生、じゃ、わたし、チャレンジしてきまーす」と言って園庭に出ていくサクラちゃんの姿があった。

> サクラの自発的なチャレンジを生み出した理由は、どのようなことにあると思いますか？

事例②を読み解く　**自分なりの挑戦を引き出すために**

　この事例のサクラは、運動経験が少なく、積極的に園庭に出て遊ぶよりも室内での遊びを好む子どもであったという。そのような中でも、ブランコはサクラにとってお気に入りの遊びの一つで、事例にもあるように、最近、ようやく自分の力でめいっぱい漕いで楽しむようになったころであった。そしてそこには、自分の現状を捉えつつ、クラスでの取り組みを自分のこととして取り入れ、個別のチャレンジ課題を設定するサクラの姿がある。大人目線では思いつかない自分だけのチャレンジを生み出し、楽しんで、かつ、自信をもって取り組むサクラの姿に脱帽である。また、日頃のサクラの様子を理解し、絵に込められたサクラの思いを読み取り、共感する保育者の姿にも学びが多い。

　このようなサクラの姿の背景には、個々のチャレンジを引き出していく展開過程がある。保育者からの課題設定（チャレンジメニュー提案）は、保育者主導でチャレンジさせる展開になりがちである。それに対し、この事例では、複数の課題（メニュー）を提案し、いつ、どのメニューにチャレンジするかを選択・決定するのは子どもたちに委ねていること、つまり個々の子どもの参加の仕方を認めていること、また、できるようになった結果だけに着目するのではなく、チャレンジしている個別の過程を取り上げ、紹介していること等の工夫がみられる。子どもの"マイチャレンジ"を引っ張りすぎずに、引き出し、支えていくために、工夫された保育者の課題設定の仕方や環境づくりを参考にしたいものである。

事例③　「登り棒とスーパーボール？」　5歳

　竹馬や鉄棒、縄跳び、ボール遊びなど、様々な運動に挑戦し始めている子どもたち。ある日の遊びで「きてー」と保育者がアミちゃんに連れられていったのは、登り棒。上まで登れるようになったことを得意げに見せるアミちゃん。その様子をユウスケくんも近くで見ている。ユウスケくんに「やってみる？」と問いかけると「いい」と言って部屋に戻る。

　ユウスケくんの姿が気になった保育者は、保育後の話し合いで、ユウスケくんが10月頃に登り棒に挑戦していたことを振り返る。挑戦はしていたが、達成しきれていなかったのでは、という話になり、ユウスケくんの次なるチャレンジをどう支えようかと考える。結果、登り棒の上部、高さの異なる部分に、いくつか牛乳パック（切断して箱状にしたもの）を取り付けることに。

　翌日、「登り棒に面白い仕掛けをしたから見にいこう」と言ってユウスケくんを誘い、

登り棒に一緒に行く。棒の上部を見ながら「あの箱の中にスーパーボールが入っているみたいだから、登って見てみたら？」と言う。「ええ？」と言いながら「確かめてくる！」と登るユウスケくん。下に降りてしまうこともあったが、何度目かの挑戦の時に、上部に取り付けた一つの箱に手が届く。箱の中にあるスーパーボールをポケットに満面の笑みで降りてきた。

　あなたなら、子どもの関心を引き出す遊びをつくる中で、どのように固定遊具を使いますか？

（事例③を読み解く）　工夫次第で広がる固定遊具の遊び

　遊び方や動きの決まっている固定遊具でも工夫の仕方で、様々な動きや楽しみ方が引き出されることを学べる事例である。ユウスケの場合は、過去に一度は断念したものの、再び挑戦したいという動機づけになった。本節事例②のチャレンジは、自分からチャレンジしようとする意欲や過程における姿勢などの心情面での育ちに重きがおかれた事例内容であった。この事例③では、子ども自身が決めた「登り棒を登れるようになりたい」という目標をもっているにも関わらず、十分に達成しきれずにそのままになっている状態があった。そのようなユウスケの状態を、登り棒を上まで登ったアミを見つめるユウスケの姿と保育後の話し合いで、保育者は理解していく。5歳児にもなると、子どもなりの意地やプライドも出てくるため、言葉での誘いかけだけでは素直に乗らないこともある。そのことを察知した保育者は、思わず「やってみたくなる」仕かけをつくることにする。その仕かけは、登り棒の上部に高さの異なる箱をいくつか取り付けることで少しずつ最上部へと挑戦できるように工夫がなされており、保育者の温かい励ましとともに再チャレンジするユウスケの姿が描かれている。

　その後、スーパーボールをポケットに入れて登り箱に入れ、次に登る人が取って帰る等、ユウスケを中心に、友達同士で遊び方を工夫しながら楽しむ姿へとつながっていったという。このように、あらかじめ配置され使い方が固定されているように思われる固定遊具も、保育者の工夫次第で「やってみたい」気持ちを誘い、結果的に様々な動きを引き出すことにつながるといえる。

（2）屋内での遊びに関する工夫

事例④　「ナオユキのすべり台」　　　　　　　　　　　　　　3歳

　「お庭に行ってきまーす」と言って園庭に出ていく子が増えた5月。園庭の奥の方にあるすべり台が人気だ。しかし、ナオユキくんは園庭になかなか出ようとしない。そこで、保育者が誘って一緒に園庭に出ると、今日もすべり台で他の子たちが楽しそうに遊んでいる。ナオユキくんにも声をかけ一緒にすべるが、一回すべると部屋にそそくさと戻ってしまった。

　翌日、部屋の中にすべり台を用意した保育者。いつものようにクラスの半分以上の子どもたちが園庭に出ていく中、落ち着いた室内で、ナオユキくんとシゲノブくんがうれしそうにすべり台で遊んでいる。見ると、二人ですべり方をまねし合ったり、小さなボールと一緒に転がったり、キャッキャと言いながら遊んでいる。

> 　園庭からすぐに帰ってしまったナオユキに対して、あなたならどのような援助や環境構成を考えますか？

事例④を読み解く　**一人ひとりの自発的な動きが引き出されるような環境構成**

　この事例の保育者は、ナオユキの姿から、同じすべり台という遊具でも、設置場所によって、こんなにも子どもの関わり方が違うのか、と驚いたという。ここに、一人ひとりの姿に応じた環境構成の必要性を学ぶことができる。

　一般的に、園庭に同じ遊具があるのなら、戸外へ行くことを促そうと考えがちである。だが、ナオユキにとって戸外と室内のすべり台のもつ意味は異なる。室内にあるからこそ、物と一緒にすべるという発想を実現してみたり、友達と繰り返し占領（占有）して楽しめたりするナオユキの姿があり、ナオユキにとってこのすべり台が安心して関われるものであり、居場所となっていることがわかる。そして、子どもは安心して、心をほぐしたからこそ、その場で、自分から能動的に自分の体も解放して、思い思いの動きを楽しめるのだといえる。一人ひとりのものや遊具、場との関わりを理解し、自発的な動きが引き出されるような環境構成の工夫が必要である。

事例⑤　「スキーしようか」　　　　4歳

　冬休み明け、「先生、ぼくね、スキーに行ったんだよ」とうれしそうに話すタイシくん。ユキコちゃんも「私も行った」と盛り上がっている。そこで、「じゃ、スキーしようか」という保育者。幅の広いすべり台を室内に運ぶ。そこに、段ボールを持ってくるとお尻に敷いてすべり台をすべる子どもたち。「ソリみたい」と喜ぶ。しばらくすると、「先生、スキーの時に履く、こんなさ、板みたいなの、これで作れそうじゃない？」とタクマくんが言ったことをきっかけに板づくりが始まる。長細く切った段ボールに、上履きごと乗り、段ボール片を留め金のようにして固定。できた子から、傾斜をなだらかにしたすべり台の上に登ろうとする。板を自分の足で踏んでしまう子もいる中、タイシくんは板をつけてすべり台をすべり降りる。「うわー本当のスキーみたい」と言って繰り返す。

> 　事例冒頭のような子どもたちの会話を聞いた時、あなたならどのような遊びの展開を構想しますか？

事例⑤を読み解く　学びに向かう姿勢を支える援助

　子どもが園以外の場所での経験を基に再現する遊びの展開が描かれており、室内でも体を使いながら遊ぶことができる好例である。スキーという体験を基に、ここでは、「すべる」という動きを様々に経験できるよう保育者が室内にすべり台を用意したことからスキーごっこが始まる。ソリすべりから始まったスキーごっこは、板作りへと発展していき、保育者は、必要な材料を用意しながら子どもたちのイメージの実現を支えつつ、ともに遊びを展開していっている。

　この遊びは数日にわたって継続し、段ボールの板だけだと何回もすべっているうちにボロボロになってしまうことに気づき、段ボール板に牛乳パックを取り付けてスキー板を補強する工夫をするなどしている。そしてその後は、一枚の段ボールでスノーボードを作り、新しい遊び方に向かう姿へと広がっていったという。このスキーごっこの中で、子どもは自分の足や姿勢をどのようにすれば「すべる」動きができるのかと考え、素材を吟味しながらスキー板を作り、履いてすべっては改良を重ねるという経験を重ねていた。

　このように、保育者の発想や環境の工夫次第で、室内という環境においても、ごっこ遊びの中でも、子どもが様々に体を動かし、いろいろ考え試すことは、いくらでも実現可能である。その際、室内の狭さや遊具の配置、動線の確保、子どもの体の大きさや動きの幅、使う素材の選択等、十分な安全確保をした上で、子どもが身を委ねて安心して遊べるよう環境を整えていくことは言うまでもない。

| 事例⑥ | 「踏んだ！　踏んでない〜」 | 5歳 |

　雨が続く6月。年長組の子どもたちは、体を動かしたくてウズウズしている。そこで、保育者が、廊下にビニールテープで模様を作り始めた。寄ってくる子どもたちは、「何？　それ」と興味津々。作り終わると保育者が「この線を踏まないようにケンケンするゲーム、やる？」と跳んで見せると「やるやる！」と子どもたち。一人ずつスタートからゴールまでをケンケンしながら進む。このゲームで、線を踏んだか踏まないかをジャッジするのは、まわりで応援している子どもたち。「踏んだ！」と言われると悔しそうにケンケンをやめてまた列に並ぶ。

　テツヤくんの挑戦の場面。スムーズに半分の地点まで進み、残り半分を戻ってくれば成功、という時に、線を踏んでしまう。「踏んだ！」とみんなから言われても、無視してケンケンを続けるテツヤくんだったが、何度も言われると「踏んでない〜」と泣きながら、廊下の奥に行ってしまう。

（その後…）

　サトルくんが様子を見に行き声をかけるが、すぐには戻ってこられない。保育者は、その様子を少し離れたところから見ている。その後、サトルくんもゲームに戻り、しばらくすると廊下の壁にもたれかかりながら、みんながゲームをする様子を見ているテツヤくん。その隣で「自分では踏んだかどうか見えないね。難しいけれど、みんななら楽しめると思ったんだけれどな…」とつぶやく保育者。

このゲームを提案した保育者のねらいはどのようなことにあったのでしょうか？

事例⑥を読み解く　**自己覚知にもつながる経験のために**

　雨続きの6月。室内では、ごっこ遊びや製作等が継続的に盛り上がる遊びの状況があるなか、空いているスペースはこの狭い廊下の一角しかなかったとのことである。そのような状況において、室内の、狭い場所でも何とか体を動かして遊べる遊びはないかと思案し、提案したという。本来ならば、思い切り体を動かせるような場所（たとえば、遊戯室やホールなど）で、鬼ごっこやゲームをすることが、年長組の子どもたちにふさわしい保育内容の一つとして考えられるであろう。しかし、この事例から学べることは、走り回ることだけが運動ではないということである。つまり、ケンケンという単純な動きをゲームに取り入れ、ルールと組み合わせることによって、様々な運動の面白さや楽しさを感じる体験へとつながっている。

　また、このゲームの面白いところは、ケンケンをして動いている自分を当の本人は完全に見ることができないということである。よって、テツヤのように自身を客観的に顧みること

はなかなか難しく、様々なトラブルや葛藤を引き起こす場合もある。しかし、他者に自分の動きの判断や評価を委ねながら、動く自分の姿を想像・確認していくことは自己覚知にもつながる大事な経験である。汗をかき夢中になる遊びの中で、そのような経験ができることに、子どもにとって大きな意味があるのではないだろうか。

（3）普段の生活の中で

事例⑦　　「見よう見まねでジョウロに水」　　　　　3歳

　　3歳児のマナミちゃんは、小さめのカップに水をくみ、砂場まで運び、砂に水をかけ、走って水道へ戻るという流れを繰り返していた。

　　何回目かに水を入れている時、水道の脇にあるたらいからジョウロを使って水をくんでいる年中児（4歳）のアキラくんをじっと見る。水をくみ終えたアキラくんは小走りに砂場へと向かう。マナミちゃんも自分のカップをもって砂場へと向かう。

　　次に水をくみに来たマナミちゃんは、アキラくんが持っていたのと同じジョウロを手にしている。たらいにジョウロを入れるが、水面に浮かんだ状態になってしまう。たまたま通りかかった保育者は、マナミちゃんの様子を興味深そうに見ている。すると、そこへアキラくんが水をくみにくる。マナミちゃんの横で、グイッと水の中にジョウロを押し沈めて水をくむ。その様子を見たマナミちゃんは、アキラくんが去った後、同じようにジョウロを沈めようと何度も試しているが、水面を上すべりしてしまってうまくいかない。そこで、見守っていた保育者がマナミちゃんの持ち手を一緒に持って、「せーの」でジョウロを沈める。「わー」と声を上げ驚きながらもうれしそうなマナミちゃん。水が満杯に入ったジョウロを「おもーい」と言いながら持ち上げる。重たいジョウロをもってゆっくりと砂場に向かう。

　　マナミが水くみの中で体験していることはどのようなことでしょうか？

事例⑦を読み解く　　**動きのモデルを見て試行錯誤する**

　　マナミがここで体験していることを一言で言えば、「ジョウロを使って水をくむ」という動作である。大人にとっては、当たり前と思えるような動作一つでも、マナミのように初めてその動作を体験する子どもにとっては、体の動きに関するたくさんの学びがある。たとえば、ジョウロの取手の握る部分によって変化する力の入れ具合、水の中にジョウロを押し沈める力と水のもつ浮力との拮抗具合、水が入った後の想像以上の重たさ等を体全体で感じ取っている。

このマナミの体験を支えたのは、モデルとしての存在である年中児のアキラとマナミの試行錯誤を保障する保育者の見守りであったといえる。通りがかった保育者がマナミの姿をただ困っている姿として捉えていたら、おそらく「こうするのよ」と教えてあげていたであろう。そういう指導が必要な場合もある。しかしながら、この場合のマナミは、ジョウロという新たなものと出合い、「水をくみたい」「くんだ水を砂場に運びたい」という自分のめあてに向かってどうすればうまくいくのか探究している姿として捉えられた。自分の体を使って、見よう見まねでやってみる体験がマナミの探究を続けることにつながったといえる。

事例⑧　「ケンケンで帰ろう」　　　　4歳

　砂場で遊んでいた子どもたちと片づけを始めた保育者。そばには保育者と一緒に最後まで片づけをしていたミナミちゃんとシオンちゃん。「よし、じゃ、お部屋までケンケンで帰ろう！」と保育者が言うと、うれしそうに「うん！」と二人は言う。三人でケンケンをして部屋に戻る。
　ミナミちゃんが「先生、24だった」
　シオンちゃんは「私は、29」と言う。
　どうやら二人とも歩数を数えていたらしい。保育者と楽しそうに話す様子を部屋の片づけをしていた子どもたちが出てきて「何？　何してたの？」と聞きにくる。

　保育室への帰り道も、いろいろな動きの工夫ができるもの。あなたならどのような戻り方を子どもたちに提案しますか？

事例⑧を読み解く　　いつでも、どこでも

　○○遊び、あるいは、○○運動遊びとしなくても、何気ない日常の中に、体を動かす機会はたくさん落ちているということを教えてくれる事例である。この場合は、片づけ後の保育室への戻り方であるが、子どもたちの日常をよく見てみると、たとえば、ホールでの集まりから保育室へ戻る時など、場所の移動時にたくさんの機会がある。そういう時、静かに列をなして移動する場合と「だるまさんが転んだ」をしながら移動する場合とを考えてみてほしい。子どもはどのような気持ちでいるのか、体の動きはどう違うのか…もちろん、時と場合に応じた移動の仕方を子どもと共有していく側面もある。しかし、毎日の生活の中にあるふとした時を機会として捉えていけるかどうかによって、子どもの体験の豊かさに違いが出るといえるのではないだろうか。

　元々、子どもは余計なこと、無駄と思えるような動きをする。たとえば、道の端にある段の上にわざわざ登る、道中にある箱や扉は必ず開けるなど、子どもの姿を思い描いてみてほしい。そういう子どもの好奇心に即した動きの特性を捉えて、子どもと一緒に体を動かすことの好きな保育者の存在が重要になってくるといえる。

事例⑨　「三つ編みできる」　　　　4歳

スズランテープで三つ編みをすることが女の子数名の間で流行っている。初めは、編む順番がわからなくなる子どももいたが、次第に「外から、外から」と声をかけ合いマスターした。慣れてくると、今度は、「水色とピンクと紫でやってみる」とお気に入りの色の組み合わせを見つけたり、「今度は、ながーいのにしてみる」とスズランテープを長く切って挑戦したりする子どもが出てくる。

　ある日、ジュリちゃんが「先生、かつらを作りたい」と言い出す。困惑気味の保育者をよそに、「わかった、三つ編みで作ればいいんだ」とジュリちゃんはやる気満々。「でも、髪の毛みたいに細いのじゃないと」と言いながら、指に力を入れて、きめ細かい三つ編みを作っていく。

　　あなたなら、大きく体を動かすことと三つ編みの動きにはどのような違いがあると思いますか？

【事例⑨を読み解く】　**三つ編みも立派な運動**

　運動という言葉からは「全身を使っての運動」というイメージが強く浮かぶが、この事例にある「三つ編みをすること」も幼児期の子どもにとって重要な運動であるといえる。三つ編みでは、手を動かす順番や方向を理解しながら手指を自分の思い通りに動かすことができなければならない。さらに、この事例のように、「もっと長いもの」「もっと細いもの」という自分のイメージする三つ編みが目標として湧き出てきた場合、指の力の入れ具合を調整しながらでないと、思ったような三つ編みにはならない。それを子どもたちは、楽しみながら経験している。

　ジュリが発想した「かつら」というイメージのユニークさには脱帽であるが、子どもは、自分で思い描いたイメージや思いがあるからこそ、その実現に向けて熱中・没頭して取り組んでいく。三つ編みには、最初のひもの長さが編むことにより短くなっていくという長さへの気づきもあることから、このジュリの「かつらづくり」では頭の大きさや髪の毛の長さ等、自分の体の大きさを意識しながら楽しむ内容も意図することが可能であろう。

（4）子どもが主体的に活動できるように

事例⑩　「憧れの大縄」　　　　　　　　　　　　　　　　　　　　2歳

　園庭のポールに片方の縄をくくりつけ、もう片方を年長児の誰か一人が回すという形で、みんなで順番に大縄跳び（郵便やさんなど）を楽しんでいた。

　その様子を、2歳児のユウカちゃんはテラスに座りながらじっと見ていた。しばらくすると、ポールの所まで近づき、ポールに寄りかかる形で見る。

　すると、今度は、年長児の列に並ぶユウカちゃん。そして、ユウカちゃんの順番がくると、年長児のアミちゃんが腰をかがめながらユウカちゃんに「とびたいの？」と聞くと、ユウカちゃんはうなずく。「でも、ちょっと難しいよ」と言うアミちゃん。「それでもいいの？　やってみる？」とアミちゃんが聞くとユウカちゃんがさらにうなずく。アミちゃんが「せーの」と言いながらゆっくりめに縄を回すが、ユウカちゃんは縄が来る前に跳んでしまい縄に引っかかってしまう。アミちゃんは、「もう一回やってみようか。ゆっくりいくね」と言うと再び縄を回す。今度は、縄が来たタイミングより遅く跳んでしまい、引っかかる。アミちゃんが「うん、難しいけど頑張ったね」と言うと、うなずいて再び跳ぶ列に並び直すユウカちゃんの姿があった。

> 　もし、あなたが保育者だったならユウカの跳びたい気持ちをどのように捉えて一緒に遊びますか？

事例⑩を読み解く　**やってみる中で気づき得られること**

　ユウカの憧れの対象であった大縄跳びは、発達的に見て背伸びした課題を多く含む遊びといえる。2歳のユウカにとって、体のバランスを取りながら動くこと、自分の体と外界の動きやリズムに合わせることは難しく、また、年齢に関係なく、体験が薄い子どもが挑戦すると、初めはなかなかうまくいかないことが多い。そのような場合、大縄跳びで重要なのは、自分の番になって跳んでいる時よりも見ている時である。友達の跳んでいる様子を見ながら自分の体でリズムを刻み、他者や外界の動きやリズムに自分の体を同調させる体験をすることである。そこで、リズムが体の中に入っていくと、いざ自分の番で跳ぶ時にもスムーズに入っていけることが多い。

　このように、大縄跳びには、跳ぶ時の姿勢の保持、体の左右のバランス調整、縄を回すリズムや跳ぶタイミングの体感等、直接やってみることで得られる体を通した学びがたくさん含まれる。

　この事例のユウカの場合、ちょっと難しいことや無理だとされることも、年長組の子どもたちのおおらかさや受容と励ましによって大縄跳びをやらせてもらえたことが貴重な機会と

なっている。やってもいないうちに、「無理だ」「まだ早い」と言葉で言われるより、子ども
が自分でやってみて、自分のできなさを体で知覚する重要な学びがあったといえる。発達に
ふさわしい動きが実現できる環境の重要性もある。他方で、年齢や発達にとらわれ過ぎずに
遊びの中でともに楽しむ保育者の姿勢や子どもの体が「思わず動く」体験の保障の重要性も
あるといえよう。

事例⑪　「まっすぐ走る」　　4歳

　戸外で伸び伸びと体を動かすことが心地よい9月。一人ひとりが気持ちよく走ることを
目指していた担任保育者たち。運動会も控えているので、空いている時間にみんなでかけっこをすることも度々あった。子どもたちの走りを見ていてミナ先生が「まっすぐ走ることがあまりできていない子が多くて、走りにくそう」と気づく。ヒロ先生は「園庭では遊具などもあって思い切り走れないこともあるのかもしれない」と話す。翌日、近隣の公園に行き、広場でまっすぐ走ること、思い切り走ることを楽しんだ。子どもたちにも、「まっすぐ走った方が気持ちよいし、早くも走れるね」などと話すことで意識できるようにしていた。

　いよいよ運動会も近づき、園庭でまっすぐ走れる距離のコースを作って、走ることを楽しむ子どもたち。しかし、「順位が気になりだした子たちもいて、走る間に顔を横に向けて、チラチラ見ながら走っているね」とマコ先生は言う。どうしたら、一人ひとりが、まっすぐ思い切り走る自分の走りを味わえるのだろうか、と考えた。

（続き…）
　翌日のかけっこの時にはゴール地点の先にカラーコーンを立てて、それを目指して走ることにしてみた。しかし、コーンがありぶつからないようにするため、子どもたちはゴール付近で失速してしまう。悩んだ末に、色分けされたゴールテープを布で作り、各々が自分の列の色を目指して走ることにした。

　さらに、子どもたちにも「一番になることも大事だけれど、先生は、みんな一人ひとりがまっすぐ思い切り走って、走るのって気持ちいいなって感じることが一番大事だと思う」と話をした。すると、それぞれが心地よく、かけっこを楽しんだ。その後の集まりで、それまで順位を気にしていたフウタくんが「先生、ぼく走ってみて気持ち良かった。一生懸命走って、それで、……いいきもちになる！ってことだよね」と一言。

　この子どもたちを目の前に、あなたならどのような工夫を考えますか？

（事例⑪を読み解く）　**「走る」ことだって奥深い！**

　運動の基本動作としての「走る」動きを取り上げても、非常に奥が深いということを考え
させられる事例である。とにかく走ることが楽しくて延々と走り続ける3歳を超え、手や足、
頭、胴体すべてを心地よく調和させ、十全に体を動かしながら自分の思うような走りを目指
し始める4歳の子どもたち。だからこそ、思い切り走ること、繰り返し走ることの重要性を
認識している保育者たちの姿が描かれている。また、子どもたちの走る動作を支える姿勢や
目線の重要性に気づいた保育者たちは、子どもが自分で自分の走りを調節しやすい場や環境
づくりについての試行錯誤を繰り返している。今、目の前にいる子どもたちにとって、どの
ような環境がふさわしいのかを考え、試しては、子どもの姿から振り返り、子どもが自分自
身で満足できる走り、事例にあるフウタの「気持ち良かった」の一言に代表されるような満
足感を一人ひとりが感じられるような配慮を重ねている。

　フウタの順位に関する件は、まわりが見えてくる4歳頃から出現してくる自然な発達の姿
であろう。競い合う面白さや勝ち負けへの意識が自分の走りを振り返ったり、目標をもって
取り組んだりする姿勢へとつながっていくといえる。ここで大切な視点は、順位を気にしす
ぎるあまりに自分の走り方への意識や自分自身の内部で感じる心地よさへの気づきを失って
しまわないようにすることである。友達と競い合うことによって体感する心の葛藤や楽しさ
とともに、その子らしく、その子が楽しんで走れるよう配慮したいものである。

事例⑫　「プールで何したい？」　　　　　　　　　　　　5歳

　もうすぐプールに入ることを楽しみにしている子どもたちとプール掃除の話をしていた。
すると「先生、年長組になったらさ、プールで何できるの？」と聞くダイチくん。

保育者「うん、みんなは何したい？」

ダイチ「オレは、イルカみたいにフープをく
　　　　ぐって泳ぎたい」

ミサキ「私は、みんなで水かけっこ」

ケント「シャワーがあっちこっちにあって、水
　　　　がかかったら楽しそう」

ユキヒト「潜って宝を拾うとか」
といろいろな意見が出る。

保育者「みんながこれしたい、って思うことに必要なものとか準備をみんなでできると
かっこいいね」と返すと、翌日からプールで使う遊具や素材の準備が始まった。

　翌日、カイトくんが「浮き輪とかあったら面白いかも」と言うので、保育者が「浮き輪
は、難しいかな…でも、みんなが乗れるいかだなら…」と答えると、カイトくん「いか
だ！　それいい、それ園にあるの？」保育者「ない。ないから作る？」カイト「作る」と
いかだ作りが始まった。

　本やインターネットで調べると、ペットボトルで作れそうだという話になり、早速保護者に協力をお願いする。集まったペットボトルを並べてガムテープで止めていく。「キャップってあった方がいいのかな？」とミキコちゃんが言うと、カイトくんは、「よし、乗ってみる」と言ってキャップのないペットボトルに乗るとペシャンコに。「あった方がいいね」とミキコちゃんも納得。「一人だけじゃなくて、みんなが乗れるようないかだにしよう」と仲間も増え、どんどんとつなげていく。

あなたなら、年長の子どもたちと一緒にどんな風にプールを楽しみますか？

事例⑫を読み解く　自分たちのプールに向けて

　暑い時期になると、どこの園でも必ず取り入れる水遊び。これは、プール活動をどのような活動にしていこうか、子どもたちと一緒に話し合いながら取り組んだ事例である。一般的に、プール活動は、保育者が考案する活動内容に子どもは受け身で参加するという形になりがちな活動である。それに対して、子どもたちの思いを引き出しながら、いかに自分たちのこととして本気にさせるか、自分たちのものにしていくかがこの事例の鍵となっている。具体的な内容として、「いかだ作り」が取り上げられているが、その他にも、ペットボトルを使ったシャワー作りや宝（おはじき等）拾い等、自分たちで考え用意する姿も多くあったという。

　このように、準備や計画に子どもたちが関わるプロセスの中で、楽しみにする気持ちがふくらんだり、もっとこうしたら面白くなりそうだと考えたり、試したりすることが次々に生まれていく。それは、子どもたちの主体的な姿といってよいだろう。その背景には、これまでのプール活動で体験してきた蓄積がある。「イルカのように泳ぐ」や「潜って宝を拾う」「浮き輪」など具体的なものや動きを発言する子どもたちに注目したい。ここで、子どもたちは、これまでのプールでの活動内容を思い出し、そこで得られた自分の体の動きと使ってきたものを様々に整理し、意味づけながら、これからの活動を展望しているのである。

　プール活動は、危険を多く含む活動であるため、安全管理に十分な配慮をしなければならないことは言うまでもなく、保育者は常に危機感をもって安全な環境を整え続けることが必要である。また、子どもと保育者とのやりとりを通して、プール活動において起こりうる危険性を、子どもたち自身が理解や認識を深められるようにすることが求められるであろう。具体的にどんなことに注意をしながら、何に意識を向けながら動くことが大切なのかを考えることで、子どもたちは自分たちの身を自ら守りながら、主体的な活動を継続させることができると考えられる。

2節のまとめ

　本節では、戸外での遊びへの興味や関心がもてない子ども、生活経験に関する動きのぎこちなさが見られる子ども、失敗することを恐れて意欲的になれない子どもの事例や物理的・空間的・時間的環境が十分でない場合の事例を取り上げ、日々の保育における具体的な工夫

や環境構成の仕方を見てきた。最後に、２節のまとめとして、子どもの意欲を引き出すための環境構成、意欲を支え体験を豊かにするための環境構成のポイントについて４点に分けて整理してみたい。

（1）個別の状況に合わせた環境や機会の保障

　各事例を見れば、日々の保育の個別で具体的な状況が読み取れたのではないだろうか。保育者は、眼の前にいる個々の子どもを捉え、どこにどんなつまずきがあるのかを理解すると同時に、どのようなきっかけがあればその子どもの「やってみたい」という意欲を引き出せるのか、あるいはつまずきの要因に対してどのように働きかけることができるのか等を考え、援助を選択し、行動に移すことが求められている。したがって、援助方法としてくくって整理することはなかなか難しいが、各事例から得られた様々な工夫、たとえば、保育者や他児をモデルに、イメージや想像力を借りて、子ども心に共感して、などには、学ぶところが多いであろう。個々の子どもの動きに合わせた環境や遊びの提案、働きかけるタイミング、思わず心が動く仕かけを創造しながら、子どもと保育者双方の試行錯誤をも保障していくことが必要といえる。

（2）環境のもつ力

　乳幼児期の子どもだけではなく人間の行動は、「環境が提供する意味（アフォーダンス）」[9]に大きく左右されることは広く知られるようになってきている。ゆえに、環境を通して行う教育・保育を考える際に、アフォーダンスを踏まえた環境づくりは欠かせない視点である。そのためには、まず子どもの行動を環境との相互作用において理解することから始めるとよいだろう。たとえば、一つのものが有するアフォーダンスを子どもはどのように受け取り、選択し、行動へと結びつけているのかと子どもの視点から捉えてみる。あるいは、このものがどのように配置されることで子どもの行動はどう変化するのかと環境の視点から捉えてみる。その循環の中で、保育者も共に体を動かしながら、心地よい環境、多様な動きを生み出せる環境を探究していくことができる。

　さらに、環境を広く捉えれば、子どもたちのまわりにあるもの（大気などの媒質・硬さをもつ物質など）すべてを意味する。つまり、物的環境としての園の環境が十分でない場合でも、もののレイアウトを変更することで園環境のもつアフォーダンスが多層的なものとなるし、不可視的環境（音や時間、雰囲気等）も環境として注目することにより、改善・創造の余地はたくさんあるということである。事例から学ぶことのできた具体的な工夫や環境構成の仕方を参考に、ぜひ、環境への考察を深めたいものである。

9）佐々木正人『アフォーダンス入門　知性はどこに生まれるか』講談社、2008年、p.72

（3）運動の捉えを広く、柔軟に！

　乳幼児期の運動が大人の運動からイメージされるトレーニングとは、異なる特徴をもつことはすでに述べてきた。さらに言えば、子どもの遊びは、生活そのものであるため、運動はより幅広く、より奥深い世界へとつながっているといえるであろう。

　事例に見たように、戸外ではなく室内での遊びにも、全身運動ではなく指先を動かす操作にも、ごっこ遊びにおいても、環境が狭くても、体に関わって遊ぶ子どもの姿がたくさんあった。つまり、園においては、登園時から降園時まで、どの時間も、どの場所でも、子どもは体と向き合い、応答する体験を多様に重ねている。それが、遊びながら生活し、生活しながら遊んでいる子どもの渾然一体性であり、そのような生活と遊びを生かした日本の保育内容の構造の特徴でもあろう。ゆえに、保育者は、子どもにとっての運動のイメージや捉えを広く、多様に、柔軟にもつことが大切である。それと同時に、できるだけ子どもが自己選択・自己決定できるよう余裕をもたせながら、日常生活の一瞬一瞬、その時々の体との関わりを子どもと共に楽しみながら生活していく存在でありたいものである。

（4）主体的対話的で深い学びの実現

　子ども自ら「やりたい」と心が動くことによる運動や行動は、子どもの有能感を高め、さらなる挑戦へとつながっていくことから、本節においてその重要性には繰り返し触れてきた。多くの事例からも、子どもが自発的に動き出し、自分ならこうする、こうしたいという自己選択・自己決定に基づき、体をコントロールしていくことによって、行動の主体としての自分がつくられていく様子が読み取れた。また、子どもの健康発達に関わる活動には、体を動かし、体で感じ、理解する体験的な学びが多分に含まれていることも得ることができた。

　子どもが様々な挑戦の中で、自分の力量を知る、いわば"できなさ"を身をもって得る（体で理解する）ことも貴重な体験であり、5歳児くらいになると、そのような自分の体験を客観的に見たり、捉えたりすることで、次なる意欲や目標、課題発見につなげる姿もあった。その過程において、子どもは身体を通して、自己と他者（保育者・友達など）の理解を深めているといえる。さらに、一度、獲得した基本的な動作であっても、繰り返す中で、いかに効率よく動かすことができるかを試したり、異なる状況・条件下においても同様に動かすことが可能なのかを確かめたりすることを通して、体験した学びは一層広がりをもつものとなる。

　このように、子どもが自発的に体を動かす中で得られた体験的な学びを、対象化、言語化する機会を適切に設けながら、その子どもの体験の重なりが意味ある経験として積み重なっていくこと、つまり主体的対話的で深い学びの実現の視点から、保育者の援助や環境を見直していく必要があろう。

第6章

子どもの生活と健康

　昨今、子どもの生活リズムは、ますます大人と同じようなスタイルに変化しつつある。就寝時間が遅くなったり、家族で食卓を囲む機会が減っている等が顕著な例として挙げられる。両親の就労状況の変化、ひとり親家庭の増加、生活の基盤となる地域のもつ機能の変化等が、子どもの生活リズムにも影響を与えている。まわりの大人の置かれている環境によって、子どもらしい生活を送る機会が奪われているといえるだろう。

　そのような状況の中、保育者には、なぜ乳児期・幼児期の子どもたちに健全な生活リズムを身につけることが大切なのか、子どもの将来にどう影響するのかを理解し、子どもたちに適切な支援をしていくことが求められる。また、そのために日々の生活と健康との関係を大切にしながら保護者と連携していくことも保育者には求められる。

　この章では、子どもが、健康な生活の基本となる生活リズムを身につけ、将来にわたって健康で過ごせるように、保育者がどのように子どもに寄り添い、保護者と連携をとっていくかについて考えていきたい。

1　健康な生活リズムを身につける

　私たちが自然に行っている起床から就寝までの様々な生活のリズムは、どのように身についていくのだろうか。乳幼児の生活リズムや生活習慣がどのように身につき、また、その過程で保育者はどのように子どもたちをサポートしていくのかを事例を見ながら捉えていきたい。

事例①　「いつもはお散歩大好きなのに」　　11か月

　マサトくんは、散歩が大好きである。ベビーカーを見るとすぐにでも出かけたい様子で「アーアー、ウーウー」と声を出して外を指さす。

　しかしこの日は違っていた。園のまわりを30分程度かけての散歩であったが、マサトくんは眠たそうな表情をしている。園に帰ったら着替えをして食事をする予定のため、話しかけたり興味のありそうなことを示したりして食事がとれるようにと考えていたが、園に着いた時には気持ちよさそうに眠っていた。ベビーカーから降ろしても起きる様子がないので食後の午睡も控えていたがそのまま寝かせることにし、少ししてから食事をとることにした。

　散歩が大好きなマサトが、この日は眠たそうでいつもと違う様子を見せました。
もしあなたが保育者ならこのような場合、保育をどう考え、どう対応しますか?

事例①を読み解く　子どもの変化に寄り添う保育者の柔軟性

　乳児期の子どもたちにとって、遊びや活動がしやすい日中の良い時間帯に外気に触れ、散歩を通して自然物を見たり、電車や車など人々の生活を見たりすることは積極的に取り入れたい活動の一つである。室内で保育者との信頼関係を深めながらゆったりとした時間を過ごすことも大切だが、外に出て暑い寒いなどの温度や風の匂いを感じ、移り行く景色を関わる大人と共に楽しんだり、乗り物や横断歩道を行きかう音など生活音を聞いたりすることが社会性の芽生えにつながる。また、外に出ることで生活にメリハリがつき、生活のリズムがつくりやすいこともメリットの一つである。

　保育者は、心地よさからか、その日に限って眠くなったマサトに対し、その後の予定にある着替えや食事がスムーズに進むかどうかが気がかりのようである。一日の予定を立て、それをこなすことは大切なことではあるが、乳児の生活にとっては欲求が満たされることが生活リズムを習得する上で重要である。したがって事例のように、予定通りにならなくても、

その日の子どものリズムによって対応を変化させる柔軟性が必要である。その点ではこの保育者の対応は適切といえるであろう。

その日の保育が変わることに対して本当に気にかけなければならないことは、その後の予定ではない。特に乳児がいつもと違う様子を見せたことに対し、保育者はいつも以上にその様子や背景に注意を払い、考えねばならないだろう。

事例では、いつもと違う時間帯に眠くなったマサトの様子を観察し、その原因を考え、たとえば、前日や朝の家庭での様子や健康状態を保護者から聞いたり連絡帳でやりとりしたりするなどし、まずは情報を得つつ、その情報を保護者と共有することなどが考えられる。また、マサトのように乳児がいつもと違う時間帯に眠くなる、いつも以上に眠る時間が長いなどすれば、家庭生活にその原因があるのかもしれないと考え、保護者に相談、生活改善の助言を行うことなどが求められる。

事例②　　「おやつなのに　まだ寝てるよ」　　　　　　　　　　1歳

マユミちゃんは活発で、散歩の時も、バギーに乗るより自分で歩くことを好む。まわりの景色を見ては「あれ何？」「これは？」といった様子で興味津々。この日もいつものように散歩を楽しみ、保育室の遊具で活発に遊んでいた。昼食は残さずにたくさん食べた。その様子から早く睡眠に入るかと思っていたが、まだ遊びたいようで絵本を持ったりぬいぐるみを抱えたり、眠る様子はまったく見られなかった。

保育者は他の子どもが寝ついたころに声をかけ昼寝を促した。マユミちゃんはいつもより1時間ほど遅い入眠となった。多くの子どもは昼寝から目覚め、午後2時15分には起き始めていた。マユミちゃんはまだぐっすり眠っていた。友達が指をさし、「まだ寝てるよ」と言っているかのように保育者に知らせる。おやつの時間になっていたが、まだ起きないマユミちゃんであった。

午前中に活発に遊んだことで食後すぐ午睡に入るかと思われたが、まだまだ遊び足りないマユミ。あなたなら食後のなかなか眠らないマユミにどう関わりますか？

事例②を読み解く　　**生活リズムって何？**

午前中に外遊びなどで活発に遊び、食後は気持ちよく午睡をするというのがおおよその園での生活の流れとなっているのではないだろうか。子どもには年齢に合った睡眠時間の確保が大切なため、午睡も重要な役割ではあるが、活発に遊んだからといって皆が同じタイミングで眠気がくるとは限らない。個々の体力の差や起床時間の違い等、子どもにより様々な背景があることを受け止めよう。

今回の事例のマユミのように集団とは違う時間に昼寝となった場合、必ずみんなと一緒に

食べたり寝たりという大人側の時間の都合や規則にはめ込んでいくのは、個のリズムを尊重しているとは言い難いので避けていきたい。ただ、保護者に家庭での一日のリズムを聞いたり、連絡帳に記載されている就寝・起床の時間を確認したりし、子どもに適していない内容が見受けられた場合には保護者と連携して改善に努める必要がある。

　保育所保育指針解説[1]によれば、低年齢の子どもの保育では「〜原則として、空腹を感じた時に食べ、眠い時に寝て、すっきりと目覚めて遊ぶという個々の子どもの生理的なリズムに沿った生活が、子どもに心身両面の安定感をもたらすことへの配慮が求められる」と明記されている。こうしたことを踏まえ、家庭での生活を把握した上で、個々の欲求の差がある時は、集団を意識し過ぎず、個々の欲求にできるだけ応えていくことが心の安定につながり、安定した状態が続けば自然と生活リズムが整っていくであろう。

事例③　「あくびを繰り返すマミちゃん」　　3歳

　入園当初は母子分離ができずよく泣いていたマミちゃんも、6月を終えるころには嘘のように笑顔が増え、自発的に活動し、多様な経験をすることができた。

　しかし、夏休みを終えて9月に入って数日経ったころから様子が変わった。多くの子どもは、園での生活リズムを取り戻し、活発に活動していたが、マミちゃんは浮かない様子を見せていた。保育者が注意して様子を見ていると、マミちゃんは何度もあくびを繰り返していて、制服から体操着への着替えも一人では行わなかったり、食事も保育者の援助なしでは食べなかったりの状況であった。母親に様子を伝えたところ、マミちゃんは夏休み中ほとんど身のまわりのことを自分でせず、母親に依存し、母親もそれをそのまま受け入れていたことがわかった。

　そこで保育者は、通常の援助の方法に加え、マミちゃんが楽しく意欲をもって過ごし、園での生活リズムを取り戻せるよう、母親とより緊密に連絡を取りながら働きかけを行った。

　長期休暇明けの子どもは、それまでの様子とまったく異なっている場合があります。この事例のマミの変化については、家庭と園、それぞれどのような役割があったと考えますか？

1）厚生労働省『保育所保育指針解説』フレーベル館、2018年、p.125

事例③を読み解く　園と家庭との協働

　子どもが規則正しい生活リズムを身につけていくためには、関わる大人の理解が大切である。保護者であれ、保育者であれ、生活リズムを整えることが子どもにとってどのような意義があるかを理解し、その上で援助していくことが必要である。さらには家庭と園とがそれぞれの役割を認識し、協働していくことも大切である。

　事例のマミの保護者は園の長期休暇の間、マミの要望をあるがままに何でも受け入れていたようである。休みで家庭にいる間は子どもに甘えさせてあげようという母親の気持ちもわからないでもないが、それは子どもの正しい育ちについての理解が欠けていることから生じている問題である。

　母親は、保育者から最近のマミの園での様子を聞き、「やはりそうでしたか」と自身も夏休み中の家庭での過ごし方が園での生活に影響しているのではないかと心配していたという。そこで、「とにかく朝が大切ですよ。毎朝同じ時刻に起こしてみてください。窓やカーテンを開けて光を浴びるのがよいそうですよ」という保育者からの助言を受けて実践したという。一方、園生活を考えてみると、1学期のうちは、保育者の支援によりマミの成長をサポートできていたのであろう。しかしながら、長期休暇のように自由な時間が増えるとそのバランスが崩れ、規則正しい生活を持続していくことが難しくなっていったようである。

　事例の保育者は、こうしたマミの変化にいち早く気づいている。その気づきをそのままにせずに母親に家庭での様子を聞いたことが、マミの生活リズムの改善へとつながっている。その後、この園では、多様な方法で保護者の啓発につながる情報提供等を試みた。国から推奨されている資料等を基にわかりやすくまとめた園だよりを作成して周知した。登降園の時間を利用し、多くの保育者が積極的に保護者に話しかけた。乳幼児期に適切な生活リズムが身につくことで子どもは健やかに育ち、その後の体力や学習意欲の向上につながっていくことの重要性を折に触れて伝えた。

　家庭と園とそれぞれの役割を認識し、子どもの一日の生活がつながるよう連携を進めた。また次第に、互いに連絡を取り合い協力する「連携」を超え、それぞれが同じ目的をもって対等の立場で「協働」することが増えてきたという。保育者や園の役割として重要なことである。

事例④　「朝はいつも元気がない」　　4歳

　保育中に、コウタロウくんは、遊びや製作などの活動に無気力で集中できないでいることがよくある。その日、保育者がコウタロウくんに「どうしたの？　具合が悪いの？」と声をかけてみると、首を横に振る。保育者は、コウタロウくんの登園の様子を思い返してみた。よくあくびをしていて、目を擦っている様子が浮かぶ。寝不足であることは確かだと思った。また、保育者は "もしかして…" と他に思い当たることもあり、次のようにたずねてみた。

　　保育者：「今日早起きできた？」

コウタロウ：「うう～ん、お寝坊した。」

保育者：「朝ごはんは食べた？」

コウタロウ：「食べなかった」

保育者：「どうして？」

コウタロウ：「食べたくなかったから…」

　コウタロウくんの、元気がなく、気力もない姿は生活リズムにあるのではと考えた保育者は、母親に様子をそれとなく聞いてみた。すると、コウタロウくんの家庭では家族そろって食事をすることがコミュニケーションの一つと考えていること、しかし、父親の帰宅時間は毎日遅く、それから家族そろって食事をすると、就寝は夜の10時を過ぎてしまうこともあるということがわかった。

　子どもの様子から生活リズムの乱れに気づくことはとても大事なことです。あなたなら、子どもの生活のどこに注意すればよいと考えますか？

事例④を読み解く　保育者の気づきが生む話し合いのきっかけづくり

　事例の保育者は、遊びや製作などに取り組むコウタロウの変化に気づいている。この気づきが、さらに、コウタロウの生活リズムの乱れへの気づきを生んでいる。こうした気づきは保育者として大切なことである。その後、実際に母親に話を聞くことで、コウタロウの元気のなさが家庭での生活と関連していることがわかった。

　一般に、子育て世代と働き盛りの世代が同じような時期に重なっていることもあり、仕事に比重をおくと家族と過ごす時間にしわ寄せがきてしまうことも珍しくない。そんな中、家族の団らんの時間を大切に考え、努力している、コウタロウの両親のような方針をもつ家庭も少なくない。

　しかし、子どもの生活が夜型になることがその後の成長によい影響を与えないということは、様々な調査で報告されている。子どもの睡眠は単に疲れをとるだけでなく活発に活動する意欲を高める効果があるため、事例のように「元気がなく気力の感じられない姿」は明らかに睡眠が不十分で健康な生活を送れていないことを示唆している。

　コウタロウの両親は、子どものことを大切に思っているからこそ家族のルールとして一緒に過ごす時間をつくり、大切にしている。保育者にもその両親の気持ちや努力は十分に理解できている。

　そこで事例の保育者は、その後、コミュニケーションの時間を晩ご飯と断定せず、朝食や休日の過ごし方などを変えてみることでも十分なコミュニケーションになり、信頼関係は築けることを具体的な例を出して提案したという。このように、何が一番コウタロウのためになるのかを園と保護者とで率直に話し合うことが大切であり、保育者の気づきが、その話し合いのきっかけをつくっていくのである。

1 節のまとめ

　子どもの生活リズムは、十分な睡眠、バランスのよい食事、活動と休息など、それぞれの年齢やその子なりの生活の流れの中で身についていく。また、保護者や保育者など、自分を受け入れてくれる大人との安定した関係も大切である。4つの事例を基に、子どもの生活リズムはどのような過程を経て身についていくのか、以下の3点から述べていく。

（1）子どもそれぞれの発育の個人差を踏まえて

　人の生涯の中で、学童期後半から思春期にかけては第二発育急進期といわれ、発育がめざましい。第一発育急進期といわれる乳幼児期は、その時期と並び、同じように極めて発育のめざましい時期である。

　ところで、遠藤ら[2]によれば、「一般に、身長や体重などが形態的に増加することを成長といい、精神や運動といった機能が進歩することを発達」というとしており、「成長と発達を合わせて発育と呼ばれますが、成長と発育は同じような意味で使用される」場合があるともしている。

　さて、発育の著しい乳児期には、身長や体重の増加、首のすわり、ひとり座りからひとり立ち、ひとり歩きとへ顕著な成長がみられる。また、6歳頃には脳の重さが成人の90％に達することが知られており、乳幼児期は、年齢を重ねるにつれて運動、言語、記憶、思考などの機能がおおいに発達してくる時期である。

　一方で、乳幼児期は、発育の個人差が大きいのも特徴の一つである。したがって同学年、同年齢であっても、月齢や成育歴、おかれた環境等によって、それぞれの発育の実情が異なることを踏まえておきたい。家庭での生活様式や家族関係、時にはその日の天候や体調、園での友達関係等が、それぞれの子どもの発育、そして生活リズムに影響をもたらす場合も少なくない。

　4つの事例はどれも、その個人差に配慮したものである。保育者が集団の予定や日程のみにこだわることなく、その日の子どもの様子を注意深く見ながら柔軟に対応している。そのことがそれぞれの子どもの望ましい生活リズムの習得につながっていく。

（2）子どもにとっての意味を捉える力を養う

　園における保育者の役割は多様である。幼稚園教育要領解説（第4節　3 (7)教師の役割）には、子どもの理解者、共同作業者、憧れを形成するモデル、遊びの援助者、子どもの精神的な安定のためのよりどころとしての役割等が詳細に記されている。同じく、幼稚園教育要領解説には、「（中略）～幼児と生活を共にしながら、幼児との対話を通して一人一人の特性や発達の課題を把握し、目前で起こっている出来事からそのことが幼児にとってどのような

　2）遠藤郁夫・曽根眞理枝・三宅捷太編『子どもの保健Ⅰ　子どもの健康と安全を守るために』学建書院、2013年、p.20

意味をもつかを捉える力を養うことが大切である。」[3] と述べている。

　こうした保育者の役割は、年齢や発達の違い等で多少の意味の読み取りに配慮は必要であるが、幼稚園、保育所、認定こども園などすべてにいえることであろう。

　事例④では、いつも朝は元気がないコウタロウについて、保育者は目の前で起きている出来事として捉え、コウタロウとの対話を通して課題を見いだしている。日々園生活を共にする保育者であるからこそ見いだされたことではないだろうか。

　事例のコウタロウは4歳であるが、年少の子どもであれば、睡眠や食事の量などが日々と変わらないか、あるいは、明瞭な言葉を発しない年齢の子どもであれば、「もっとご飯が食べたいの？」「眠たくなったね」「もっと遊びたかったね」など気持ちを代弁する応答的なやりとりも必要であろう。いずれにしても、子どもと生活を共にしながら、日々繰り広げられる目の前の出来事から、子どもにとっての意味を捉える力を養うことが、生活リズムの習得にも欠かせない。

（3）「家庭」と「園」と二つの社会に生きる子どもたちに必要なこととは

　園に通う子どもには、「家庭」と「園」と二つの生活の場がある。

　保育者は、家庭での普段の流れや発達状況などあらゆる背景を把握して保育を進めていく必要がある。家庭と園との生活様式の違いで子どもが混乱しないよう、また、子どもの状況を園と保護者が共通理解し、同じ方向を向いて生活するために、日頃からこまめにコミュニケーションをとったり手紙等で様子を伝えたりして、連携を取ることも大切にしたい。

　しかし、ここで気をつけたいのは、園のやり方が正しい子どもへの接し方であっても、それと同じように家庭でも取り組むよう押しつけた形になることである。保護者は就労等で時間的なゆとりがもてなかったり、きょうだいがいて思うように子どもとの時間をつくれなかったりと様々な事情もあることから、保護者の負担にならないよう配慮することが必要である。子どもの成長段階を、保育者をはじめとする大人が理解し、子どもの意欲を引き立てつつ寄り添うことが生活リズムを習得する上で重要だといえよう。

　ところで、遠藤[4]によれば、「～ヒト本来の子育ては、子どもの血縁者に限定されたものではなく、近隣に住む非血縁者をも広く巻き込んだものだった」のではないかという。さらに「実のところ、不安で抱っこされたくなるのは子どもだけではないのかも」しれないといい、「親もまた、ときに子育ての中で様々な不安に押しつぶされそうになり、心理的な意味で抱っこされたくなる存在」なのだという。

　「家庭」と「園」という二つの社会に生きる子どもたちが、生活リズムを整え、結果的に園での生活に安心感を抱いて、成長・発達していくために必要なことは、親が心理的に抱っこされていると感じる保育者の存在であろう。保育者の役割は大きい。

3）文部科学省『幼稚園教育要領解説』フレーベル館、平成30年、p.118
　　参考文献、同上、pp.116-118
4）遠藤利彦『家庭と園―二つの社会的世界に生きる子ども―』幼児教育じほう第47巻第10号、令和2年、pp.10-11

2 自立に向かう取り組み

　子どもは日々生活する中で、成長するに伴い、自分のことは自分でするようになっていき、自立へと向かう。しかし、子どもたちは自立への道をどのように歩んでいくのであろうか。

　乳幼児期は、人への依存（甘え）と自立（自立心や自立力）とが子どもの中で錯綜している。そこに何らかの鍵がありそうでもある。4つの事例から、心身ともに健康な生活を獲得するための子どもの自立への関わりを見ていこう。

事例① 「何にでも乗りたい！」　　　　　　　　　　　　1歳6か月

　アンナちゃんは4月生まれの女児。11か月で入園し、ハイハイからつかまり立ち、立ち上がり、歩行と、順調な成長をしてきている。最近は、歩くことが楽しくなったようで、興味のあるものを見つけては、自分で歩き、近寄っていく姿がよく見られるようになった。座らせていた乳児用のイスからも自分で出ようとしてしまうので、幼児用のイスに替えてみた。ところが、今度は、テーブルの上にはい上がり、腹ばいの動きを楽しむようになった。保育者が、「危ないよ、イタイイタイするよ」「ご飯食べる所だからダメよ」などと話しかけ、止めようとする。はじめのうちアンナちゃんは、そのやりとりを楽しんでいた。あえて保育者の顔を見ながらテーブルの上を腹ばいで動き回ることもあった。しかし、次第に、止められることを嫌がり、大きな声で泣くようになった。またある日は、保育室の仕切りに置かれたゲームボックス（箱型の運動遊具）を見て、一目散に寄っていき、よじ登っていた。保育者はその傍らでハラハラした様子で動きを見守っていた。

　　活発に動こうとするアンナの活動を支えるために、あなたならどのような環境を用意し、どのような援助をしますか？

事例①を読み解く　"自分で" という思いが叶う環境づくり

　一般的に子どもは、1歳半頃にはしっかり歩くようになる。そのため、生活や行動の範囲が広がってくる。その動きは日に日に活発になる。目的に合わせて、体の方向転換や両足跳びに挑戦するようにもなる。もちろん個人差はまだ大きい。やっと歩き始め、ハイハイでの移動の方が早い子どももいる。

　いずれにしても、生活や行動範囲の広がりは、体だけでなく心の成長をも促す。一方でこのころの子どもは、危険なこと、マナーに反することなどがわかるわけではない。そのため

大人にとっては目が離せない時期でもある。

　事例のアンナのような乳児にとって、園という生活の場は、歩けるようになったこともあり、新しいひと・もの・ことであふれている。見るもの触るものすべてに「やってみたい！」「触ってみたい」などと、関わりたいという気持ちが湧き、体が動く。保育者から見れば、テーブルやイスによじ登ることは危険で衛生的にももちろんよくないし、マナーとしても気になる。しかし、アンナ自身は、何となく察することはあっても、明確に“よいもの”“よくないもの”の判別がつくわけではない。

　保育者としては、アンナの安全を第一に心がける必要がある。その一方で、保育者は、アンナの興味や欲求を大切にし、関わりたいという気持ちを満たしてあげたいとも思う。また、年齢やその子なりの運動機能を発達させたいという思いももつ。大切なことは、できるだけ、子どもたちの“自分で”という思いが叶えられる環境、子ども自らの動きや興味を止めなくてもよい環境づくりであろう。

　後日、アンナの園で、保育者は、“テーブルの上で腹ばいができる”行動に似せたものをソフト積み木でつくった。また、“よじのぼる”動作が叶うよう、多少高さのある遊具を、段ボールとソフト積み木を組み合わせてつくったところ、アンナのうれしそうに遊ぶ姿が見られた。

事例② 「こんなに出た！」　　3歳

　A園では、昼食後に歯みがきをすることになっている。歯磨剤はつけずにブラッシングをするだけではあるが、子どもたちは毎回鏡を見ながら一生懸命に手を動かしている。この日、キョウコちゃんは、コップの水を歯ブラシにつけては「シュッシュッ！」と念入りに歯を磨いていた。「よし、きれいになった！」と最後にコップの水を入れ換え、“ガラガラペーッ”とうがいをした。

　保育者が、「キョウコちゃん、歯みがきの後は“ブクブクペーッ”がいいよ」と話しかけた。その後、実際に、保育者が二つのうがいをして見せた。「キョウコちゃんがしたガラガラうがいは、お口を開けて上を向いて、（～ガラガラペーッ～）ってするよね」と伝え、次にブクブクうがいをして見せた。「ブクブクうがいはね、お口をこんな風に閉じるの。そして、（～ブクブクペーッ～）って」。

　キョウコちゃんはジッと見ていたが、保育者のする動きをまねて、水を口に含んで、口を結び、ブクブクと口の中で動かした。ブクブクうがいだ。ブクブクペーッっと吐き出した後、キョウコちゃんの驚く声が聞こえた。「こんなに出た！」
　ガラガラうがいの時には出なかった食べかすが、水と一緒に出てきたのだ。それを見たキョウコちゃんが、「さっきは出てこなかったのにブクブクしたらこんなに出た！」と目を丸くした。

> 　歯みがきの後の効果的なうがいができるようになるために、あなたなら子どもにどのような伝え方をしようと思いますか？

事例②を読み解く 今、ここでの経験

　「うがい」といっても、食後などに行い口の中の食べかすを取り除くものと、喉の菌を取り除き風邪予防などにつなげるものとがある。A園では、前者を「ブクブクうがい」、後者を「ガラガラうがい」と称して、子どもたちに伝えている。事例の保育者は、"ガラガラペーッ"と"ブクブクペーッ"という表現で、うがいに違いがあることをキョウコに知らせている。

　キョウコのように、「ガラガラペーッ」とすることを「うがい」と認識している子どもは案外多い。保育者は、二つのうがいの違いを、子どもにわかりやすく伝え、用途によって子どもが自ら正しく行えるようにしていくよう指導することが大切である。食後のうがいも、喉のうがいも、手洗いとともにどちらも必要であり、健康に関わる習慣として乳幼児期から身につけさせたいものであろう。食後のうがいは、虫歯予防など口中の衛生を保つために必要であり、昨今は、ウイルス等に起因する感染症等への予防として、喉のうがいもますます必要となっている。

　さて保育者に問われるのは、これら二つのうがいの違いや必要性を、どのように子どもたちに伝えるかであろう。事例の保育者は、キョウコの隣で実演して見せた。このように、"保育者が実際にやってみせる"というのも方法の一つであろう。年齢によっては、子どもたち自身に考えさせてみるのもよいだろう。二つの違いをイラストにして説明し、その後洗面所に掲示し、うがいに関する適切な習慣の形成を試みている園もある。

　ところで、この事例で最も大切なことは、キョウコの驚きと気づきをどう捉えるかであろう。保育者の行為をまねて、口中のうがい"ブクブクペーッ"をした直後のキョウコの驚きは「こんなに出た！」という言葉で表現されている。二つのうがいの違いを、まさしく、"今、ここでの経験"を通して獲得した瞬間であったと考えられる。この経験以降、キョウコが必要に応じてうがいを使い分け、自身の健康へとつなげていったことは確かであろう。保育者には、子どものこうした瞬間を創り出し、受け止め、指導につなげていく力が求められている。

事例③　「今日、アズちゃんね！」　　　　　　　　　　　　　　　　　　　3歳

　アズサちゃんは、3歳児として3年保育で入園した。入園式からの数日間は、スムーズな登園と生活が続いていた。しかし、ある日突然遊んでいる最中に、ふとしたことで泣き出し、その日を境に毎日泣いて登園するようになった。母親と離れて過ごす寂しさを感じてきたからかと思ったが、ほかにも訳があるかもしれないと、保育者は母親に園での様子を伝えるとともに、家庭ではどう過ごしているかを聞いてみた。その結果、おむつが取れていなかったため、母親がおむつ外しに取り組んでいることがわかった。アズサちゃんに

は負担になる事情が、園と家庭とで重なり不安定になっていたようだ。そこで、おむつ外しについては、本人のペースを見ながら、園でも家庭でも、少しずつ無理をしないで進めることを確認し合った。

　このころ、園では、まだアズサちゃんは、声をかけてもトイレに行くこと自体を拒んでいた。おむつをしているためトイレに行く必要がなかったからかもしれない。そこで保育者は、まずは、トイレという環境そのものに慣れ、親しみを覚えるようにと、「大好きなウサギさんがいるよ」と、アズサちゃんをトイレに誘った。ドアについているウサギやパンダのマークを一緒に見たり、友達のトイレの様子などを見せたりした。

　何日か繰り返したところ、トイレに行くこと自体を嫌がることはなくなり、むしろ「ウサギさんにおはようしに行く」など親しみをもつようになった。そこで、タイミングを見計らい、「このパンツかわいいでしょ？」と保育者がウサギマークを描いたパンツを見せた。アズサちゃんは、意外にもあっさりおむつからパンツに履き替えた。その日から、園では、朝、おむつを取り、パンツに替えての生活となった。母親とは、ずっと連絡帳で細かに様子を伝え合っていた。

　ある週明けの月曜日。明るい表情で登園してきたアズサちゃんが「先生！　今日、アズちゃんね、パンツなの」とうれしそうに話してくれた。前日の日曜日は、一日中パンツで過ごせたとのこと。

　その後、泣いて登園することはほとんどなくなり、笑顔と意欲的な姿を見せることが多くなった。また、園でも家庭でも、トイレで排泄するようになったのは、パンツになったその日からであった。

> 　もしおむつ外しに悩む親子がいたら、あなたはどのような支援をしますか？　また、おむつ外しの適期について、あなたはどう考えますか？

事例③を読み解く　身体的な機能の発達と子ども自身の意識

　おむつが外れる時期は個人差が大きい。2歳前後で、トイレットトレーニングを始めて、すぐにおむつの外れる子どもがいる一方で、最近は、4、5歳になるまでおむつのまま過ごさせる家庭も少なからずいる。紙おむつの普及と品質の向上が影響しているといわれている。事例の母親は、おそらく、入園を機におむつ外しを思いたったのだろう。その際、アズサ自身が、トイレットトレーニングやおむつからパンツに替わることに、興味や意識があったかどうかはわからない。しかし、入園と重なり、家庭でのおむつ外しがアズサ自身の負担になっていたことは確かである。

　おむつ外しで大切なことは、身体諸機能の発育・発達に伴って、子ども自身がトイレに行ってみようと、排泄への意識をもつことである。言い換えるならば、心身ともにおむつ外しへの準備が整った状態が必要ということである。本人にトイレに行ってみようという気持ちが起きたら、一緒につき添い、便器で排泄ができた時には一緒に喜ぶなど、タイミングよ

く、丁寧に関わることも必要である。

　事例の保育者は、アズサの好きな動物のマークを見せながら、トイレという環境にアズサを誘い、親しみをもたせている。アズサが意外にもあっさりとおむつからパンツに履き替えたのも、保育者が決して無理強いしないで、アズサ自身の気持ちをくみ取りながらおむつ外しを進めた結果であろう。保護者も同様で、初めこそ無理強いした状況になったが、保育者と確認し合った後は、アズサの気持ちに寄り添いながら進めた様子が見て取れる。

　おむつが外れるということは、子どもにとって大きな自信につながる。生活そのものも自立へと大きく進む。それだけにおむつ外しは乳幼児期の重要な発達課題の一つとなっている。「今日、アズちゃんね、パンツなの」というアズサ自身の言葉からは"一人でできる"という自立に向かう喜びと自信が感じられるのではないだろうか。

事例④　「先生、食べさせて！」　　　　　　　　　　　　　4歳

　ゲンくんは、活発で友達とも積極的に関われる子どもである。ただ、ここのところ給食の時間になると元気も笑顔もなくなってしまう。給食を前にすると自分では食べようとせず、保育者を呼んで自分のそばにいるよう求め、「先生、食べさせて」と言うことが続いている。保育者が、一口、二口と食べ物をゲンくんの口に運んだ後、他児の様子を見るためそばを離れると、保育者の後をついて回り「先生、食べさせて」と甘えてくる。

　そのような様子がしばらく続いたので、保育者はゲンくんの母親に家での様子を聞いてみた。すると、最近、母親は生後3か月の弟に手がかかり、家では一人で食事をとっていることがわかった。母親は、家庭では一人で食事がとれているので、園での様子を聞いて驚いていた。

> 　弟に手がかかる母親の様子を察しているのか、家庭では一人で食事をすることができているゲンだが、日頃頑張っている分、園では甘えたい様子である。あなたならゲンの行動と気持ちをどう受け止めますか？

事例④を読み解く　気持ちを満たすことが自立へのステップ

　一般的には、4歳児ともなれば、全身的な発達が促され、運動量も増えてくることから、食べたいという気持ちや食べる量が多くなっていく。手先が器用になり、箸だけでこぼさずに食事ができるようになる子どもも多く、食事の際のマナーも身についてくる。食事に関しても、徐々に自立する方向へ向かっていくのである。事例のゲンは、「ここのところ」になって、変化を見せ始めた。保育者が、自分で食べようとしなくなったゲンには何らかの理由があると考えるのは当然のことであろう。その理由は何か。それには、園での様子と家庭での状況との両面から考えることが必要であろう。

　園では、これまでのように活発で、友達とも積極的に関わっていることから、自分でできることが4歳児なりに増えていることが推測される。また、少し前まで、給食では、友達と一緒に食べる楽しさ、一緒に食べることができたという満足感や達成感を味わい、食事が遊びと同様に楽しい時間となっていたことも推測される。しかし、"ここのところ"すなわち最近になって、保育者に甘え、「先生、食べさせて」と自分では"食べようとしない"という状況が生まれているのである。そして、そのタイミングで保育者が母親に最近の家庭での様子を聞いていることから、その理由を"退行現象"（いわゆる"赤ちゃん返り"）が起きたからではないかと保育者は考えたことがうかがえる。

　実際、家庭では、ゲンの弟の世話に手がかかっている。ゲンは一人で食事をとることが多いことも、母親の話からわかった。母親は、家ではおとなしく一人で食事をとっていたゲンが、園では食べさせてと甘えていることを知り驚くが、同時に、ゲンがお兄ちゃんとして、ゲンなりに我慢をしていたことを知り、寂しい思いをしていたことにも気づかされている。いずれも双方で連絡を取り合った結果、理解を得たことである。

　子どもは大人への依存と自立とを交錯させながら成長していく。自分で食べることは自立への重要な第一歩ではあるが、時には、ゲンの例のように、心情を満たすことを優先に対応していくことが、結果的に次の自立へのステップにつながるといえる。

2節のまとめ

　4つの事例から、子どもが心身ともに健康な生活を獲得するための自立への関わりを見てきた。子どもたちは、時には立ち止まり、自分なりに納得しながら、生活の中で出合ったものごとと関わり、その子なりの自立への道を歩んでいる。子どもたちの「自立に向かう関わり」について、（1）環境づくり、（2）保育者の気づき、（3）甘えと自己決定、の視点から以下にまとめてみる。

（1）自分から関わる姿をいざなう「環境づくり」

　子どもは成長するにつれて行動範囲が広がっていく。事例①のアンナのように歩行が自由になれば探索行動が活発になり、直接見たり触れたり感じたりするものも増えていく。好奇心をもって関わることで、経験的にものの仕組みを理解したり、新しい出来事に遭遇して感性を豊かにしたり、人との関わりを楽しんだりするようになる。したがって、子どもを取り巻く環境が子どもの興味や関心をいざない、意味あるものになっていることが大切である。子どもの安全や安心を確保しつつ、制止や禁止ばかりではない、子ども自らが体を動かす楽しさを味わったり、全身を使って伸び伸びと活動したりする環境づくりが保育者の役割となろう。

　村上[5]は、「保育室の環境を見直すことが子どもの遊びや保育者の子どもへの関わり方、すなわち保育を質的に変えていく可能性がある」と述べている。保育の質の向上は発達のどの時期であっても子どものものごとへの自立的な関わりを生み、園での生活を豊かにしていく。子ども自らが関わる姿をいざなう環境づくりが、子どもたちの自立には欠かせない。

（2）「保育者の気づき」から生まれる子どもの自立的な関わり

　幼稚園教育要領解説等では、領域「健康」の「内容」（第9項目）の解説で、子どもなりに「自分の体を大切にしなければならないことに気づかせ、手洗い、歯みがき、うがいなど病気にかからないために必要な活動を自分からしようとする態度を育てる」[6]ことが必要であるとしている。

　手洗いも歯みがきもうがいも、多くの園が基本的な生活習慣の一環としてその指導には力を入れている。しかし、保育者の誰もが望ましい習慣として身につくまで、しっかり見届けているであろうか。指導や援助で求められるのは、習慣として単に教えるだけでなく、上記に挙げたように「必要な活動」を「自分からしようとする態度」を育てることである。

　事例②では、まずは、のどのうがいと口中のうがいとを混同しているキョウコへの保育者の気づきがある。その気づきがあって初めて、保育者の実演という、キョウコにとってはわかりやすい援助が生まれた。その流れは次のようになる。

　こうした保育者の気づきや援助によって、必要な活動を自分からしようとする態度が育っていく。

●保育者の気づき〈のどのうがいと口中のうがいとを混同しているキョウコへの気づき〉

●保育者の実演〈"ガラガラペーッ"と"ブクブクペーッ"の説明と実演〉

●キョウコの口中のうがいへの挑戦〈口を閉じ、水を口の中で転がし、吐き出す〉

●キョウコの驚き〈「こんなに出た！」のどのうがいでは見られなかった食べかすへの驚き〉

　キョウコという一人の子どもが、うがいという行為に関わりながら、生活習慣の自立へとその一歩を着実に身につけていく過程を見ることができたのではないだろうか。

（3）子どもの自立に必要な「甘えと自己決定」

　子どもはその成長の過程で、大人への依存と自立の間を行ったり来たりしながら、依存度の高い状態から自立度の高い状態へと、徐々に変容していく。

　事例④のゲンは、弟の出現という家庭環境の変化から退行現象を見せているが、ここでホッとさせられるのは保育者の対応である。ゲンの「先生、食べさせて！」という要求に応じている。

　汐見[7]は、子どもはふと不安になり「心のエネルギーを充満する必要」が生じる時がある

　5）村上博文『保育室の環境変成の試み─乳児保育所0歳児クラスにおける空間構成に着目して』「発達143号」
　　　ミネルヴァ書房、2015年、pp.42-47
　6）文部科学省『幼稚園教育要領解説』フレーベル館、平成30年、p.155
　7）汐見稔幸『幼児期にこそ育みたい「自立心」』幼児教育じほう　通巻第44巻第3号、2016年、pp.10-11

といい、そのような場合は、「子どもの依存心＝甘えの気持ちを思い切って満たしてあげること」が大事であるとし、他方で、子どもの遊びについては、「子どもの自己決定に任せることが原則である」と述べている。心のエネルギーを充満させる甘えと、遊びや生活の場面で子どもの自己決定に任せること、この二つが合わさって、子どもは徐々に自立度を高めていくのである。

　また、事例③と④からは、保護者と園とのよりよい連携が子どもの自立への力を高めていることがわかってくる。事例③では、子ども自身がおむつ外しに向かう意志をもつのを、園と保護者双方が情報を共有しつつ見守っている。事例④では、双方が連絡を取り合う中で、子どもの退行現象の背景が保護者にも伝わり、結果として良好な状態を生んでいる。保育者には、平素から、保護者と連携の取りやすい良好な関係を築いていることが求められている。

3 見通しをもった生活

　子どもたちは、多様な体験を通して、健康な生活に必要なことを学んだり身につけたりしていく。そうした中で、繰り返し挑戦したり、失敗したり、やっとできるようになったりし、試行錯誤する姿がみられる。やがて、それらが自己の経験となって蓄積され、同様の場面にであった時、子どもなりに、見通しをもって生活に取り組む姿が出てくる。その姿を事例から追ってみよう。

事例① 「石けんが砂だらけ！」　　　　　　　　　　4歳

　砂場で山を作ったり、トンネルを掘ったりし、ダイナミックな砂遊びを楽しむようになったショウくん。最近は、登園するとすぐに砂場をめがけて跳んでいき、前日の遊びを続けている。日に日に作る山は大きくなり、トンネルでは、友達と手と手がつながるようになる。

　その日は、ユウジくんと「ほら！　手が届くよ！」とトンネル内で握手をするなどして喜び合っていた。遊びがダイナミックになった分、衣服や手足の汚れも激しくなったが、そんなことはお構いなし！　夢中になって遊んでいた。

　保育者から「片づけの時間よ」と促され、「また明日続きしようね」とユウジくんと約束し、使った遊具を片づけ、ショウくんは手洗いに向かった。

　洗い場では、ショウくんは汚れた手で、すぐに置いてある石けんを持って擦っている。石けんはみるみるうちに砂だらけになった。「あれ、石けんがツブツブになっちゃった！」と砂だらけの石けんに気づく。そして、「石けんも洗ってみよう」と何度か水で洗ったり、爪で取ったりし始めたが、砂は一向にとれない。「とれないなぁ」と石けんをジーッと見つめ、考え込んでいる。

　その様子を見ていた保育者は「砂がついちゃったね、どうしたら石けんにつかないで洗えるのかなぁ」と声をかけ、一緒に石けんを見つめた。

　翌日も砂遊びをして、同じように片づけ、そして手洗いへと時間が流れていった。

　ショウくんはいつものように洗い場に向かった。そのすぐあとに、「先生、今日は手を水で洗って、砂がぜーんぶなくなってから石けんで洗ったんだよ！」と、ピカピカの石けんをもち、笑顔で保育者に伝える姿があった。

> 　保育者は、砂だらけになった石けんを見ていたショウに、洗い方を教えることはしませんでした。なぜだと考えますか。もしあなたが保育者ならどう指導しますか？

（事例①を読み解く）　**見通す力を育てるのはどちらか**

　仮に、事例の保育者がショウに対して、石けんが砂だらけにならないよう、「手の砂を落としてから、石けんを使いましょう」と教えていたらどうであろうか。

　一方、事例の保育者が、当日は「どうしたら石けんに（ツブツブが）つかないで洗えるのかなあ」と言うにとどめていること、実際には、翌日、ショウ自身が石けんにツブツブがつかない洗い方の手順に気づいて、保育者に伝えていること、この二つをどう考えるかがこの事例の焦点になろう。前者と後者、あなたが保育者であればどちらを選択するであろうか。

　実際に現場では、砂遊びを終えた時、手や遊具などの砂を落とせるようにと、前者のように子どもに教え、そのための環境を整えているところが多い。たらいに水を張り、そこで手や遊具などについた汚れを落とさせれば、その後の石けんを使った手洗いもスムーズであろう。また、手洗い場が砂だらけになったり、排水溝が詰まったりすることもある程度防げる。前者は、生活に必要なスキルを大人が教え、それを子どもが覚えたり、身につけたりしていくという側面が強調される。一方で後者は、子どもが必要感をもって自ら気づいていくことを重視している。すなわち後者は「幼児自身が自発的、能動的に環境と関わりながら生活の中で状況と関連付けて身に付けていく」[8] 側面を重視しているのである。

　前者と後者、子どもたちの先を見通す力をよりよく育てるのはどちらか。生活上のマナーや利便性を基本的なこととしてあらかじめ教えることを重視するのか、生活する中での多少の困り感を、むしろ子どもたちに考えさせる機会とし、必要感をもって自ら気づくことを重視するのか。読者の議論を期待したい。蛇足であるが、昨今は衛生上の理由から固形石けんでなく液体石けんの使用が望ましいとされている。

事例②　「あいさつってなんだろう」　4歳

　タクトくんは登園時に毎朝元気よく「おはようございます！」と大きな声で気持ちのよい挨拶をしてくれる。タクトくんの声に影響されてか、他の子どもたちも次々と元気な挨拶をするようになってきた。朝の挨拶だけではなく、給食時に当番から給食が配られると「ありがとう」と自然体で言っていたり、「いただきます」「ごちそうさまでした」などを自主的に言っていたりする。保育者はいつも感心していた。

　ある日、来園したお客様が園内を見て回っている時、廊下でばったりタクトくんに出会った。保育者はいつものように元気よく「こんにちは！」とお客様に言うタクトくんの姿を想像していたが、タクトくんは立ったままジッとお客様の顔を見ているだけで、一言も発しようとしなかった。お客様の方から「こんにちは」と声をかけてくださり、ようやく小さい声で「こんにちは」と言ったものの、表情は硬く、いつものタクトくんの挨拶で

8）文部科学省『幼稚園教育要領解説』フレーベル館、平成30年、pp.13-14

はないことに保育者は驚いた。

　保育後、保育者は今日のタクトくんの様子を振り返ってみた。その振り返りを通して、日々の繰り返しでする挨拶は、習慣化されてできるようになっていても、不意の状況においてその場に合った挨拶をすることは身についていないことに気づいた。次の日、保育者は子どもたちと共に「あいさつってなんだろう」ということを話し合うことにした。

> いつもできている挨拶と、見知らぬ人にする挨拶の違いはどこにあるのでしょうか。あなたは挨拶の意味をどう捉え、どう子どもたちに伝えますか？

事例②を読み解く　挨拶に込める思い

　家庭でも園でも一日の生活の中に挨拶の場面は多い。挨拶は人と人とのコミュニケーションの入口とも言うことができ、基本的生活習慣として身につけさせたいことの一つである。また、生活する中で、「おはよう」「さようなら」「おやすみなさい」、食事前後の「いただきます」「ごちそうさま」、何かしてもらった時の「ありがとう」、謝る時には「ごめんなさい」等々、大人に促されなくても、自然体で出てくるようにもなる。

　一方、気をつけたいのは条件反射的に、ただ口に出して気持ちの伴わない言葉になっていないかということであろう。その言葉に気持ちが入っていなければ本当の挨拶にはならない。そこで大切となるのは、時に、"どうしてこの挨拶をするのか""どういう意味なのか""どういう気持ちでするのか"を子どもと共に考えたり、知らせたりし、適時・適切に身につくようになることである。

　タクトのクラスでは、「挨拶って何だろう」という話し合いで、次のような言葉が聞かれたという。

【クラスの話し合いでの子どもの言葉】

- （お友達に）今日も一緒に遊ぼうって言ってるの
- ○○ちゃんのこと好きって思うから
- 元気だよっていうしるし
- 意地悪されても挨拶はする
- 嫌いな人には言わないの
- ご飯食べる時に言う言葉
- "ごめんなさい"はなかなか言えない
- お客さんにも言う
- 知らない人には言わない
- "ありがとう"はうれしい
- 明日また遊ぼうねって"さよなら"するの

　上述の通り、子どもが生活の中でいろいろな場面に自分なりの思いをもって挨拶を交わしていることが改めてわかった。

　事例のタクトにもいろいろな思いがあったことであろう。子どもは初めから誰にでも挨拶ができるわけではない。ごく親しい人から始まり、次第に体験を重ねる中で、園の来客のよ

うな初対面の人にどう接したらよいか、見通しがもてるようになってくるのである。

事例③　「自分の持ち物は自分で！」　　5歳

　年長組に進級した4月のこと。保育者は子どもたちに翌日の予定を知らせたり、持ち物について話をしたりして、次の一日を、子どもたちが見通しをもって過ごせるようにと保育を進めていた。ユキちゃんが通う園には、年間を通じて、週に1回の屋内プール活動がある。この日も翌日のプール活動で必要な持ち物にはどんな物があるかを子どもたちと確認し合った。

　ユキちゃんは帰宅してすぐに母親にプールのことを伝えたが、用意まですることはなかった。翌朝、ユキちゃんは、いつものように登園したが、すぐに、友達が持っているプール用品を見て泣き出した。保育者が話を聞いてみるとプール用品を忘れたと言う。

　ユキちゃんは、その日、プール活動はしないで自分から「見てる」と見学に回った。そしてそれ以来、プール活動の前日には必ず自分でプールの用意をするようになった。

> 　忘れ物をして泣いてしまったユキが、その後、プール活動の前日には必ず自分で用意をするようになりました。あなたは、ユキの変化をどのように考えますか？

つづき

　年長になるにあたって、保育者間では、「望ましい子ども像」について話し合いが重ねられた。ある保育者が、子どもたちの忘れ物や失敗を人のせいにする姿が気になると切り出した。それをきっかけに、年長時に大切にしたいことは何かが議論された。その結果、「人に頼らず自分のことを自分のこととして受け止め行動する子ども」を育てようということで保育者たちの思いが一致した。また、望ましい姿を促す過程で留意することも確認された。本人への懲罰的な対応（本人が悲しい思いをする対応）はしないこと。家庭にも理解を図り、望ましい姿が育成されるよう、園と家庭とが連携して進めることであった。

事例③を読み解く　失敗からの学び

　5歳児くらいになると「先生が○○って言ってたよ」「○○はこうなんだって」と、親や友達に、伝言したり、状況を説明したりすることができるようになってくる。

　事例のユキは、プールの持ち物をその日のうちに母親に伝えている。このことから、ユキが、クラスの話し合いの内容は理解していること、内容を記憶していたこと、言葉で伝えられたことがわかる。では、この事例では何が課題となるのか。"伝えたけど自分では用意をしなかった"という点であろう。

　一方、事例の園では、"つづき"にあるように、家庭との連携を大切にしている。実際に

この日の朝、園からはユキの母親に、プール用具を忘れてユキが泣いていることが伝えられている。保護者からは「ユキの気持ちを尊重したい」と返事があったという。園では、ユキに「園の(プール用品)を使う?」と聞いている。ユキはしばらく考えた後、「見てる（プールは見学する）」と答えている。

　"伝えたけど自分では用意をしなかった"ユキではあるが、この経験が自身の成長を促す結果となっている。人任せにすることが、時には思いがけない結果を生むことを知る経験となったのである。すなわち、多様な場面を想像し、考え、少し先の出来事を見通す力がついたといえる。こうした失敗を経験することは、むしろ子どもの成長を促すことにつながるものである。失敗からの学びは大きい。ただし、本人の気持ち、発達や個人差、保護者の思い等、配慮すべきことも忘れてはならない。

3節のまとめ

　子どもたちの「見通しをもった生活」はどのような過程を経て身についていくのかを（1）内発的動機づけ、（2）考える姿勢、（3）環境からの働きかけ、から述べる。

（1）内発的動機づけ

　事例①のショウ、事例③のユキは、ともに、ある体験をした後に、自ら行動を起こしている。
　井戸[9]によれば、人が「行動を起こすとき、多くの場合は何らかの理由」があるとし、また、行動を起こさせる要因には『外発的動機づけ』と『内発的動機づけ』があるとしている。さらに、「外側から与えられる要因によって行動を起こすことを外発的動機づけ」と言い、「自分の中にある興味や関心、向上心などから行動を起こすことを内発的動機づけ」としている。
　ショウには、どうすれば石けんは砂でツブツブにならないかということへの思いが強くあり、その思いが内発的動機づけとなり、翌日の行動へとつながった。ユキには、今後はプール用品に限らず忘れ物には気をつけようという向上心とも呼べるべき思いが芽生え、結果的に、自分の持ち物は、前日に自分で用意するという行動を導いた。ショウもユキも内発的動機づけを高め次の行動が生まれている。その際、自分の体験・経験から先の『見通し』をもてたことが、内発的動機づけと相まって次の行動を導いたと考えられるのではないか。

（2）考える姿勢

　事例②では、タクトが、日々元気よく言葉にしていた挨拶は、いつもの挨拶の対象とは異なる園の来客を前にしては、いつものようには発揮されなかった。しかしそれは当然であろう。日頃から親しんでいる保育者やクラスの友達とかわす挨拶、顔見知りではあるがそれは

　9）井戸ゆかり編著、園田巌・紺野道子著『保育の心理学Ⅰ　保育につなげる、子どもの発達理解』萌文書林、2012年、pp.77-79

ど親しみがあるわけではない人との挨拶、初めて出会う人との挨拶、それぞれが違っているほうが、この時期の子どもとしてはむしろ自然な姿である。

　また、その後のクラスの話し合いは興味深い。挨拶とは何だろうと考えを巡らす中で、子どもたちからは様々な思いが出されている。中には、"お客さんにも言う"に対して、"知らない人には言わない"と、真逆とも思える考えが出されている。

　話し合いのその後は、事例には記されていない。しかし、挨拶に限らず友達や保育者とともに生活の一場面やものごとについて、子どもたちが考えを巡らすことが、生活の中で『見通し』をもつ力を養っていくのではないか。『見通し』をもって生活ができるよう、その時々で考えていく姿勢こそ、子どもたちに育てたいものである。

（3）環境からの働きかけ

　3つの事例からは、子どもたちが見通しをもって生活するためにふさわしい環境が用意され、その環境からの働きかけが適切になされていたことがわかる。

　環境の一つとして保育者という人的環境がある。保育所保育指針解説[10]には、挨拶に関連して、「〜（途中略）〜何よりも保育士等と子ども、子ども同士の間で温かな雰囲気のつながりがつくられていることが大切である。」と述べられている。これは挨拶に限らない。園での生活や遊び全般にいえることである。まずは、保育者や子ども同士の温かな人間関係があってこそ、子どもは伸び伸びと遊びに没頭し、自分の考えを追求することができる。

　二つ目は、遊びや生活が、子ども自身の興味や欲求に基づいて展開される環境を有することである。失敗を挽回するために必要な時間や機会が確保されていたり、保育者や大人が結論を急がず、子ども自身の自己決定を待つ環境が整えられていたりすることが大切である。

　三つ目は、家庭・小学校等の地域・関係諸機関との連携のある環境である。事例②・③では、日頃の挨拶であったり、園生活で必要とされる持ち物の準備であったりと、家庭との連携に関わる内容が記されている。ここでは詳述することは叶わないが、小・中学校等の地域・関係諸機関等との互恵性のある環境づくりも欠かせない。

---

10) 厚生労働省『保育所保育指針解説』フレーベル館、2018年、p.255

第**7**章

子どもの心と体の健康

　領域「健康」内容の取扱い⑴に「心と体の健康は相互に密接な関連があるものであることを踏まえ、幼児が教師や他の幼児との温かい触れ合いの中で自己の存在感や充実感を味わうことなどを基盤として、しなやかな心と体の発達を促すこと。特に、十分に体を動かす気持ちよさを体験し、自ら体を動かそうとする意欲が育つようにすること。」とある。

　子どもが園生活において、周囲の仲間や保育者との関わりの中で安心して生活をし、思い切り体を動かして楽しく遊び、健康な心身を育むためにはどのような環境や援助が必要であろうか?

　本章では、子どもが主体的に遊びながら経験を積み重ね育っていくことができる環境とはどのようなものか、またそのために求められる保育者の援助や関わりについて、具体的な活動の事例を基に考えていきたい。

1　多様な遊び経験が育む心と体の健康

子どもの心と体の健康を育むために、保育者に求められるものは何であろうか?

それは思い切り体を動かせる環境をつくること、そしてその中で遊ぶ子ども一人ひとりの思いを受け止めることだろう。本節では、多様な遊びを引き出す保育者の環境づくりや、子ども理解、言葉がけから生まれる心と体の健康について考えていく。

事例①　「すべり台が心のよりどころに」　　　1歳10か月

　秋らしいさわやかな晴天の日、朝の集まりを終え園庭に出てきたユウヤくんが、一人、乳児用のすべり台に座っている。他の子は園庭に出てくるやいなや、足元に生えている草花を摘んだり、保育者が出した段ボールのトンネルをのぞき込んだり、あちこち散策しながら思い思いに遊んでいた。ユウヤくんは特に何をするわけでもなく、しばらくお気に入りの場所であるすべり台に座ったままだった。今日はいつも一緒にいる双子の兄トモヤくんが病欠で、保育者はユウヤくんが一人でどのように過ごしたらよいのかととまどっているのかもしれないと思い、少しの間見守ることにした。

　しばらくするとすべり台のてっぺんでユウヤくんが「ガオ─」と声を発した。そこで保育者はユウヤくんの近くにいって「あ!　ガオガオ星人がいる」と言った。するとユウヤくんはさっきよりもっと大きな声で「ガオー!　ガオー!」と言った。さらに保育者が「ガオガオ星人さん、今日はどこへ行くのかなー?」と言うと、ユウヤくんは立ち上がりながら両手を振り上げて、また「ガオー」と叫んだ。そして、すべり台を降りて、近くの築山へ向かって走っていった。ユウヤくんは何度かすべり台のもとへ戻ってはまた築山へ駆け出していくということを繰り返した。保育者はその間、他の子どもたちと虫探しをしたり、きれいなお花を摘みに行ったり、鬼ごっこをしたりしていたが、時々ユウヤくんに「ガオガオ星人さん、お山で遊んできたの?」「お山のてっぺんから何か見えたかな?」などと話しかけつつ、ユウヤくんの姿が見える範囲で遊んでいた。その後、ユウヤくんは気持ちが落ち着いたのか自分からすべり台を離れ、他の子どもたちと一緒に保育者の近くで遊び始めた。

　　いつもと違う状況にとまどい、すぐに遊び始められないユウヤ。あなたならすべり台に座って動こうとしないユウヤにどのように関わりますか?

事例①を読み解く　**子どもの心の動きに寄り添う関わりと言葉がけ**

　固定遊具はいつも同じ場所に同じようにあることから、子どもがいつでも一人でも関わっていきやすい遊具である。そのため、子どもにとってはその遊具自体で体を動かして遊んだり、その場所を遊びの拠点として使ったりするだけでなく、安心できる居場所やよりどころとすることもできる。

　双子の兄トモヤがお休みで心細かったユウヤは、自由遊びの初めにしばらく一人ですべり台に座ることで気持ちを落ち着かせていた。気持ちが落ち着いてくるとちょっと何かやってみたくなって思いついた言葉を口にしてみた。すると保育者がそれに応えてくれたことで、すべり台に座ったままではあるが、初めより少し大きな声を出せるようになった。それでもまだ少し自信なさそうにしていたが、保育者から何度か言葉をかけられることで見守られている安心感から思い切って動き始め、すべり台からも離れることができた。そして友達の遊びの輪の中へ入って遊べるようになった。

　このように、一見すると子どもが何も遊んでいないように見える時でも、子どもの内面にはいろいろな思いがわき起こっていることもある。そのような時、もちろん保育者が直接的に遊びに誘うこともあってもよいが、子どもが自ら進んで体を動かしていくことができるように導けるとさらによいだろう。たとえば、面白そうな遊び用具を用意しておく、保育者が他の子と楽しそうに遊ぶ様子を見せる、きっかけとなるような言葉がけをするなど保育者が環境を整えた上で待っていると、子どもは自分から動き始めるかもしれない。動き始めた後も時々声をかけることで子どもはさらに安心し、遊びに没頭していくことができるようになる。子どもの気持ちを一緒に考え、子どものペースで動き出すまで待ってみよう。

事例②　**「いっぱい走って気持ちよかったね」**　　　2歳

　秋晴れのある日の午前中、園庭でコウくんやヒロちゃんたち3、4人と保育者が遊んでいた時のこと。しゃがんでヒロちゃんたちと話していた保育者の背中にコウくんがふざけておぶさろうとしてきた。すると他の子どもが「私も！」「僕も！」とみんな保育者の背中にしがみつこうとしてきた。すると保育者は、最初におぶさってきたコウくんに声をかけ、ゆっくり降ろしながら、他の子どもには「ちょっと待ってね〜」と言い、次の瞬間おもむろに「さあみんなで先生のことを捕まえてごらん！　よーいどん！」と園庭の真ん中に向かって走り始めた。子どもたちは「待って〜！」と言いながら保育者を追いかけて走り、保育者はあちこち逃げ回った。

　ひとしきり追いかけっこを満喫したのち、保育者は立ち止まって再び集まってきた子ども一人ひとりをぎゅっと抱きしめ「いっぱい走って楽しかったね」と声をかけた。コウくんも息をはずませ、すっきりした笑顔で、保育者とみんなと笑い合っていた。

> 　2歳のころは、楽しく遊んでいるように見えて実は心はまだまだ不安定なもの。甘えてきたコウの気持ちをあなたならどのように理解し、受け止めようと思いますか？

事例②を読み解く　心も体もともに受け止める多様な関わり

　子どもが保育者におんぶをせがむ場面。乳児から2歳児までは、保育所保育指針解説によると、大人との応答的な関わりを通して情緒的な絆が形成され、生活が安定し、身体機能の発達とともに自分でやろうとする、できるようになることが増えてくる時期であるが、みんなで一緒にいても保育者との一対一の関わりを求めてくることもまだまだある。そのような時には、可能な限り子どもの気持ちを受け止めてあげることが必要となる。

　しかし、保育者を独り占めすることはなかなかできない。保育者としては子どもの甘えをすべて受け止めてあげたいが、この場面のように一斉に複数の子どもが背中におぶさってくると落下事故や保育者自身の転倒などにもつながりかねない。仮に一人ずつおんぶをしたとしても、順番を待つ子どもが出てきて、その間遊びが止まってしまうことになる。

　そこで保育者は子どもの甘えたい気持ちを受け止めつつ、みんなで一緒に楽しめる活動をということで追いかけっこをして思い切り体を動かし発散させることで気分を変え、まずは情緒の安定を図ろうと考えて遊びを展開した。すると、みんなと一緒に走り回ることで子どもたちと楽しい気持ちを共有できた。そして追いかけっこを終えた後、息を弾ませている子どもを休憩させる時間をとり、その中で、保育者は一人ひとりに声をかけながらぎゅっと抱きしめ、最初に子どもが求めていた甘えたい気持ちを満たしてあげることも忘れなかった。

事例③ 「ちょっとハラハラする動きから学ぶこと」　3歳

　春らしい陽気が続き、外で遊ぶのが気持ちいい季節。最近走って遊ぶのが楽しい3歳児数名が低い方（低月齢向け）の築山を走って上ったり、下りたりして遊んでいる。勢いよく上っていき「キャーキャー」うれしそうにはしゃぎながら駆け下りてくる。下りる時のスピードとスリルがたまらないようだ。この築山の斜面はゆるやかで、日頃から子どもたちがよく遊んでいる場所であるため、保育者はそのまま見守っていた。

　その時、ユキちゃんが駆け下りてくる途中で足をすべらせてしりもちをついてしまった。そばにいた保育者は一瞬ヒヤッとしたが、ユキちゃんは泣くどころか笑って「どっちん（しりもちのこと）しちゃったー」と言い、立ち上がった。その後保育者は「もしものためにね」と大きな段ボールをもってきて広げて築山に敷いた。さっそく段ボールの上に乗ってみるユキちゃん。さきほどの足をすべらせた時のスリルを再現しようとしているのか、手加減しながらも段ボールの上でわざと足をすべらそうとしているようだ。それを見

た他の子も「おっと！」「うわぁ！」などと言いながらわざと足をすべらせてバランスを崩す遊びを始めた。保育者は「前のお友達とくっつかないで順番にね、押したりしないでね」などと注意を促しながらも遊びを中止することはせず、段ボールが大きく動かないよう押さえつつ子どもたちの遊ぶ様子を見守り続けた。中には実際にしりもちをつく子もいたが敷いてある段ボールがクッション代わりになっていて、痛くない。痛くないとわかると子どもたちは徐々に大胆に動くようになり、「わざとしりもちをつく」という遊び方へと移っていった。互いにおおげさに転んでみせ、そのこっけいなさまにゲラゲラ笑いながら20分ほど集中してこの遊びを繰り返していた。

> 　あなたは『ちょっとハラハラする動き』を行いたがる子どもの気持ちをどう考えますか？　また、このような経験から子どもたちは何を獲得すると思いますか？

事例③を読み解く　経験から学ぶ感覚的な体の動きと心の育ち

　3歳は、いろいろな体の動きが少しずつ上手にできるようになってきて、スリルのある遊びがしたくなる年頃である。少し高いところに登ってみたり、斜めのところを歩いてみたり、狭いところや不安定な場所に立ってみたり、ヒヤッとする経験を繰り返してみたりする。

　事例の中で初めは築山をただ駆け下りて楽しんでいた3歳児だったが、しりもちをついたユキの動きを見た保育者が途中から（安全のために）段ボールを敷いたことで最後にはバランスを崩したり、実際に段ボールの上でわざと転んでみせたりする遊びへと関心が移っていった。友達のすることをまねてみたり、友達の面白おかしい様子を笑いあったりすることで楽しさを共有できるようにもなる。スリルのある遊びはワクワクする。

　しかし、これらの遊びには危険が伴うことも事実である。保育者は、子どもの動き全体を常に見渡せる幅広い視野とともにどの辺までが安全でどこからが危険なのかについての判断力をもたなければならない。リスクを怖れ、この種の遊びをやめさせていたら子ども自身が「危ない」と感じる力はいつまでたっても養われない。また、スリルを味わいたい、ハラハラドキドキを求めている子どもにいちいち遊びを禁止していたら、遊びがつまらないものになってしまい子どもは楽しく体を動かす意欲を失うかもしれない。安全性の確保を大前提にして、ヒヤッとする、ハラハラする感覚を少しずつ子ども自身に経験させ、安全な体の動かし方を体得させていくことも必要である。それとともに、遊びの中でちょっと「危ない」経験をすることで、「これ以上は危ないからやらない」「自分ができるのはここまで」というように子ども自身が判断できるように育っていく。この事例の場面、ゆるやかとはいえ築山を駆け下りるという少し危険をはらんでいる遊びに対して、保育者が最初から段ボールを敷かなかったことも、もしかしてこのような力を子どもに培いたかったからかもしれない。

事例④　「鉄棒のまわりを居心地の良い場所へ」　4歳

梅雨入りする少し前の時期、園庭の一角にある鉄棒ゾーンでマナちゃんとユイちゃんは、保育者が鉄棒脇に用意してくれていたソフトブロックを鉄棒の前に並べてイス代わりにし、座っておしゃべりを楽しんでいた。登園直後（朝9時頃）なので、まだみんな思い思いにのんびり過ごしていた。そこで、保育者は日除けになる布を鉄棒の後ろのネットと鉄棒に結びつけて張り巡らせた。それを見たマナちゃん、ユイちゃんは「お家みたい！」といって、ソフトブロックを鉄棒の後ろへ並べ直して部屋を作り、ごっこ遊びを始めた。

しばらくすると子どもたちは徐々に活発に動き始めたため、保育者は鉄棒の上の日除けを取り外した。すると、マナちゃんとユイちゃんはソフトブロックを鉄棒の下の足元へ置き、おしゃべりしながら「布団干し」や「豚の丸焼き」などの鉄棒遊

びを始めた。そのうち鉄棒が得意なマナちゃんはおもむろに逆上がりをしてみせた。一方、ユイちゃんはまだ逆上がりができないので、マナちゃんの様子をうらやましそうに見ていた。

ひとしきり、鉄棒遊びをした後、二人はソフトブロックを片づけ、近くで遊んでいた男児たち5、6名と「鉄棒追いかけ鬼」をして遊んだ。この遊びは、鬼に捕まった子どもは捕虜となって鉄棒につかまり、仲間がタッチしてくれ逃げられるようになるまで待つというルールのようだ。逃げ回るのが得意なマナちゃんは、鉄棒の間をジグザグに走ってうまく鬼をかわしている。鬼役のコウタくんも鉄棒のまわりをすばやく動き、捕虜を助けにくる仲間を捕まえようとする。ユイちゃんは何度かコウタくんに捕まえられるものの、いつもマナちゃんが助けてくれるので、何度も鬼遊びを楽しむことができた。5分ほど遊んだところで、水分補給をするためにいったん休憩にし、みんな保育室へ戻っていったが、一人ユイちゃんは鉄棒のところへ戻ってきて、まだ上手にはできないものの、何度か逆上がりの練習をしてから保育室へ帰っていった。

一つの遊具を基点にしていろいろな動きを思いつき遊ぶ子どもたち。あなたなら、鉄棒にプラスしてどのような環境設定を行い、遊びを展開させてみようと思いますか？

事例④を読み解く　居心地の良い場所で育む気持ちと遊び

　固定遊具はいつもその場所にあり、いつでも遊べる便利なものであるが、反面アレンジがしにくいため、同じような遊びにしか使われず、いつしか遊びがマンネリ化してしまうことがある。限られた園環境を有効に使い、バリエーション豊かな運動遊びを子どもが経験するためには、固定遊具にいろいろな教材を組み合わせてみることを試してほしい。

　特に鉄棒は、得意な子は積極的に遊ぶが、苦手な子は避けてしまいがちな遊具である。そこで、普段からごっこ遊びや、鬼遊びの基点として鉄棒周辺を積極的に使うことで、子どもにとってなじみの場所になり、何気なく鉄棒に触れる経験を積み重ねることで抵抗感を少なくしていくことができる。

　事例の鉄棒遊びがあまり得意ではないユイは、まず鉄棒周辺でマナとゆったり話をしたり、ままごとをしたりして過ごした。次にコウタたちと鬼ごっこをした時、何度か捕まってしまい鉄棒につかまり助けを待った。その後、ユイは一人その場に残って逆上がりの練習をしているが、これはそれまでの時間があったからこそ、苦手な遊びも自分から「もう少しやってみよう」と思い、取り組むことができたと考えられる。居心地の良い場所をつくり、子どもの意欲を支えよう。

　他にも、鉄棒など遊具での遊びにおいて子どもの主体性、自主性を大切にし、楽しく意欲的に取り組むために、たとえば子ども自身が頑張った軌跡が見えるようがんばりベルト（取り組んだらシールを貼っていく）を用意したり、「今日はこんなふうに遊んでみたら面白かったよ」と、子ども同士で遊びのアイデアを発表し合ったりすることを取り入れてもよいだろう。

　子どもの興味・関心に応じ、いろいろな遊びを経験できる運動遊びの場づくりを目指したい。

1節のまとめ

　保育所保育指針第1章総則3−(4)イにおいては、「保育士等による自己評価に当たっては、子どもの活動内容やその結果だけでなく、子どもの心の育ちや意欲、取り組む過程などにも十分配慮するよう留意すること。」とある。つまり、多様な遊び経験を重ねていく過程で「どのくらいできたか」だけでなく「子どもがどのようにそれに取り組んでいるのか」を日々の成長とともに見ていく必要がある。ここに以下（1）〜（3）の視点に分けてまとめる。

（1）子どもの心の育ちの様子や意欲に配慮する

　事例①では、すぐに遊び始められないユウヤに対し、保育者はすぐに関わるのではなくしばらく様子を見ている。いつも頼りにしていた双子の兄トモヤがいない状況の中で、ユウヤがどのようにして自分から動き出すのか見守りたかったのだ。保育者はここまでユウヤの育ちを見てきて、兄トモヤについていくばかりでなく、ユウヤ自身が自分の意思で自分の思うままに行動してみる時期だと考えていたため、保護者の方から遊びに誘うのではなく、ユウ

ヤ自身がアクションを起こすまでじっと待った。ただし、ユウヤの心細さもよくわかっていたため、何か動きがあればすぐに関われるよう近くにいるようにした。この時は、ユウヤが発したことをきっかけに保育者は言葉をかけ、ユウヤの意図をくんで遊びが広がっていったが、もしユウヤがなかなか動き出せなかった場合は保育者の方から声をかけたり、おもちゃを渡したりするなど、何らかのきっかけをつくることもあるだろう。

　このように、保育者は子どもの様子やその時の意欲などに合わせ、いろいろな関わりの可能性を探ることが大切である。

（2）子どもの心身両面を受け止め、多様な関わりで寄り添う

　集団生活の中で一人ひとりの子どもの心と体の健康にどのように向き合っていくのか。

　事例②では、子どもが甘えてきたその瞬間ではなく、みんなで体を動かした後でその欲求を満たすようにしている。領域「健康」内容の取扱い(1)に「心と体の健康は、相互に密接な関連があるものであることを踏まえ、幼児が教師や他の幼児との温かい触れ合いの中で自己の存在感や充実感を味わうことなどを基盤として、しなやかな心と体の発達を促すこと。（後略）」とあるように、体を動かすことで気持ちが安定していくこともある。限られた時間の中で子ども一人ひとりと関わっていくためには、保育の中の様々な場面で細切れでも子どもに寄り添い、気持ちを受け止める、共に体を動かし触れ合う、保育者だけなく友達同士とやりとりをするなど、多様な関わりを試みたい。

　また、3歳以上児では、特に運動遊び場面では、羞恥心や能力の差を気にして取り組まなくなることもあるため、事例④のように苦手なことに抵抗なく触れることのできる環境設定や、意欲的に取り組んだことを認め合える関係性も重要になってくる。概して、運動遊びは受け身で指導されるより、自分からやってみようと主体的に取り組み、自身で試行錯誤を繰り返して獲得していった方が心身共によい経験となる。自身で試行錯誤し、自分に合った形で無理なく楽しく運動遊びを行うことにより、子どもは遊びの面白さを感じるだけでなく、さらなる達成感や充実感を得ることもできる。このような援助で育まれる心の育ちにも目を向けていこう。

（3）子どもの主体的な取り組みを支える意識をもち、関わる

　領域「健康」のねらい（3歳以上児）に「明るく伸び伸びと行動し、充実感を味わう」とある。充実感とは与えられて味わえるものではなく、自らいろいろな体の動かし方を経験したり、試行錯誤しながら遊びを広げていったり、時に自分の限界に挑戦したり、失敗したりする経験の結果得られるものである。保育者は最低限の環境設定や助言のもと可能な限り子どもを信じて活動を委ね、見守り、子どもが自ら考えて活動に取り組み遊び込むことで充実感を味わう体験を積み重ねていきたい。ただし、これは十分な安全への配慮が前提となることは言うまでもない。保育者は、子どもの様子をよく見て実態を把握し、多様な遊び方を想像し、この時期はこのような遊びを好むのでこういう材料をそろえよう、このような動きを経験させたいのでこのような教材の配置にしようなど安全に配慮し、十分な準備を行い、少

しずつ経験させていくことが必要になるだろう。

　また、子どもの主体的な取り組みを支えるために、内面や心の動きに目をむけることも日常的に意識していかなければならない。そのためには、低年齢であればあるほど、言葉にならない表情や態度、遊び方などに注視し、その心や気持ちへ寄り添いたい。子どもの行う活動が保育者の意図や予想と少し違う展開を見せた時にすぐに介入したり修正したりするのではなく、少し様子を見て、なぜだろう？何をしようとしているのだろう？とまずは観察・考察をしてみよう。子どもは信じて見守られていることを敏感に察知する。そう感じると安心して伸び伸びと活動に取り組む。結果、じっくりと遊びこむことで情緒の安定にもつながる。

　保育者は、遊びを通して子どもの心と体が伸び伸びと育んでいける環境や関わりを多様に考えていこう。

2 様々な関わりの中で育む心と体の健康

　子どもの心と体を健全に育んでいくために、何が必要とされているのか。その一つは子ども一人ひとりの多様な思いを受け止める保育者の温かい関わりだろう。

　本節では、子どもの多様な気持ちを受け止めそれぞれのよさを引き出すために必要な保育者の子ども理解や言葉かけと、子ども同士の関わりや保護者との関わりについて考えていく。

事例①　「手洗いと水遊びのはざまで」　　　　　3歳

　寒くなり、風邪が流行りだしたＡ園では、活動の区切りごとに手洗いをするようにしている。ある日の晴れた朝、外遊びを終え、手洗いを済ませた子どもたちが次々と保育室へ戻ってくる中、ユリちゃん、マミちゃんの二人がなかなか戻ってこない。そこで保育者が様子を見に行くと、二人は手を泡だらけにしたまま太陽にかざしていた。近づいてみると「きれいだね」「キラキラしてるね」と言いながら、石けんの泡に太陽の光が反射するのを見て楽しんでいる。泡がなくなるとまた石けんを泡立てては同じことを何度も繰り返して楽しんでいる様子。保育者は二人の気持ちに寄り添いつつ、「素敵な発見だね！　でもこれから次の活動が始まるから、

続きはまたにしましょう」と声をかけ、一緒に保育室へ戻った。その日の午後、保育者は「さよならバイキンくん」「ぴかぴかおてて」の絵本を読んだ。子どもたちは口々に「バイキンこわいね」「お手てきれいにしないとね」と言い合っていた。

　翌日、ユリちゃんは風邪で休んだので、マミちゃんは一人で心細そう。保育者は「ユリちゃんはすぐ戻ってくるからマミちゃんは元気に過ごそうね」と話すと、マミちゃんは少し元気を取り戻し「うん、じゃあバイキンバイバイしてくる」と言って、他の友達の後について手洗いをして部屋へ戻ってきた。

　　手洗い場で水遊びが始まってしまうのはよくある光景だと思いますが、あなたなら子どもたちにどのように話をして、この「遊び」に区切りをつけますか？　また、友達が休んで心細い様子の子どもにどのように関わってみたいと思いますか？

事例①を読み解く　**子ども同士の関わりを深める保育者の見守り**

　友達と一緒に楽しさを共有する姿が見られ始める3歳後半の一場面。保育者として予定された活動を進めていくことは当然大切なことであるが、同時に、子ども同士が関わる時間を十分に保障してあげたい。子どもが自分たちで素敵な瞬間や面白い現象を発見し、言葉をや

りとりしながら楽しんでいる時は、その様子を見守り、まずは子ども同士の関わりを十分満喫させてあげよう。次に、保育者もその思いを受け止め、共にその時間を楽しみ、そのあと次の活動へ促すことができるよう、いつでも少しの時間的余裕をもちながら日々の活動を進めていきたい。あまりにタイトな生活を組んでしまうと保育者も余裕がなく、つい急がせてしまったり、性急に介入したりしてしまいがちである。何事も保育者の援助で進めていた乳児期から一歩成長して、少しずつ自分の力で生活していく3歳のこの時期だからこそ、ゆったりした時間の中で子ども同士の心の育ち合いを見守りたい。

　一方で、事例のようにやっと仲良くなってきた友達が欠席して独りぼっちで心細そうに過ごす子どももいる。まだみんなと仲良くすることが難しい時期は、先生が仲立ちして遊びに誘うことでゆるやかに他児と関わる機会を与えてもよいが、一人でも安心してできる活動の場を用意していくことも大切だろう。集団生活とはいえいつも誰かと遊ばなくてはいけないわけではなく、一人でじっくり静かに過ごす時間も大切である。焦らずゆっくり子どもの心の育ちに寄り添っていく余地を残しておこう。

　このような場面において、低年齢児のうちであれば初めは保育者が様子を見て、言葉がけしながら一つひとつの活動に区切りをつけていくことが多いが、年齢が上がっていくにつれ次第に子ども自身が自分で納得して活動をおしまいにし、次の活動へ移っていくことができるとよい。これは、子ども自身が見通しをもった生活を送るということである。最終的に保育者の少しの助言だけで、子どもが状況を判断し、活動を進めていけるようになるためには、余裕があって見通しをもちやすい生活の流れづくり、納得いくまで十分に遊び込める時間の保障と子ども同士の人間関係の深まりが必要である。

事例②　「病児への対応と心身のケア」　　4歳

　その日カズヤくんは朝から元気いっぱいだった。大きな声を出し、ひょうきんな動きや顔つきでまわりの子どもたちを笑わせていた。カヨ先生は今日のカズヤくんがいつもよりハイテンションなことが少し気にはなっていたが、とても楽しそうに遊んでいるようであったので、しばらく見守ることにした。

　カズヤくんは友達が笑えば笑うほど、オーバーアクションになり、さらにおどけて動き回っていた。と、その時突然カズヤくんの動きがとまったかと思うと、とたんに激しく嘔吐した。一緒にいた友達は「カズヤがオエーってした」と大騒ぎ。カヨ先生は慌ててカズヤくんのそばに行き、背中をさすりながら、苦しむカズヤくんに寄り添った。しばらくして、嘔吐がおさまると、カズヤくんはしきりと「先生ごめんね、先生ごめんね」と泣きながら言っていた。カヨ先生は、他の子どもの対応と嘔吐の後始末を別の保育者に任せ、カズヤくんを布団が敷いてある別の静かな部屋へ連れて行き、横になって休ませ、しばらく落ち着くまでカズヤくんのそばに付き添った。

> 　カズヤがなぜ『先生ごめんね』と言ったのか気持ちを考えてみましょう。また、保育者がカズヤを休ませるために別室に連れて行きましたが、その他の理由も考えてみましょう。

事例②を読み解く　子どものしんどさとカッコ悪さを気にする心に寄り添う

　少しプライドが出てきて「カッコ悪い」ことに敏感になる4歳。ここでは、病児への対応だけでなく、そのような子どもの気持ちを尊重する関わりについても考えてみよう。

　子どもは大人以上に心と体が密接につながっている。特に体調が悪い時は、どうしても体のケアに関心が向きがちであるが、その気持ちに寄り添うことも忘れないでいたい。

　この場面で、カズヤは自身の具合の悪さを抱えながらも部屋を汚してしまったこと、それを友達に見られてしまったことを気にしている。それが「ごめんね」という言葉になって出てきたのだろう。保育者としてはまずはその気持ちに寄り添い、カズヤの気持ちを楽にするために、周囲の子どもから隔離し、静かな部屋でゆっくり休ませよう。この場合のように泣きじゃくる場合は、何も言わずそっとそばにいて背中をさするなどすると落ち着いてくることが多いが、その時々、子どもの性格により励ました方がいいのか、共感したほうがいいのか、何も言わずそっとそばにいるのがいいのか等対応は違ってくるため、子どもの様子を見ながら適切な関わりを探ろう。

　また同時に、嘔吐を目撃した周囲の子へのケアも忘れてはいけない。少なからずショックを受けている子もいるため、同様にそれぞれ驚いた気持ち、心配する気持ちなどを受け止め、関わっていく必要がある。中には嘔吐を汚い、気持ち悪いと感じる子もいるかもしれない（そう思うことは自然なことである）が、そのようなまわりの子どもの気持ちは保育者が受け止め、病児（この場合はカズヤ）が気にするような言葉を本人に聞かせることがないよう心がけたい。この場合では早い段階での隔離という配慮がそうである。これらの丁寧な関わりを保育者が子どもたちの見本となって繰り返し見せることで、子どもたち自身も体調不良の友達への関わりやいたわり方を少しずつ学んでいくことになる。

　たとえば、具合が悪くなった時は我慢せずに早めに横になって静かに休むほうがよいこと、その時は心配でも病児に話しかけたり、近くで騒いだりしないほうがよいこと。そして万一嘔吐した子どもがいた場合、感染症の危険性もあるため、周囲の子どもは嘔吐物に触れないように注意しつつその場を保育者に任せて別室に速やかに移動すること、後で具合の悪い時の話を病児本人にしたり、からかったりしてはいけないこと、もしその場を見て自分がショックを受けたり、気持ち悪くなったりした場合は、素直に保育者にその気持ちを話してよいことなど、子ども自身が「もし自分が同じような立場ならどのように感じるか、どうしてほしいか」を基準に行動できるよう保育者として援助していきたい。

　なお、嘔吐の際の対応や、園・保育者として気をつけることについては、厚生労働省『保育所における感染症対策ガイドライン（2018年改訂版）』を次頁にまとめているので参考にしてほしい。

保育中の対応について	
保護者への連絡が望ましい場合	至急受診が必要と考えられる場合
○複数回の嘔吐があり、水を飲んでも吐く。 ○元気がなく機嫌・顔色が悪い。 ○吐き気がとまらない。 ○腹痛を伴う嘔吐がある。 ○下痢を伴う嘔吐がある。	○嘔吐の回数が多く、顔色が悪い。 ○元気がなく、ぐったりしている。 ○血液やコーヒーのかすのような物を吐いた。 ○嘔吐のほかに、複数回の下痢、血液の混じった便、発熱、腹痛等の諸症状が見られる。 ○脱水症状と思われる。 　（以下の症状に注意すること） 　・下痢と一緒に嘔吐。・水分が摂れない。 　・唇や舌が乾いている。・尿が半日以上出ない。 　・尿の量が少なく、色が濃い。 　・目が落ちくぼんで見える。 　・皮膚の張りがない。 ※頭を打った後に嘔吐したり、意識がぼんやりしたりしている時は、横向きに寝かせて救急車を要請し、その場から動かさない。

嘔吐の処理は、ノロウイルスなどの感染症も考えられ、保育者も緊張するもの。一人で処理しようと思わずに、躊躇せず他の保育者を呼び、複数で対処する。

登園前に保護者から相談を受けた場合の対応について
登園を控えるのが望ましい場合
○24時間以内に複数回の嘔吐がある、嘔吐と同時に体温がいつもより高いなどの症状がみられる場合。 ○食欲がなく、水分も欲しがらない、機嫌が悪く元気がない、顔色が悪くぐったりしているなどの症状がみられる場合。

「いつもは元気なのに、ずいぶん様子が違いますね。お子さんも辛いですね」と医者に行くことを進め、「さすがはお母様（お父様）、よく相談してくださいました」と大変さをねぎらい、相談の連絡に謝意を表すとよい。

嘔吐時の対応・ケア
○嘔吐物を覆い、感染予防のための適切な嘔吐物の処理を行う。 ○嘔吐した子どもに対しては、以下のように対応を行う。 　・うがいのできる子どもの場合、うがいをさせる。 　・うがいのできない子どもの場合、嘔吐を誘発させないよう口腔内に残っている嘔吐物を丁寧に取り除く。 　・繰り返し嘔吐がないか様子を見る。 　・何をきっかけに吐いたか（咳で吐いたか、吐き気があったか等）確認する。 　・流行状況等から感染症が疑われるときには、応援の職員を呼び、他の子どもを別室に移動させる。 　・別室で保育しながら、安静にさせる。この際には、脱水症状に注意する。 　・寝かせる場合には、嘔吐物が気管に入らないように体を横向きに寝かせる。 　・嘔吐して30〜60分程度後に吐き気がなければ、様子を見ながら、経口補水液などの水分を少量ずつ摂らせる。 ○頭を打った後に嘔吐したり、意識がぼんやりしたりしている時は、横向きに寝かせて救急車を要請し、その場から動かさない。

処理は複数ですることが鉄則。また、処理に必要なものがすぐに取り出せるよう「嘔吐処理セット」などとして用意しておくとよい。救急車が必要と感じたら、迷わず、即、実行する。子どもの「命」がかかっている。

嘔吐物の処理について

○流行状況等から感染症が疑われるときには、応援の職員を呼び、他の子どもを別室に移動させる。
- 嘔吐物を外側から内側に向かって静かに拭き取る。
- 嘔吐した場所の消毒、換気を行う。
- 処理に使用した物（手袋、マスク、エプロン、雑巾等）はビニール袋に密封し、廃棄する。
- 処理後は手洗い（液体石けんも用いて流水で30秒以上実施）、また衣類の着替えを行う。
- 汚染された子どもの衣服は二重のビニール袋で密封し、家庭に返却する（園では洗わないこと）。
- 家庭での消毒方法等について保護者に伝える。

嘔吐の処理は、その場ですぐにできるわけではない。事前に保育者全員が練習し、身につけておくとよい。

. . . .

事例③ 「かっこいいにんじゃ目指してみんなで挑戦！」　　全園児

　A園は、マンションの１階部分が保育室で園庭もとても狭い環境であるため、保育者は子どもたちが少しでも楽しみながら体を動かせるよう、にんじゃをテーマにした運動遊びを考案し、取り組んでいる。今日は「にんじゃの日」。子どもたちは毎日少しずつ修行を積み重ねてきたが、いよいよ日頃の成果を発揮する日である。

　朝の会を終え、ホールに集まってウォームアップ「しのびあし」「しゅりけんにんじゃ」のダンスを踊り、掛け声を「エイエイオー」とかけた後、いよいよ開始。各修行にはすべてにんじゃの術を模した呼び名がついていて、たとえば、あめんぼの術（雑巾がけをしながら等間隔に置かれたカラーコーンをジグザグに進む）、なみごえの術（長縄跳び）、ヨーヨーの術（まりつき）など。順番は特に決まっておらず、それぞれ自分のやりたい修行のところへ行き、一つ終えると「にんじゃがんばりひょう」にシールを貼っていく。できてもできなくてもチャレンジしたらシールを貼ってよいので、特に３歳児は失敗やできないことをあまり気にせずシールを貼ることを楽しみに技に取り組んでいる。４歳児は自分の苦手な技を避けがちで、取り組む技に偏りが見られる傾向にあるが、保育者はまずはあまり口を出さず様子を見守っている。４歳後半になってくると、座って順番を待っている間、友達の技のでき具合を見るのが刺激になり、「やってみたい、がんばりたい」と挑戦する子どもも出てくるが、うまくいかなくて泣いてしまう子どももいる。５歳児は、保育者や友達に応援してもらい緊張感をもって挑戦することにより、少ししかできなかったことが自信をもって何度もできるようになったり、いつもはあきらめてしまうところで踏ん張ることができたりするようにな

る。この経験を経て、友達が同じように頑張っていれば、応援したり、悔しい気持ちに寄り添ったりする気持ちがどの子の中にも育っていく。体だけでなく心も大きく成長していく「にんじゃの日」である。

> 文中に既出のにんじゃの術（あめんぼの術、なみごえの術など）を参考に、子どもの興味をひき、やる気をアップさせるような修行名と修行内容（どの用具を使ってどのように遊ぶのか）を考えてみましょう。

事例③を読み解く　結果より意欲を大切に

　A園は園庭が狭小でみんなが思いきり体を動かして遊ぶことが難しいということで、常日頃からにんじゃをモチーフにした活動を行い、楽しみながら運動遊びに取り組んでいくことで気持ちを発散させたり、多様な運動遊びを経験できたりするよう工夫している。

　具体的には、日常の保育の中ににんじゃ修行の時間や修行コーナーを設けて子どもがいつでも技に取り組めるようにするだけでなく、事例のように園全体で「にんじゃの日」としてみんなで修行の成果を見せ合う場を設け、互いに刺激し合うことで子ども自身が様々なことを感じ考える機会になったり、遊びながら多様な体の使い方を経験したりすることで心も体もしなやかに育つことを意図し行っている。

　しかし、言うまでもなく「にんじゃの日」が重要なのではなく、日頃の取り組みこそが重要である。保育者は日々の生活の中で、様々な遊びへ直接的に誘うこともするが、まずは子ども自身が自分で「やってみたい」「やってみよう」という気持ちをもち運動遊びに取り組むことを大切にしている。そこで、常に、子どもがやってみたくなる遊び（新しい技）を考えたり、取り組みたくなる環境設定をしたりして子どもが意欲的に取り組める工夫をしている。

　毎日子どもがいかに楽しく、主体的、意欲的に運動遊びに取り組むことができるか。子どもの頃の楽しい運動遊び経験の記憶が、その後の運動への積極的な関わりへとつながる。どのような動きが楽しく、どのように提示したら子どもが興味を示すのか子どもの様子や取り組み方を見ながら柔軟に考え、子どもの心身の育ちを支えたい。

事例④　「『できる』よりも『もっとやってみたい』をみんなで目指す」　5歳

　事例③で紹介したにんじゃ修行を行っているA園の保育者は、子どもが持っている「がんばりひょう」とは別に「にんじゃの日」の記録をとり、保護者へ伝えている。この時保育者は結果だけでなく、その子が前回と比べてどのくらい伸びたか、いま何を頑張っているか、またどのような動きを苦手としているか、取り組む姿勢はどのような感じなのか、など過程についてもなるべく具体的に保護者へ伝えるようにしている。

　たとえば「リエちゃんはボールを3、4回しかつけなかったのが、毎回20回はできるようになりました。今回は23回できました。今はまりつきうた（あんたがたどこさ）に夢中で、まだ少し難しいところもありますがさらに上達を目指して毎日熱心に取り組んでいます」等である。

　保護者からは「子どもがいま何に挑戦しているのかわかっていい」「何ができて何ができていないのかわかることで、家庭でも取り組みやすい」などという声が聞こえてきている。ただし保育者は、保護者に「できること」だけを追い求めず、頑張っている過程に寄り添うようお願いをしていると言っていた。たとえば、「ミツキくんは鉄棒での落下を怖がっているようなので、鉄棒下にマットを敷いたところ、安心して遊べるようになり、ぶら下がることを楽しめるようになりました。今日は初めてぶら下がりの術ができたので、お母さんに見せるんだと言っていました、ぜひ見てあげてください」など伝えている。

　保護者から『うちの子は○○ができないので、できるようにしてください』と言われた時、あなたならどのように対応しますか？　子どもへの対応、保護者への対応それぞれを考えてみましょう。

事例④を読み解く　運動遊びへの取り組み方

（1）運動遊びを行う際に重視したいこと

　保護者はどうしても他の子と比べて我が子の今を判断し、わかりやすく目に見える結果にとらわれることが多い。「仲良しのAくんは逆上がりができるのに、うちの子は全然できないので先生なんとかしてください」と頼みにくることもあるほどである。この傾向は音楽や造形などの分野にも見られるが、特に運動能力に関していえば、保護者は一つの運動技術や技が「できる」「できた」ことに子どもの成長や保育の成果を実感しがちで、それができなければ「成長していない」「成果が感じられない」と考える保護者が意外に多い。子どもには「できる」ようになることを求めるので、子どもは運動をやりたくないと思い、「楽しく運動にふれあう」機会を逸してしまう。

　幼児期は個人差が大きい時期であるが、運動能力に関していえば「早くできるようになったからよい」というものでは決してない。その子にとって最適な時期に最適なプロセスを踏んで運動に十分に親しんだ結果、いずれできるようになればよいのである。保育者は、このことを保護者へ繰り返し伝えていく必要がある。今この時期は、運動遊びに楽しく取り組むこと、数多くの運動遊びを経験することにより様々な身体操作経験を積むことで調整力を身につける時期であるということ、調整力がついてくると自然といろいろな動きができてくるので焦ってはいけないことを保護者にきちんと説明し理解してもらうことが重要である。あわせて、保育者がその子の現状をどのように捉えているか、そしてそれに対してどのようなアプローチを今とろうとしているのか、何を目指しているのかを保護者にわかりやすく伝え、課題を共有することも大切である。

　また、子どもが頑張って一つできるようになったとしても、保護者はまたすぐ次の課題をクリアすることを求めるので、子どもは重圧を感じ、運動遊びを楽しいと感じられなくなってしまうこともある。保育者と保護者が連携し、子どもが楽しく運動遊びに取り組める後押

しをするだけでなく、その意欲を育てるために何ができるか「ともに考えていく」協力体制をつくることが、子どもの心身の育ちには不可欠である。

（2）記録を生かした保育

運動遊びを結果ではなく過程で捉える際に注意したいのが、保育者が「なんとなく」「あいまいに」子どもの現在の姿を捉えてしまわないことである。目で見てわかる結果とは違い、過程（現在の状況）をきちんと第三者に伝わるよう切り取ることはなかなか難しい。

そこで、ぜひ文章化して記録を取ることをお勧めしたい。これはドキュメンテーション、ポートフォリオとも呼ばれるが、子どもの動きの実際や今の様子をなるべく具体的に肯定的に記しておくことである。この記録方法は、たとえば「Ａくん：鉄棒ができない」と書くのではなく、「Ａくん：今日は３秒鉄棒にぶら下がることができた」のように今、どこまで、どのようにできているのか、を書いていくとよいだろう。そうすることで、３秒が５秒に伸びればそれを成長と受け止め、喜び合うことができる。保育者としても子ども一人ひとりの現状把握ができ、先の見通しをもちやすいだけでなく、子どもへ「次は10秒まで頑張ろう」など具体的に目標を設定することもできる。保護者に説明する際も、子どもの頑張っている様子やこの先の見通しなど、わかりやすく伝えることができる。文章だけで記録を取ることが難しい場合もあるため、写真に撮ってコメントを付しておくとよりわかりやすくなりよいだろう。ただし動画は情報量が多く、整理が煩雑になることもあるため取り扱う際には注意が必要である。

2節のまとめ

集団生活の中で過ごす園生活では、子どもは保育者や友達だけでなく多様な人との関わりを通して大きく成長していく。

同じクラスの仲間を少しずつ意識し始める３歳では、まずは身近な友達や保育者との関わりを積み重ねつつ情緒が安定していき、いろいろな遊び経験を積み重ねていきながら心と体が発達していく。また、何か楽しいことを共有するだけでなく、おもちゃや遊び場所などを巡って自分の中の譲れない思いに気づいたり、うまく気持ちを表すことができず悔しい気持ちに涙したりすることもある。それらの経験を少しずつ自分なりの言葉にして保育者へ伝えたり、遊びの中で保育者が少し仲立ちしたりすることでゆるやかな集団での活動が生まれてくる。

４歳になると友達やクラスの仲間の存在をより意識するようになり、プライドが出て人目を気にするようにもなる。できない姿を見せたくないとか、恥ずかしいという感情が遊びの中に出てくるのもこのころである。運動遊びや表現活動などにその姿は顕著にみられるが、体がよく動くようになる時期でもあるので、安心できる仲間や保育者との信頼関係を基に、多様な活動に思い切り没頭させる中で心と体を大きく育てたい。

また、保育所保育指針第2章保育の内容3（3歳以上児）の領域「健康」のねらいに「健康、安全な生活に必要な習慣や態度を身に付け、見通しをもって行動する。」とあるが、5歳児になると自分の感情に折り合いをつけて譲ることができるようになり、客観的に状況を見ら

れるようにもなってくる。ただ自分の好きな活動に没頭するだけでなく、今何をするべきかを考えながら仲間と協力し生活していくことができるよう保育者が支えることで、子ども主体でかなりの部分の生活を過ごすことができるようになっていく。そのためには、日常的に遊びや活動の中で、子どもが意見を言いやすい雰囲気をつくるだけでなく、仲間同士の意見交換や様々な試行錯誤の場を設けることが大切だろう。失敗しても大丈夫、やり直せる。いろいろな考え方や価値観が存在するということを子どもが遊びや生活の中で理解することにより、柔軟で豊かな心と体が育っていくことだろう。

　また、時に異年齢で共に支え合いながら生活する機会もぜひ設けたい。年中、年長児が年少児の世話をする、年少児が年上の子の様子に刺激を受けるという経験をすることは、特に少子化が進む現代において貴重である。ただこれを行う際は、なるべくペアを決め、日常的に同じ子と関わる方が、子どもたちの負担が少なく、積み重ねてでき上がってくる人間関係からの気づきも多くなると考えられる。もちろん、異年齢交流においては、保育者のフォローも大切であるが、うまく機能すれば、子ども同士ならではの育ちを得ることができるだろう。

　多様な関わりを試しながら、子どもと保育者が共に豊かな心身を育んでいこう。

第8章

子どもの食と健康

　食育基本法は、その前文で、「子どもたちが豊かな人間性をはぐくみ、生きる力を身に付けていくためには、何よりも『食』が重要である。」と述べ、子どもの豊かな人間性と生きる力の育ちに食育の意義をおいている。

　乳児期の子どもは母乳や育児用ミルクだけを口にしているが、やがて、摂食機能の発達を促す離乳食を通して自食をスタートさせ、自立（律）への第一歩を踏み出す。幼児期になると食べられる食品も増え、味の変化も楽しめるようになるが、その一方で、食べ物の好き嫌いが見られるようにもなる。また、体質的に特定の食物に含まれる抗原物質によって引き起こされる食物アレルギーの問題もある。

　本章では、楽しく食べることを焦点に、子どもの味覚や嗜好を発達させ、おいしさを感じる脳の仕組みを探る。また、食を通して育まれる、人と関わる力や食への関心・意欲等について検討し、子どもの食と心身の健康に関して事例を挙げて解説していく。

1 楽しく食べる子どもを育む

　食べることは、健康な心と身体の育成に欠くことができない。食習慣形成の基礎となる乳幼児期に食べることを楽しみ、和やかな雰囲気の中で保育者や友達と一緒に食卓を囲むことで、食を楽しみ合う子どもに成長していく。

　保育者は、子どもが決まった時間に空腹を自覚して食べ物を食べるリズムをつくり、苦手なものがあっても食べたいものや好きなものが少しずつ増えていくように配慮や援助をしていくことが求められる。

　本節では、楽しく食べる子どもをいかに育むか、給食の事例から考えていく。

事例① 「食べるの大好き」　　　　　　　　11か月

　乳児クラスの子どもの発達は著しい。活動量も増えてきて、ずりばい（腹ばいで移動）やはいはい、歩行など、自分の発達の段階に合った動きで活発に遊ぶ。保育者と一緒に音楽に合わせて手足を大きく動かして踊ったり、廊下の壁伝いに歩き全身を使って階段をはうように登るなど、探索にも出かけたりする。しっかり身体を動かして満足するまで遊ぶと、おなかがすいたと、泣いて訴える子どももいる。その時は、「あ、おなかすいたね」と答え、おなかがすいた子どもから順に給食を食べるようにして、まだ遊び足りない子どもは他の保育者や子どもと一緒にたくさん遊ぶようにしている。

　カナちゃんは、食に対する意欲が旺盛で、遊んでいる時でも給食のテーブルが出てくると、ダダダダッと、はいはいで向かって行く。「準備がまだだからもうちょっと待ってね」と言うと怒って泣き出すので、「おなかがすいたね、食べたいねー」と声をかけ、共感しながら給食の用意ができるまで一緒に待った。給食が始まるととてもうれしそうな表情で、身体中で食べ物の感覚を楽しみながら、おいしそうに食べる。そして、食べ終わった後は満足して、遊びのコーナーへ戻って行き、保育者と一緒に笑ったり、おもちゃなどで集中して遊んだ。

> **言葉で気持ちを伝えられない乳児の泣いて訴える食べたいサインに対して、あなたなら、どのように対応しますか？**

事例①を読み解く　おなかがすく生活のリズムを

　乳児クラスの子どもの発達は個人差が大きく、寝返りやはいはい、伝い歩き、歩行など、その子どもの発達に沿った動作が保育室の中で繰り広げられている。子どもは各自のペース

で日中十分身体を動かして遊ぶと、おなかがすき、おいしく食事が摂れる。

　健康的な生活を送る上で基盤となる「食事」「運動」「睡眠」の生活習慣は、脳や身体が著しく発達する乳幼児期に、特に身につけておきたい。生後3か月近くになると、朝の光による同調作用が機能し、起床時刻、就床時刻が一定となり、食のリズムも徐々に整ってくる。生まれてからの食体験は、母乳を吸い、育児用ミルクを飲んで満腹になると心地よく心が安定するという体験を繰り返すことにより、おなかがすくリズムをつくり、規則的に食欲を感じるリズムをつくることになる。

　事例のカナは、食に対する意欲が旺盛である。特に、低年齢の子どもにとって、空腹は辛い。自己コントロール能力が未熟であるから、空腹が我慢できない。怒って泣き出すカナに保育者は辛抱強く言葉をかけたり、うなずいたり、なでたりなどして、給食の用意ができるまで待てるように援助している。カナも保育者の援助を受けながら、自分なりに何とか「我慢」し、時間まで待つことができた時には、保育者にほめてもらうという繰り返しをしている。乳児期は、まだ欲求の方が強いが、いつも一緒に待ってくれる保育者との基本的信頼関係を土台として、少しずつ自制心を育んでいるのであろう。カナは五感（視覚・聴覚・嗅覚・触覚・味覚）を目一杯使って、身体中で食べることを楽しみ、満足感を得た後は遊びに集中し、午睡の時間を迎える。空腹感を感じるようになることは、健康的な生活リズムを身につけることにもつながるのである。

事例②　「焼き肉パーティー体操からの広がり」　2〜5歳

　10月の運動会で、3歳児クラスは、焼き肉、豚肉、鶏肉、牛肉の歌詞をモチーフにした焼き肉パーティーという体操を行い、園の子どもたちにも大好評だった。この体操で、焼き肉、豚肉、鶏肉、牛肉というフレーズを覚えた子どもも多く、3歳児以外の4、5歳児はもちろん、2歳児までも、体操の振り付けや肉の名前を全部覚えていた。その後、給食で肉が出た時には、子どもが「この肉は豚肉でしょ？」と保育者にたずねてきたり、自分の好きな肉を話題にしたりした。また、給食は豚肉と鶏肉が多いためか、牛肉は焼き肉屋さんで食べたという話が出たり、地域名産の牛タンの話が出てきたりした。今までにも肉や魚の話題はあったが、食材の種類に関する話がこれほど多く出るのは珍しく、子どもたちの関心の高さがうかがえる。そ こで、保育者が給食の肉の種類をたずねてみると、正解する子どもの割合は比較的多かった。子どもにとっての肉の見分け方としては、厚さや柔らかさ、色、味（鶏肉は少しだけ甘いらしい）などが見分ける基準らしい。微妙な違いを子どもなりに一生懸命分析して言語化するのが面白い。

　その後も子どもたちは、肉が給食に出る度に、肉の話題ではおおいに盛り上がり、家庭で焼き肉屋さんに行くと必ず次の日には保育者に報告するということがしばらく続いた。

> 　運動会の「焼肉パーティー体操」が子どもたちに好評でした。あなたなら、この肉の話題をきっかけに、どのような保育計画を立てますか？

事例②を読み解く　**食べ物を話題にする**

　食に興味をもつきっかけは様々である。事例の園では３歳児クラスの「焼き肉パーティー体操」が２歳児や４、５歳児にも広がった。この体操は、「焼き肉」「豚肉」「牛肉」「鶏肉」のフレーズが、アップテンポな曲の中に繰り返し出てくるので、覚えやすくイメージもしやすい。心弾む楽しい曲と身近な「肉」の面白い振り付けが、年齢を問わずに子どもの興味や関心を高めたのである。

　子どもは生活の中で様々な事物から刺激を受けている。給食で「肉」が出た時には、敏感に反応し、「焼き肉」「豚肉」「牛肉」「鶏肉」の振り付けで身体を動かしたことと、その肉が自分の目の前にあることの面白さを感じて給食を楽しんでいた。保育者は、豚肉と鶏肉の味の微妙な違いを子どもなりに分析する姿をほほえましく思っている。

　厚生労働省が示す、食育を通じて子どもに期待する「５つの子ども像」[1]の中に、「食べものを話題にする子ども」がある。食事中の楽しい会話は、子どもの食への興味や関心を高める絶好の機会である。「食事は楽しい」という気持ちを育み、食を学ぶ機会にもなる。また、友達や保育者と共に話しながら食べる楽しさは、人と人との距離を学習する場でもあり、社会性や協調性を育む。食事中、楽しく会話が弾むことは、食卓の豊かさに通じる。

　近年、家庭での生活スタイルの変化により食の環境も多様化している。家族がそろって食事をする「団らん」の機会は減少する傾向にあり、一人で食事をする「孤食」や、同じ食卓に集まっていても、家族がそれぞれ別々のものを食べる「個食」も問題視されている。食習慣が形成される乳幼児期においては、子どもがみんなで楽しく会話しながら食べることが楽しいと思える雰囲気が必要であり、保育者にはそのための環境構成と援助が求められている。

事例③　「自分の適量」　　　　　　　　　　３歳

　９月上旬、カオリちゃんは途中入園してきた。家では偏食が多く、朝はふりかけごはんしか食べられないということであった。以前の園では、定量を完食することを目指した給食であったため苦痛になっていたようだった。保育者は、そうした事情を踏まえ、給食時には特に気をつけてカオリちゃんの様子を見ることにした。

　この園の給食スタイルは、ランチルームで子どもが自分でご飯と汁物をよそい、主菜と副菜は盛り付けてある器を取る。その際に、「おかずの量を少し減らしてほしい」と思えば自分で給食担当の保育者に伝え、量を調整できるようにしている。カオリちゃんにもそ

１）雇児保発第329001号　厚生労働省雇用均等・児童家庭局保育課長（当時）『楽しく食べる子どもに〜保育所における食に関する指針〜』平成16年

の説明をして、給食の量を自分で決めてもらった。保育者はカオリちゃんに食べられないものがあり、残食が多くてもそのまま受け入れるようにした。

　給食を食べながら、子どもたちは保育者に「これ、なあに？」とよくたずねてくる。保育者が「それはニンジンのきんぴらだよ。ニンジンはバイ菌をやっつけるパワーがすごいんだ」と答えると、子どもは「ニンジンパワー、チャージ！」と、楽しそうに食べた。やがて、イモパワーチャージやリンゴパワーチャージなど、次々とパワーチャージが出てきた。そうした楽しい会話は、毎日カオリちゃんにも聞こえている。やがて、まわりの子どもに触発されて口にしてみる食  材が増え、その度に、担任や担任以外の保育者からもほめられた。12月に入ると、盛り付けられた量を完食できるようになってきた。保育者は「すごい、食べられた。パワーチャージできたね」と笑顔で声をかけると、カオリちゃんは、「うん」とうれしそうに返事をした。

　　子どもが自分で食べる量を調整できるこのような給食のスタイルについて、あなたはどのように考えますか？

事例③を読み解く　主体性を育む食育

　カオリが転園した保育園はランチルームがあり、食を通して主体性のある子どもに育てることを目指している。子どもたち一人ひとりが自分から意欲的に食べたいという気持ちをもち、給食を楽しく、おいしく食べることができるように工夫している。その一つは、自分で食べる量を子ども自身が決めることである。また、給食時間に約1時間の幅をもたせ、2交代制で子どもが自分で食べたい時間と座りたい席を予約できる。そのため、遊びや活動を満足するまで行うことができ、早めに食べて後でこの遊びの続きをしようというように、見通しをもって生活するようにもなる。保育者も2交代制で、自分の担当する子どもだけではなく、他のクラスの子どもたちとも関わり、子どもの姿を多角的に捉え、共通理解を深めている。

　カオリの偏食には、母親も悩んでいた。元々、食が細く神経質なカオリは、給食に対して自信をなくしていた。そこで、保育者はカオリの情報を園全体で共有し、給食が苦痛になっていた気持ちをすべて受け止め、寄り添い、信頼関係の構築に努めた。食べることが苦手なカオリに、食べるよう言っても無理な話である。自発的に食べられる状態をつくり出すことが必要であると考え、無理をさせないようにした。カオリは、園の給食スタイルにとまどう姿が見られたが、ごはんと汁物、おかずを自分で食べられる量に調節した。和やかな雰囲気の中で子どもたちの楽しそうな会話を聞きながら食べる給食は、カオリの給食に対する苦手意識を和らげていき、徐々に給食は楽しく集える場であると思えるようになった。少しずつ食べられるようになってきたことを、担任や担任以外の保育者から認められ、カオリの食に対する意欲も見られるようになった。

　自分の心と身体のコンディションを考えて、自分自身で食べる量や時間を決め、食に取り組むこのような経験が子どもの主体性を育み、食に対する意欲や自信につながる。

　保育者は、子ども一人ひとりの心に寄り添い、その意志や判断を大切にして見守ることも重要である。

1節のまとめ

（1）「楽しく食べる」ことを育む生活リズム

　事例①にあるように、楽しく食べるためには、おなかが空く生活のリズムを身につけることが大切である。朝食、昼食、夕食時に食欲がわき、同じ時間に食べることで1日の生活リズムが安定する。しかし、生活リズムが後退すると就寝時刻が遅れ、朝食を摂る時刻が遅くなり、昼食時刻になっても食欲はわかず食欲のリズムも後退する。たとえ、給食だからと無理に食べても楽しさを感じることはできないであろう。このようなことを繰り返すと、食事は楽しい時間ではなくなる。

　食欲がわくリズムは、早寝、早起き、朝食摂取と日中の全身を使った活動、そして、夜間の十分な睡眠のリズムを身につけることである。そのため、保育施設での健康的な生活リズムが家庭に連続するように、家庭との連携が重要である。近年、子どもの生活リズムが親の夜型生活に影響され、子どもも遅寝で夜間の睡眠時間が十分に確保できないこともある。特に休日は、家庭での生活リズムで過ごすようになることから、遅いリズムにならないように留意しなければならない。そのため、生活リズムを整え、食欲がわくリズムを身につけることの大切さを家庭に啓発していく必要があろう。

（2）食べ物を話題にする

　給食を通じて食べ物の話題を友達や保育者と共有することで、事例②にあるように、子どもは、食べることの楽しさを感じる。食べ物を話題にすることは、食べ物への興味や関心が高まり、食べてみたいものや好きなものが増える。また、肉や魚、牛乳などの食材がどこからくるのか、食べ物が口に入るまでの食材の流通経路から社会の仕組みや環境、食に関わる人々の仕事にも言及できる。幼児期に食べ物へ興味や関心をもち、食べ物を話題にして友達と楽しく食べる体験の積み重ねは、やがて小学校へと継続し、中学校、高校へと学校教育全体で育まれる。

　保育者は食事の場面に限らず、保育活動の中で体操や遊び、絵本、パネルシアターなど様々な教材を通して、食べたいものを話し合う機会を設けることも大切である。教材を通して、食べ物の話題に親しむことで、子どもは興味や関心をもつことができるようになる。

　食べ物の話題は様々であり、珍しい食材や食品、地域の食べ物が紹介されている。保育者自身も食べ物に関心をもち、子どもの興味や関心を高めるような話題を提供していきたいものである。

（3）食を通して主体性のある子どもを育む

　生活や遊びの場面で、自分で考え自分で決断し、やってみようとする態度を育むことは、生きる力を身につける上で重要である。事例③にある園は、食べる時間や座る席、食事の量を子どもが自分で考えながら調整することにより、主体性を育むことを目指している。子どもは給食前になると、給食時間を自分で考える。たとえば、今の遊びをもっとやりたいから遅番で行くと決めたり、早番で食べて違う遊びをやろうと考えたり、遊び仲間で相談して席を予約する等、考え見通しをもって行動する。また、食事の量も自分で決めたのだから、自分で責任をもって残さずに食べるようになる。このような食の経験を日々積み重ねることにより、主体的な態度が養われ、園生活にも反映されるのである。

　保育者は、子どもが主体的に行動できようになるまで、ありのままの子どもを受け止め、期待をもって見守ることが大切である。

2　「おいしさ」を育む

　「おいしさ」を育てることは、離乳食から始まる。離乳食は、子どもが味覚を形成していくスタートであり、母乳や育児ミルクでは味わえない様々な味や食感を体験する時期でもある。本節では、離乳期や幼児期の事例を通して、子どもの味覚や嗜好の発達、おいしさを感じる仕組み等を解説する。また、子どもの苦手な味を含めた「おいしさ」を育むための保育や保育者の援助、家庭での食生活と園との連携などについて考えていく。

事例① 「おいしいのサイン」 10か月

　園では離乳食について、必ず家庭との情報交換を十分に行い、お互いに確認し合って、初期から中期、後期へと段階を進めていく。トオルくんは、母親が離乳食に慎重なため、生後10か月を過ぎても導入初期のどろどろの状態の離乳食を食べており、なかなか次の段階に進まない。保育者は栄養士と共に、母親の不安を取り除くために相談日を設けた。また、トオルくんの家庭用の献立を作り、離乳食の作り方も伝えるなどして園と一緒に離乳食を進めることにした。

　初めは、舌でつぶせる豆腐やジャガイモなどをあげてみたが、口に入るとベーッと出してしまう。保育者は、「もぐもぐして、ごっくんだよ」と、噛んで飲み込む様子をオーバーに表現して見せたが、やはり離乳食を口から出してしまう。しかし、トオルくんはある日、隣の子どもの食べる姿をジーッと見るようになり、まねをして口を動かすようになった。やがて、自分から手をのばして食べ物をつかみ、口に運んで食べる『手づかみ食べ』が盛んに見られるようになり、離乳食は一気に進んだ。「おいしいね」と言うと、「レーレー」と言いながら、おいしいの意味で手をパーにして頬をタッチする。表情も笑顔が増えて、とてもおいしそうに食べるようになった。

　うまく進まない離乳食期の子どもをもつ保護者に、あなたならどのような支援を行いますか?

事例①を読み解く　離乳食期の母親を支える

　離乳期には、子どもの発達に合わせて調理形態を徐々に変化させ、摂食機能の発達を促して固形食が食べられるように働きかける必要がある。子どもは、母乳や育児用ミルクを吸っていたが、やがて、なめらかにすりつぶした食べ物を、唇を閉じて飲み込むことを覚える。さらに、やわらかく形がある食べ物を舌でつぶし、次に歯茎でつぶして飲み込むという

動作を学習していく。形がある食べ物を食べるという行為は、舌や唇、あご、歯茎、歯などの器官が協調して機能することにより可能になる。離乳期は、舌やあごの筋肉を発達させて、「つぶす」ことを覚え、咀しゃく機能を発達させ飲み込むことを習得する重要な時期である。あわせて、離乳期は、食べ物のおいしさや食べる楽しさを伝える重要時期でもあり、食欲が増してくる時期でもある。いろいろな味や食べ物の特徴を体験させたい。

　トオルの母親はトオルが初めての子どもということもあり、離乳食を進めることに不安があった。初めて離乳食を作る保護者は、食品の選択や調理法、味つけ、食べさせ方など、何が正解なのか迷って悩むことも少なくない。

　事例の母親の不安を取り除くことができたのは、日頃トオルの保育にあたる保育者と、食のプロである栄養士との相談会であった。母親にとっては、離乳食作りについていつでも相談できる保育者や栄養士がそばにいることは心強い。離乳食を学ぶことは、子どもの発達を学ぶ機会でもあり、子育ての自信を育むことにもつながる。

　母親の不安が払拭できたことは、トオルの食への意欲につながったと考える。また、トオルにとっては、いつもそばに保育者がいるから食卓は安心できる場所となる。楽しい雰囲気の中で、保育者や他児がおいしそうに食べる姿を見たり、自分で料理の匂いをかいだり、盛りつけや食材の色を見たり、触ったりして味わうことは、おいしい経験として蓄積され、さらに食への意欲が高まるであろう。

事例② 「酸っぱい」　　　　　　　　　2歳

　サトシくんは、食材としてのキャベツは好きだが、酢の物（キャベツ、ミカンの酢和え）になると食べなくなる。保育者は「酸っぱくっておいしい」と言い、少し酸っぱそうな顔をして酢の物をおいしそうに食べる姿をサトシくんに見せた。「昨日、お味噌汁入っていたキャベツだね。おいしかったね。今日のは酸っぱいけど少しだけお口に入れてみようか」などと話をしながら、キャベツの量を半分に減らした。すると、サトシくんは、しばらくして一口だけ食べ、「酸っぱい」と保育者と同様に酸っぱそうな顔をしてにこりと笑った。保育者も酸っぱそうな顔をして笑い合った。そして、他の保育者と一緒にサトシくんが食べることができたことをほめると、満足そうな表情になり、やがて酢の物を完食した。

　降園時、迎えに来た母親にそれを伝えたところ、母親は、サトシくんを抱きしめてほめていた。最近サトシくんは、わがままを言うことが多くなり、怒ってばかりいたという。その日、サトシくんは得意顔で母親と帰って行った。

> 子どもが苦手な味を受け入れられるようになるためには、あなたなら、どのような援助や保育計画が必要だと考えますか？

（事例②を読み解く）　**おいしさは五感を育てること**

　サトシは今日の給食に限らず、酢の物となると食べることができない。サトシに限らず、子どもは総じて酸味や苦味は苦手である。食べ物の味を識別する感覚である味覚には五原味（甘味・酸味・苦味・うまみ・塩味）がある。そのうちヒトが本能的に好む味は、甘味・塩味・うまみで、酸味や苦味は本能的に苦手な味である。そのため受け入れるまでには味覚の経験を蓄積させることが必要である。味覚を育てるためには、食べ物の食べた種類や回数のほかに、おいしそうに食べる様子を見たり、「おいしい」という言葉を聴いたり、おいしそうな匂いをかぐ等、五感（視覚・聴覚・嗅覚・触覚・味覚）で経験した快い食の情報をできるだけ多く脳に記憶させることが大切である。また、食材に触ることや野菜の栽培、収穫、調理や盛りつけ等に携わること、食べる時の状況なども快い情報となる。

　サトシは保育者の「酸っぱくっておいしい」の言葉と、酸っぱそうな顔が面白かった。保育者と共有する酸っぱそうな顔は、快い食の経験の一つとなり、苦手な酸味を受け入れることにつながった。乳幼児期は、食経験が少ないことから食べ物に関する五感情報の蓄積量が少ない。そのため苦手な食物も多いが、一方で脳の中枢神経系が最も発達する乳幼児期は、食材の五感情報を多く蓄積させる時期でもあり、おいしさを育む時期でもある。そのため、子どもと食を共にする保育者の味覚経験も豊かにしたいものである。

　また、母親は、最近自己主張が激しくなったサトシに手を焼いていた。しかし、苦手なものを克服したわが子の成長はうれしく、抱きしめてほめることができた。母親や保育者にほめられたサトシの得意顔は、酸っぱくっておいしい経験を積んだ自信を物語っている。

事例③　「だしの味」　5歳

　アサトくんは保育園の給食をとてもおいしそうに食べ、おかわりをすることもある。しかし保育者は、母親から「最近、家で作る味噌汁やすまし汁などの汁物をまずいと言って食べなくなったんです」と相談を受けた。そこで、保育園では食べられるのに、なぜ家では苦手になったのかをアサトくんにたずねてみると、「お家と保育園では味が違うの」「作り方も保育園のクッキングと違うんだよ」と話した。

　保育園では、年長になると「味噌汁のクッキング」を行っている。クッキングでは、まず、いりこ（煮干し）でだしをとるところから始めるため、保育者は家庭のだしが保育園のものと異なっているのではないかと考えた。母親にたずねると、家ではうまみ調味料のだしを使って味噌汁を作るというので、保育園と同じいりこを使っただしのとり方を伝えた。

　後日、母親からの連絡帳には、家でいりこだしの味噌汁を作ってみたところ、アサトくんが「今日のお味噌汁、保育園みたいにおいしい」と言ってうれしそうに食べ、おかわりもしたことが書かれていた。

また、だしの味の違いに気がつくアサトくんの舌の鋭さに驚いたことや、保育者への感謝の言葉なども綴られていた。

> 保護者が子どもの味覚形成について学ぶ機会を設けるとしたら、あなたはどのような保育計画を立てますか？

事例③を読み解く　味の違いがわかること

　天然の味とうまみ調味料のだしの違いに気づくアサトの味覚は鋭い。味覚は、食べ物の味を感じる脳の器官である扁桃体が関与している。事例③にあるように、その仕組みは、食物を摂取した際の味覚情報とこれまでに蓄積してきた味覚情報や五感情報とが同じであれば、「快い」と感じ、その快の情報が多いほど「おいしい」と感じる。

　アサトは、いりこだしの味噌汁のクッキングを体験し、また、いりこだしの給食を日々おいしく味わうことにより、快の情報がたくさん蓄積され、保育園のだしの味が「おいしい」と感じている。一方、アサトの家庭はうまみ調味料（化学調味料）である。原材料は含有量が多い順に、食塩、砂糖類（砂糖、乳糖）、風味原料（かつおぶし粉末、かつおエキス）、酵母エキス、小麦たん白発酵調味料、酵母エキス発酵調味料、調味料（アミノ酸等）などである。自然素材に含まれている成分と同じものも含まれているが、塩分や砂糖類の含有量も多い。よって、うまみ調味料（化学調味料）の多用は、素材のもつ本来の味を妨げることにもなる。乳幼児期は味覚や嗜好の形成期にあり、素材そのものの味を多く経験することによりその味を脳に記憶し、おいしく食べられるものの幅を広げていく。

　子どもの食事は、素材そのものの味を十分に経験させるため、できるだけ薄味にして、「おいしい」と思える味覚・嗜好を発達させたいものである。近年、家庭では、味つけ済みの加工品が多く利用されている。味覚形成期にある幼児期にうまみ調味料を多く含んだ加工食品の多用は、子どもの味覚・嗜好の発達の点から、避けたいものである。

　市販の調理済み食品や菓子類などは、人工的な甘味やうまみを使用しているため、自然物と異なり強い味に作られている。将来の生活習慣病予防のためにも、乳幼児期における手作りで薄味を基本とした味覚形成は重要である。

2節のまとめ

（1）離乳食のスタートと食べ物のおいしさ

　離乳食期は、摂食機能を発達させる時期である。子どもは、保育者から言葉をかけてもらいながら、素材のもつ様々な味や香り、舌触り等、五感を通して体感する。食欲が増してくる時期でもあり、食べられる食材を増やし、様々な味に触れることが求められる。また、離乳食は、大人と同じものを自分で食べることができるようになるための自立（律）のスタートであり、おいしさを育む大切な時期でもあることから、五感を使って味わう豊かな食経験をさせたい。事例①の離乳食の進み方が遅い子どもは、保育者の援助のもと、周囲の子どもの姿に刺激を受け、食べることへの関心、意欲がわき「手づかみ食べ」が見られるように

なった。そして、離乳食が一気に進み、「おいしい」を表す手を頬に触れる動作で食べることの快感を表現した。

　自食の第一歩である「手づかみ食べ」は、食べ物に触れ、つかんで口に運ぶという一連の動作の中で五感を十分に使い、自分で食べる楽しさを感じ、食べる意欲や自立心を育む。このように、離乳食は子どもの精神発達の点からも大きな意味をもつ。

　離乳食を進める際には、子どもへの援助と共に保護者への支援も重要である。事例①の母親は離乳食にかなり慎重で、次のステップに進むことができなかった。近年、保護者は育児に関する知識も少なく、周囲に相談できる相手もいないまま子育てを行うことも多い。そのため、自分の子育てに自信がなく、不安に陥ることもある。保育者や栄養士など、子育てのプロが身近におり、いつでも相談ができるという園の環境は、保護者の心の支えとなるであろう。離乳期には、食べ物を嫌がったり、甘みのある食材ばかり欲しがったりする等様々なトラブルが起こる。しかし、それを乗り越える過程で、保護者の子育てへの自信が培われる。そして、事例にもあるように、保護者の心の安定は、子どもの食への関心や意欲にもつながる。

（2）「おいしさ」を育てる仕組み

　「おいしさ」を育むためには、五感（視覚・聴覚・嗅覚・触覚・味覚）で経験した食べ物の快い情報を、いかに多く脳に記憶させるかが重要となる。特に、酸味や苦味は本能的に苦手な味のため、食べられるようになるまでには味覚の経験を豊かに行うことが必要である。

　事例②は、子どもが苦手な酸味のある食べ物を、保育者が「酸っぱくっておいしい」と言っておいしそうに食べてみせた。その言葉と酸っぱそうな表情は、子どもにとって快い食の経験の一つとなり、苦手な酸味を受け入れることができた。「おいしさ」を感じる時には、味覚が中心的な役割を果たすが、この事例では視覚・聴覚から得た情報によって、食への意欲を引き出している。同時に子どもは、苦手な食べ物を克服した満足感や達成感を味わい、自己肯定感を高めることにもつながった。心身の成長・発達に伴って、徐々に嗜好や主張がはっきりと表れるようになっていく子どもに、好きな食べ物だけではない様々な食の経験をさせるためにも、保育者の関わり方が重要となる。

　事例③は、五原味（甘味・酸味・苦味・うまみ・塩味）の中で、うまみの違いによる食べ物の好き嫌いを示している。子どもは、園で作ったいりこだしの味噌汁と家庭で出されたうまみ調味料の味噌汁の味の違いを指摘し、園の味噌汁の方に「おいしさ」を感じていた。

　ヒトの舌には味を感じる味蕾というセンサーがあり、その数が多いほど味覚を強く感じることができる。味蕾は幼児期に発達するが、30～40代頃には子どもの約3分の1程度に減少してしまうため、子どもの方が大人よりも味覚に敏感であるといえる。うまみ調味料の強い味ではない素材のおいしさやだしの味わいを、幼少期に教えることは重要である。事例③の味噌汁クッキングのように「おいしさ」を育む保育として、大豆栽培から味噌作りや、ドレッシングを手作りし、収穫した野菜でサラダ作りなど、園では様々なクッキングが行われている。それぞれの園や保育者の工夫が大切である。

3　食を通じて人と関わる力を育む

　子どもは集団生活を送る中で、多くの友達や大人と出会い、自分と異なる様々な個性を
もった人と関わり、遊ぶ中で仲間関係を深めていく。その一方で、自己主張がぶつかり合う
こともある。子どもは、給食の時間に友達や保育者と食卓を囲むことで、気持ちの整理を
したり、新しく関係性を生み出したりする。食卓は心を癒し、人と関わる力を育む貴重な場と
なる。本節では、人と関わる力を育むための食環境や保育者の援助について考えていく。

事例① 「友達と一緒」　　4歳

　マコトくんは一人遊びが多く、給食のランチルームには一人で食べに行っていた。しか
し、次第に友達と遊ぶ姿も見られるようになり、9月頃には自分からユウスケくんを誘っ
て一緒に食べに行くようになった。この保育園では、給食の提供時間を早番と遅番に分け
ており、子どもは自分の生活に合わせ早番か遅番かを申請する。また、途中で変更もでき
るように対応している。マコトくんは食欲旺盛で、ユウスケくんと早番ですぐに給食を食
べに行きたがったが、ユウスケくんは食が細くて早番までにお腹がすかない日もあり、マ
コトくんの誘いを断って遅番に一人で食べに行くことも多かった。

　10月頃になると、ユウスケくんは早番を渋っていたが、マコトくんに誘われるうちに
徐々に慣れ、早番で給食に行くようになった。それまで給食に長時間費やしていたユウス
ケくんであったが、マコトくんと食べることで徐々にペースが速くなってきた。また、マ
コトくんはユウスケくんと一緒に食べることで、以前よりゆっくり味わっておいしそうに
給食を食べるようになった。ユウスケくんは、マ
コトくんが保育者から「おいしそうに、いっぱい食
べるね」とほめられる様子を見ているうちに、食
べる意欲が少しずつ出てきたようである。まだ少
食ではあるが完食できるようになり一緒にごちそ
うさまや片づけをして、二人で楽しそうに保育室
に戻っていくようになった。互いに、一人で食べ
ていたころには見られなかった明るさが見えるよ
うになった。

> マコトとユウスケは互いに影響し合い、良い食べ方が身につけられました。反対に、
> 互いに影響し合うことで問題が生じた場合、あなたなら、どのような対応をしますか?

事例①を読み解く　友達の影響と食べ方の変化

　集団生活の場は、多くの友達や大人と出会う場でもある。子どもは、自分と異なる様々な

個性をもった友達と関わり生活する中で、たとえば、走るのが速い子や歌が上手な子、お絵描きが得意な子など、友達の表面的な特性に気がつく。やがて、楽しいアイデアを出してくれる子や優しい子、面白いことを言って笑わせてくれる子など、内面的な特徴にも気がつくようになる。そして、その特性に応じて子ども同士が関わるようになり、一緒に遊ぶことで互いのよさが生かされ、楽しさが増してくる。

　マコトとユウスケは、初めは、食のペースが互いに合わず、一人でランチルームに行くことも多かったが、しばらくするとまた二人で行くようになり、互いに食べるペースや食べ方を相手に合わせようとする姿が見られるようになった。二人は相手に対し、自己中心的な感情理解ではなく、互いの感じ方や考え方、行動の仕方などに関心を寄せ、それぞれの違いに気づき、歩み寄ったのである。食が細くペースの遅いユウスケは、マコトに感化され食べる意欲が高まり、ペースも速くなった。マコトはユウスケのようにゆっくり、おいしそうに食べるようになった。食を通し、互いを尊重し合い受け入れることでより生活が豊かになり、生き生きとした人間関係が築かれていく。

事例②　「先生と座って」　　　　　　3歳

　4月になり、3歳児クラスに進級したチハルくんは食欲旺盛で、給食はすぐに食べ終わり、何度もおかわりに来る。保育者は「さっきもたくさんおかわりしたから、一度お腹と相談してみようよ」と話しかけるが、チハルくんはいつも首を振るばかりで、毎日おかわりをやめなかった。このころは、友達との関係がうまくいかないようで、他の子どものおもちゃを取ったり、ケンカになったりする等のいざこざが5月を過ぎても続いた。

　保育者は、給食の時に毎日チハルくんの隣の席に座るようにして、様々な話をした。あるテレビ番組のヒーローの話をした時に、チハルくんの顔がパッと輝いたので、よく聞いてみると、チハルくんはそのヒーローが大好きなのだと言う。翌日、チハルくんは保育者とヒーローのお面を作り、二人でヒーローごっこをして遊んだ。すると、その様子を見ていたショウくん、カツキくんの二人も遊びに加わり、遊びはとても盛り上がった。ヒーローごっこは、その翌日以降も外に場所を移してダイナミックに展開した。チハルくんは笑顔が増え、ショウくん、カツキくんと一緒に遊ぶことが多くなった。そして、給食の時間には保育者が隣に座らなくても、しっかり噛んで、ゆっくり食べられるようになり、何度もおかわりをすることはなくなった。給食を食べ終わると片づけをして、三人で楽しそうに遊ぶ姿が見られるようになった。

**　あなたは、なぜ、保育者が毎日給食の時間にチハルの隣に座ったと思いますか？**

事例②を読み解く 食の場に表れる子どものサインを受け止める

　子どもは、思い通りにならないと、悲しんだり、怒ったり、不安になったりする等、様々な形でその感情を表出する。また、このころの子どもは、自分と他者の気持ちの区別はできにくい。生活や遊びにおいて、他の子どもと関わり合う中で、自己主張し合ってぶつかったり、トラブルが起きたりすることも多くなる。

　保育者はチハルの何度もおかわりに来る様子から、友達との関係がうまくいかず、思い通りにならない怒りや不安を食べることで紛らわしていると考えた。チハルのおかわりを制止するのではなく、不安定な感情を受け止めて共感し、安心感が得られるように援助することにした。給食の時間はできるだけチハルの隣に座り、表情やしぐさ、態度など様子を見ながら様々な話をするようにした。チハルは、保育者とのヒーローごっこをきっかけに、何度もおかわりをすることはなくなり、また、他の子どもと一緒に安心感をもって過ごせるようになった。

　食の場は、子どもの心を映し出し、心を立て直す場でもある。

事例③　「異年齢の関わり」　　　　　3歳

　この園では、20時15分までの延長保育の子どもに夕食を提供している。利用するのは、1歳から6歳の子ども8名で、ほとんど毎日同じメンバーだった。夕食は昼の給食と異なり、家庭的な雰囲気の中でゆっくりと落ち着いた時間が過ぎる。

　3歳のアイちゃんは、いつも夕食を園で食べているメンバーの一人。昼食はクラスごとに食べているため、まわりは自分と同じ年齢の友達ばかりだが、夕食は自分より年上や年下の子どもと一緒になる。アイちゃんは年下の子どものお手本になりたいと思ったらしい。夕食時には、野菜が嫌いで食べない年下の子どもに、自分がしてもらったように「食べてみよう」と声をかけたり、「こうやって、よく噛んで食べるとおいしいよ」と言って自分で食べて見せたりしていた。そのうちに、アイちゃん自身も、野菜をおいしく食べられるようになっていた。また、夕食は年上のミナミちゃんとも一緒になる。アイちゃんは、ミナミちゃんが箸で食べている様子が気になっていた。まだこの時アイちゃんは主にスプーンを使っていたが、自分も箸を使ってお姉さんらしく食べたいと思ったようで、箸で食べる練習を始めた。そして、1か月後には箸を上手に使えるようになった。

　あなたは、異年齢の子どもたちが一緒に夕飯を食べることについて、どのような配慮が必要だと考えますか?

（事例③を読み解く）　**食事時の異年齢の関わりから育まれる人間関係**

　多くの場合、子どもは夕食を家族と共に家庭で食べるが、保護者の就労状況等により、保育所の夕食を利用している家庭もある。そこでは、異なる年齢の子どもたちが夕食を囲み、昼食時には見られない子ども同士の関係性を育んでいる。

　夕食を利用しているアイは3歳を過ぎ、生活習慣は一通り身についてきた。夕食時、アイは自分がしてもらったように、年下の子どもの世話をやくようになった。野菜が苦手な子どもには、自分がモデルなって食べられるように導いた。自分は年上であるという自覚は、アイを成長させ自分も苦手であった野菜をおいしく食べることができるようになった。また、アイは年上のミナミに対してあこがれ、ミナミのように箸を使って食事をするという目標をもち、箸の使い方も身につけた。アイが年上のミナミに対してあこがれをもったように、やがてアイより年下の子どもは年上のアイに特別な感情を抱くであろう。夕食を囲む中で、年下の子どもが年上の子どもに支えられて育つ姿や、年下の子どもが向上心をもって成長する姿など、異年齢の関わりの中で互いに育ち合う姿が見られた。

3節のまとめ

（1）一緒に食べたい人がいる

　子どもは、乳児のころから他の子どもに対して、強い関心を抱いている。また、幼児期になると、一緒にいたいと思う友達ができるようになり、交流することや遊ぶことが楽しく、心地よく感じ、次第に仲間関係を形成していく。そして、仲間との交流において、うれしい時や楽しい時、悔しい時など共感してくれる仲間の存在が大きな支えとなる。

　事例①の園は、主体性を育む食育を目指し、給食の時間を早番と遅番の2交代制にして、食べる時間や食べる場所（席）を子ども自身が決めるようにしている。事例①の男児二人は、初めは各自で決めた時刻に給食をとっていたが、やがて自分たちで給食開始時刻を早番と決め、それに合わせ考え、見通しをもって行動するようになった。給食を共にしながら互いに相手を尊重し合い、食が細く食べるのに時間がかかっていた子どもも食欲旺盛な子どもも互いに影響し合い、受け入れることができるようになった。その結果、給食の食べ方や食べる速度、食事の挨拶、片づけ等のマナーなど、生活に必要な行動も身につけていった。

　子どもは人と関わる中で影響を受けながら成長していく。仲間といることで生き生きとした人間関係が築かれ生活は豊かになる。仲間関係を築き深めるための給食時間に注目したい。

（2）子どもの心を映し出し、心を立て直す食卓

　食卓は、いつも食事を共にする人がいる安心できる場である。そして、保育者や友達と互いに心を受け入れる場でもあるが、気持ちの整理がつかないまま食卓に向かうこともある。

　事例②の保育者は、食べることで不安な気持ちを紛らわそうと何度もおかわりに来る子どもの揺れ動く気持ちを察し、おかわりを制止するのではなく、不安定な感情を受け止めるよ

うにした。そして、安心感が得られるように毎日子どもの隣の席に座り、一緒に食べるように心がけていた。食卓は相手との距離が近いことから子どもの様子がよくわかる。保育者は子どもの言葉にならない心の動きに対して共感し、一緒に考え、遊ぶなどして子どもの支えとなるよう努めた。子どもは、温かく受け入れてくれる保育者との信頼関係に支えられ、安心感をもって、新しい遊びに夢中になって遊ぶことができるようになった。

　給食時にみんなで囲む食卓は、様々な心を映す場でもある。保育者は、揺れ動く子どもの心をキャッチし、その子どもにふさわしい対応をすることが求められる。

（3）人との豊かな関係性を育む食の環境

　食の環境は園によって様々である。保育室やホール、事例①のようにランチルームを備えている園もある。食事の時間や席などがある程度決められている園も多いが、子ども自身が決めている園もある。保育者はそれぞれの園の食の環境を生かし、子どもが同年齢や異年齢の子どもと関わり、人との関係性を豊かに育む環境を準備したい。異年齢の関わりは、きょうだい関係が経験できる絶好の機会である。事例③では、自分が困っている時に年上の子どもに助けられたことを、今度は他の子どもに対して同じように行っている場面も見られる。異年齢の子ども同士の関わり合いの中で、人への優しさや思いやりの心、自分への自信なども醸成されるであろう。少子化が進行する現代社会においては、園の食の場は、幅広い年齢の子どもが密に関わり合いながら関係性を育むことができる貴重な場である。

4　食を通して育む子どもの関心・意欲

　子どもは、生活を送る中で様々な物事に心を動かしている。聞いたことのない料理の名前や図鑑で調べてもわからない種、野菜の味がいつもと違うことなど、今まで知らなかったことや感じたことがない出来事に出合った時、好奇心が生まれ、それを知ろうとする探究心がわき出てくる。そして、その意味を知りたくて思いを巡らせ、知識を得ていく。

　本節では、子どもの興味や関心・意欲を育むことについて事例を通して読み取っていく。

事例①　「他人丼」　　　　　　5歳

　10月のある日、給食当番が、ランチルームオープンの合図の鐘を鳴らし、『他人丼』という献立を知らせた。サエちゃんは他人丼に興味をもち、近くにいた保育者に、「他人丼って何？」とたずねた。卵と肉がご飯の上に乗っていて丼に入っていること、そして、親子丼は卵の親である鶏の肉が卵と一緒に入っているから親子丼になるが、今日の給食の肉は豚肉だから親子ではなく、他の動物

だから他人丼になるということを説明した。サエちゃんは、真っ先にランチルームに行き、帰って来るなり保育者に、「本当に豚肉だったよ。豚は卵じゃないから、他人丼！」と目を輝かせて報告した。

　サエちゃんは、ままごと遊びが好きで、給食のメニューもよく登場する。遊びの中でもただ単に料理を作るのではなく、食材のバランスや盛りつけ、食器など、試行錯誤しながら創造力を働かせて遊んでいる。そこで保育者は、サエちゃんの他人丼のイメージを形にできたらと考え、ふた付きの丼容器をままごとコーナーに置いてみた。翌日、サエちゃんにナツミちゃん、ユリちゃんが加わり、丼屋さんごっこが展開した。そこには、折り紙や毛糸などを使って作った『他人丼』も並べられている。保育者が他人丼を注文すると、味噌汁、ほうれん草のゴマ和え、オレンジも一緒に付いてきた。丼のふたを開けると、毛糸や折り紙で作った豚肉やグリーンピース、玉ねぎ、卵などが入っていた。とてもおいしかったことを告げると、子どもたちは満足そうに、「ありがとうございました」と笑顔を見せた。

> 保育者に、「本当に豚肉だったよ」と報告に来たサエの気持ちを、あなたはどのように考えますか？

事例①を読み解く　**給食メニューから物事を知る**

　サエは、料理の名前やその内容もよく知っている。しかし、「他人丼」は知らなかった。給食で実際食べてみると、その意味がわかり、なぞが解けたようにうれしかった。そして、そのネーミングの面白さを友達と一緒に丼屋さんごっこで表現した。保育者が考えた通り、サエはままごとコーナーに置かれた見かけないふた付きの丼容器に創作意欲が高まった。みんなでどのようにしたら「他人丼」になるか、試行錯誤しながら想像力をふくらませた。保育室にある素材や用具を用いて、給食で食べた「他人丼」をイメージし、思い巡らせながら色や形の組み合わせを楽しんでいた。サエは食事バランスや盛りつけ、食器などにもこだわる。様々な素材に触れ自分のイメージを広げ、次々に食べ物を作り上げた。丼屋さんごっこに没頭する子どもたちの姿からは、遊びの質の高さがうかがえる。保育者が丼屋さんに食べに行き、おいしかったことを告げることで、子どもたちは、深い満足感や充実感を味わったに違いない。

　子どもは、生活を送る中で心が動かされる様々な物事に出合う。今まで知らなかったことに出合い、それを知ろうとする探究心は子どもを大きく成長させる。このような幼児期の経験は、小学校へと連続し、学校生活においても感性を働かせ表現することを楽しむことにつながる。

　保育者は子どもの創作意欲を大切にし、そのイメージが具体化できるように、必要な素材や用具は常に整えておくことが必要である。子どもの表現意欲を満たし、表現する喜びを十分に味わわせたいものである。

事例②　「園芸部みたい」　　　　　　　　　　　　　　5歳

　4月下旬、ユイナちゃんとモモカちゃんが、「これ拾ったの。何の種？」と萎びた種を保育者に見せに来た。保育者が図鑑で調べてもわからなかったので、子どもたちで種を育てて確かめてみることにした。

　翌日、保育者は2つのプランターを用意して、萎びた種と、それとは別に用意したインゲンの種を子どもたちに見せた。インゲンは元来夏の野菜だが、一年中出回っており、園の給食にもよく登場する。図鑑やタブレットで説明すると、子どもたちは興味深そうに耳を傾けた。「インゲンって種からできるんだね」「カボチャもトマトもキュウリも種があるけど、ニンジンとか大根の種は見たことがない」「タンポポの種はフワフワしてる」「お花にも野菜にもいろんな種があるんだ」等、種の話をしながら楽しそうに種を植えた。そして、毎日欠かさずに水をやったり、頻繁にプランターをのぞきに行ったりするようになった。特に、ユイナちゃんとモモカちゃんは、保育者から「まるで園芸部みたいだね」と言われるほど熱心に取り組んだ。

　3週間後にインゲンの芽が出て、子どもたちは歓声を上げた。やがて苗を花壇に植え替え、大きくなるのを楽しみに、大切に育てている。成長したら、園でのクッキングでゴマ和えにしようと計画を立て始めた。萎びた種はまだ芽が出ないが、子どもたちは毎日欠かさずに水やりを続けている。

　保育者は、萎びた種だけではなく、インゲンも一緒に栽培することにしました。あなたは、そのねらいをどのように考えますか？

（事例②を読み解く）　**種の栽培を通して植物を知り、愛情をもつ**

　保育者は、ユイナとモモカが持ってきた種をきっかけに、子どもたちが植物に触れる機会をもたせたいと思い、この時期に蒔いても育つ、身近なインゲンも育てることにした。

　子どもたちは、萎びた種も芽が出て来てほしいと願い、大切に世話をしている。子どもたちにとっては、園生活を共にしているこの種の世話は、特別な意味がある。それは、この種への愛着である。愛着をもって世話をし、育てる体験を通して生きているものへの温かな感情が芽生え、生命を大切にしようとする心が育つ。インゲンの発芽に子どもたちは歓喜した。大切に育てた証である。一方で、やがて萎びた種の終焉にも遭遇することであろう。これも、子どもたちの心を豊かに育てる貴重な体験である。二つの種の世話は、生命の不思議さや尊さを学ぶことができる絶好の機会となった。

　また、保育者は子どもたちの「種」に対する好奇心や探究心を高めようと、図鑑やタブレットなどを用いて、植物の種について種類や特徴、生育などについて子どもたちと一緒に調べることで、子どもたちは植物に関する様々な知識に触れながら自然の不思議さに気づいたことであろう。子どもたちは、インゲンの収穫をイメージしてクッキングも考えている。このような五感を使って感じたり味わったりする体験も大切にして保育を計画していくことが必要である。

事例③　「野菜の博士」　5歳

　ソウマくんは、家で家庭菜園をしていて、野菜に詳しい。家で育てているものと同じ野菜が給食に出ると、その野菜の名前や包丁で切った時の形、種の大きさなどをうれしそうに話す。まわりの子どももソウマくんの話に興味津々で、野菜の名前がわからないと、「これは何ていう野菜？」と聞きに行く。

　ある日、給食に小松菜のおひたしが出た時に、リクくんが「このほうれん草、いつもと味が違うよ。何でだろう？」とソウマくんにたずねた。すると、ソウマくんは得意げに「それは小松菜だよ。カルシウムっていう栄養がたくさんあるよ」と答える。保育者が「すごいね。ソウマくんは野菜の博士だね」と言うと、ソウマくんは「うん」とうれしそ

うに笑った。

　この話をソウマくんの母親にすると、ソウマくんは知らない野菜が出ると悔しいので、事前に給食の献立に使われている野菜を調べ、わからないことがあると母親に聞きに来るのだという。そして、母親と一緒に図鑑やインターネットで調べて、野菜の知識を得るということだった。

> 　子どもたちに食材に関する興味や関心を高めるために、あなたなら、どのような保育を考えますか？

事例③を読み解く 「知りたい」ことから広がる好奇心や探究心

　保育者は、ソウマの野菜に対する好奇心と探究心に感心している。野菜の名前だけではなく、断面や種、栄養効果まで説明できる。ソウマが野菜に興味をもった理由は、家庭菜園で収穫した野菜と同じものが給食に出たことだった。種まきから収穫までの生育過程に関わり、よく知っている野菜であったことから、興味や関心が高まった。もっと野菜のことが知りたくなり、不思議なことやわからないことが出てくると母親に聞き、母親もソウマの気持ちを大切にして、図鑑やインターネットで調べその問いを解決していった。5歳後半になると、好奇心や探究心がさらに高まり、関心のあることについて詳細に知りたいと思うようになる。そして、わからなかったことが解決すると面白く、もっと夢中になることができ、好奇心や探究心は、さらに広がっていく。

　ソウマは知らない野菜が給食で出ると悔しいので、事前に給食の献立に使われている野菜を調べるという。「知りたい」という気持ちは、自分で考えて意欲的に学ぶ力ともなる。保育者から野菜博士と言われるソウマの姿に、クラスの子どもたちも刺激を受け、ソウマの話から野菜の不思議さや面白さを感じ、その子どもなりの好奇心や探究心をもつことであろう。保育者は、子どもが何に興味や関心を抱いているか、その時の子どもの発達や要求に応じて、絵本や図鑑、写真、インターネット等で検索した情報などを準備し、子どもが観やすいところに配置する等、環境を構成していくことが必要である。

4節のまとめ

（1）感動したことを表現する

　子どもは生活や遊びの中で、感じたことや考えたことについてイメージをふくらませ、自分なりに表現する楽しさを味わう。そして、心動かされる出来事があると、感性を働かせ、様々な方法で表現を楽しむようになる。

　事例①では、「他人丼」という言葉の意味を知った子どもが、そのネーミングの面白さで、ますます「他人丼」への興味を高めた。言葉の意味を理解するようになると、自分でも使いたいと思うようになる。保育者は、子どもがどのようなイメージをしているか、何に心を弾ませているかを推察し、それを具現化できるような環境を整備しておくことが大切である。5歳の後半には、身近にある様々な素材の特徴や表現の仕方に気づき、必要な物を選択し友

達と相談して、工夫し創造するようになる。子どもは、これまで培ってきた自分の体験と照らし合わせて、素材や用具と向き合い扱う中で、様々なものの性質を知り、探り、満足するまで確かめていくのである。

　このような幼児期の経験の積み重ねが小学校へと連続し、生活や学習においても発揮され、感性を働かせ表現することを楽しむ姿につながるのである。自分の思いや考えを適切な形で表現できる力は、小学校以降の学習や意欲的な生活を送る上での基盤となるのである。

（2）好奇心と探究心からの主体的な活動

　保育者は、子どもの経験を学びへと導くような保育の工夫が求められる。

　事例②では、子どもたちが偶然拾った種の名前を図鑑で調べ、インゲンと共に育てるという方向へ保育を展開した。子どもが身近な自然に好奇心や探究心を抱き、自ら関わろうとする主体的な意欲は、種まきから積極的に世話をすることにつながり、種に対する愛着もわくようになった。そして、種にも命が宿っていることに気づき、生命を大切にしようとする心が育っていく。インゲンは園の給食でなじみがあり、その栽培を通じて生命の営みや不思議さを学ぶであろう。同時に、芽が出てこない萎びた種に対し、心配したり、悲しくなったり、様々な気持ちを味わう。二つの種の栽培過程で、子どもは萎びた種や元気なインゲン、雑草や土などの自然と対話し、学びを深めていくのである。また、物事に粘り強く取り組む態度や意欲も育んでいく。

　子どもたちは収穫後に思いを馳せ、クッキングの計画をした。インゲンを栽培、収穫し、クッキングへと展開することでそれぞれの体験が深まり、園生活が充実したものとなる。子どもの好奇心や探究心は、次々と多様な体験をもたらす。保育者は、その体験からの学びをさらに深めることができるように、子どもの興味や関心に着目し、次の活動へと展開できるような援助が求められる。

　5歳の後半になると好奇心や探究心はよりいっそう高まる。事例③では、野菜に対する好奇心から、名前や特徴などを自発的に調べ、他の子どもの質問にも自信をもって答えていた。子どもが自ら知りたいという気持ちは、自分で考えて意欲的に学ぶ力となる。

　幼児期のこのような経験は、小学校教育へと接続し、主体的な学びへとつながるのであろう。

（3）情報機器の活用

　幼稚園教育要領、保育所保育指針等では、情報機器の活用について、乳幼児期は直接的な体験が重要であることを踏まえ、視聴覚教材やコンピューターなどの情報機器を活用する際には、園の生活では得難い体験を補完するなど、子どもの体験との関連を考慮することと示されている。

　事例②③では、子どもは種の種類や生育環境、野菜の断面、形状、栄養効果など多くの情報に接し、知的好奇心を高め、広げることができた。しかし、その場に居合わせない他の子どもたちに同じように、リアルに伝え感動を共有することができたであろうか。自然界の現

象や動植物の生態など、その美しさや不思議さは無限であるが、保育の中で直接体験をできる範囲は限られている。事例③では、保護者がインターネットを利用して、子どもの興味・関心に基づき情報を入手し、子どもの疑問を解決していた。現代社会においては、パソコン、タブレット、スマートフォン等のICT機器の進歩、普及はめざましく、その用途は多岐にわたり、子どもが扱うことができる媒体も多くある。保育者は、ICT機器を使用する目的や必要性を意識し、それぞれの媒体のもつ特性や機能を十分把握することが重要である。子どもの発達やその保育場面での興味や関心、その後の成長につながるかなどについて十分検討し、子どもの経験がより豊かになるよう留意して、情報機器を活用していくとよい。

5　食物アレルギーのある子どもへの対応

　食物アレルギーは、特定の食物に含まれるアレルゲンという抗原物質に、免疫機能が過剰に反応してしまうことで身体に起こる様々な症状を指す。食物アレルギーの症状には個人差があるが、重度の場合は命に関わるため、保育者には、給食やおやつ等、園から提供する食べ物に関して細心の注意を払うことが求められる。

　本節では、以下の3つの事例をひもとき、食物アレルギーがある子どもへの保育者の理解とその支援について考えていく。

事例①　「給食おいしい？」　　2歳

　マリちゃんは、小麦、卵、牛乳などの食物アレルギーがある。そのため、給食にあたっては担当保育者の他に、アナフィラキシーショック時などにすぐに対応できる看護師のチエミ先生が、補助としてついている。マリちゃんの給食の食器はピンク色で、献立も他の子どもとは違う。他の子どもの机から少し離れて用意されている席に座って、チエミ先生と一緒に食べる。マリちゃんは、一緒にいてくれるチエミ先生に甘えてしまうことが多く、給食も意欲的ではない様子だった。

　ある日、チエミ先生が休みで、代わりに園長先生が補助として来てくれた。するとマリちゃんは、普段は興味のもてない給食を、園長先生の前では意欲的に食べていた。園長先生が「給食、おいしい？」と聞くと、「まずいけどね」という答えだったが、マリちゃんはスプーンを置こうとしない。園長先生は、思わず笑ってしまった。

　翌日、その話を聞いたチエミ先生が「昨日、給食を元気に食べたんだってね。えらかったね。園長先生がほめていたよ」と言うと、マリちゃんは少し誇らしげに、うれしそうに笑った。

　あなたなら、「まずいけどね」と答えたマリの気持ちをどう受け止めますか？　また、マリに対してどのような援助の仕方があると思いますか？

事例①を読み解く　食物アレルギーのある子どもを支える

　保育所保育指針では、アレルゲン除去食品の誤配や誤食による食物アレルギー事故を起こさないように、事故防止及び事故対策において安全性を最優先することとし、組織的に最善を尽くすことが示されている。事故防止として食器の色を変えたり、名札を添えたりする他、職員が子どもの傍らで見守る等、安全管理が徹底することが求められている。また、アレル

ギー物質に触れただけで症状が出る恐れもあるため、他の子どもと席を離す場合もある。

　事例の保育園では、マリが低年齢であることや食物アレルギーが複数あることから、細心の注意を払い、事故防止の徹底に努めている。マリは自分が食物アレルギー体質であることを家庭や保育園から聞いてはいるが、まだ2歳ということもあり、理解は薄い。給食のメニューは友達と異なり、席も離されるので、寂しい気持ちがあり、給食は意欲的に取り組むことができない。しかし、園長が給食時に来た日はマリの様子がいつもと違っていた。事例にはないが、マリが入園してから園長はマリやマリの母親に寄り添い、よく関わってきた。園長は、時々マリを園長室に呼んで、二人きりで遊んであげることがある。マリにとって園長は、特別な人である。その園長が自分のところだけに来てくれたというので、うれしかったのであろう。「まずいけどね」というマリの返事は、「まずいけど、がんばって食べる」という思いが込められていた。だから、スプーンを置こうとしないで最後まで食べることができた。また、園長やチエミ先生にほめられた自信は、今後アレルギー除去の給食を食べる意欲にもつながってくるであろう。

　保育園では、園長や保育士、栄養士、調理師、看護師など多くの職員が専門性を生かしてマリや母親に関わり、支えている。温かな関わりが、子どもや保護者が食物アレルギーを乗り越えていく力ともなろう。

事例② 「玉子のお店」　　　　　　　　　　　　　3歳

　アツシくんは卵アレルギーのため、玉子が食べられない。園の給食も、アレルギーに配慮したものが出されている。

　ある日、給食に親子丼が出たが、アツシくんの親子丼には玉子がなく、鶏肉とタマネギが入っていた。ケイゴくんがそれを見て、「アツシくんのは玉子が入ってないよ」と指摘すると、アツシくんは、「ぼく、玉子食べるとかゆくなるんだ」と話した。

　保育者は、「アツシくんの玉子さんのお店は、まだ閉まってるの。準備ができたら、玉子さんがいらっしゃいませーってお店を開けて、食べられるようになるから、それまで待っているんだよ」とわかりやすく説明する。すると、ピーマンが苦手なケイゴくんは、「そうなんだ」とつぶやき、「ぼくのピーマンのお店も閉まってるよ」と言って自分のお腹を指さした。そこで保育者は、食物アレルギーと食べ物の好き嫌いについて、ケイゴくんに説明することにした。

> 　食物アレルギーについてわかりやすく話したつもりが、苦手なピーマンに置き換えてしまったケイゴ。あなたなら、食物アレルギーについて、子どもたちにどのように説明しますか？

（事例②を読み解く）　**食物アレルギーについて、子どもの理解を得るには**

　アツシは、自分が卵アレルギーで玉子を食べることができないことを自覚している。ケイゴがアツシの給食に玉子が入っていないことに疑問を抱いたが、アツシは自分なりに説明することができた。しかし、その説明だけでは理解することが難しいと思った保育者は、お腹を店に例えて説明した。3歳のケイゴは保育者の説明を聞き、自分がピーマンを食べられない理由は、お腹の店が閉まっているからだと思ったのである。微笑ましいことではあるが、ケイゴがピーマンを食べられないのは、アツシの理由とは異なることを説明しなければならない。食物アレルギーについて、本人はもとより、クラスの子どもたちが理解できるように説明することは、特に低年齢児には難しい。子どもの発達に合わせて、絵本やパネルシアターなどの保育教材を用いる等して、子どもにわかりやすく説明したい。

　クラスの中では、様々な事情を抱えた子どもが生活を共にする。保育者は、子ども同士が互いを認め合うことができるような保育環境を工夫することが必要である。

事例③　「一緒のケーキ」　　　　5歳

　サクラちゃんは卵と小麦のアレルギーがある。保育者は念のために、サクラちゃんに処方された緊急時対応用のエピペン®[2]を預かって保育にあたっていたが、サクラちゃんが4歳になるとアレルギーが改善され、それらを含む食品も食べられるようになった。

　ある日、園のおやつに今まで食べられなかった玉子と小麦粉を使ったカップケーキが出たが、サクラちゃんは食べない。保育者が「みんなと一緒で大丈夫だよ、食べられるよ」と声をかけても、一口も食べずに残してしまった。

　ある日、園のおやつにまたカップケーキが出た。サクラちゃんの隣の席に座ったシホちゃんが、「サクラちゃんも、ケーキ食べていいんだよね。一緒に食べよう」と言い、自分の分をゆっくりと食べ始めた。サクラちゃんは、シホちゃんの様子を黙って見ていたが、やがて決心したように、一口食べた。そして、もう一口だけ食べて、あとは残した。保育者が「ケーキ食べられたね。やったー！」と声をかけ、シホちゃんが「一緒のケーキ、おいしいね」と笑顔を見せると、サクラちゃんも恥ずかしそうに笑った。その後、サクラちゃんは、園のおやつのカップケーキを完食できるようになった。

◆───────────────────────────────◆

　2）エピペン®…アナフィラキシー（短時間に全身にあらわれる激しい急性のアレルギー反応）があらわれたときに使用し、医師の治療を受けるまでの間、症状の進行を一時的に緩和し、ショックを防ぐための補助治療剤（アドレナリン自己注射薬）のこと。ファイザー製薬『エピペンガイドブック』p.5

食物アレルギーが改善されても園では同じものが食べられない子どもに対して、あなたはならどのような対応を行いますか？

事例③を読み解く　**友達とおいしさを分かち合う**

　厚生労働省の「保育所における食物アレルギー対応ガイドライン(2019年改訂版)」によると、食物アレルギーが改善した後も含めて、子どもが初めて食べる食品は、家庭で食べて安全であることを確認してから、同じものを園で提供開始することが基本とされている。

　サクラは、食物アレルギーが改善され、家ではカップケーキを食べることができるようになったが、保育園では食べる気持ちになれない。入園してきた時から食物アレルギーがあったため、今まで食べられなかったカップケーキが保育園でも食べられるといううれしさがある反面、園で食べる勇気はなかった。保育者は、おやつのカップケーキを前にしてとまどう様子が見られたサクラに対し、食物アレルギーが改善されるまでの間、様々な思いを心の中にため込み、がんばってきたことを考え見守ることにした。サクラの背中を押したのは、シホの「一緒に食べよう」の誘いであった。二人は、「一緒のケーキ、おいしいね」と、笑い合いおいしさを分かち合った。友達と一緒に同じものを食べるおいしさは、家庭では味わえない。また、おやつのカップケーキがきっかけで、サクラとシホの友達関係も深められたことであろう。

5節のまとめ

（1）食物アレルギーのある子どもを支える体制

　園における食物アレルギーのある子どもやその保護者への対応は、安心、安全な生活を送ることができるよう、園全体で組織的に最善を尽くし行われる。しかしながら、人為的ミスで誤配や誤食が起こり、過去には死に至る事故も起きている。二重三重の事故防止対策がなされているが、一方で「楽しい給食の経験をさせたい」という保育者の願いもある。

　事例①では、園での限られた人材ではあるが、給食時には保育士と共に、園長や看護師が専門性を生かし、食物アレルギーのある子どもに寄り添い、保育にあたっていた。子どもにとっては、いつも変わらない人たちが自分のそばにいてくれて、自分に愛情をもって温かい目で見守ってくれる安心感は何ものにも代えがたい。保育者の信頼関係に支えられ、安心して自分らしく生活していくことができるのである。保育者は子どもや保護者の状況を丁寧に把握し、その思いを受け入れながら、寄り添い、信頼関係を構築していくことが何より重要である。

　園では、嘱託医や子どものかかりつけ医の協力の下、日中保育に携わる保育者以外にも、栄養士や看護師、調理の職員などが、直接的、間接的に食物アレルギーのある子どもに対応している。保育者を含め、各専門職の人々が連携・協力して園をあげて支援する体制が整っている。

（2）食物アレルギーのある子どもへの理解

　食物アレルギーへの理解は、食物アレルギーのある子どももそうであるが、食物アレルギーのない子どもにとってはさらに難しい。配膳トレイや食器の色、食物の内容などが異なることを疑問に思う子どもも少なくない。

　事例①のように、事故防止のため他の子どもと食卓を離したり、園によっては別室にしたりする場合もある。食物アレルギーのある子どもは、このような環境で給食を食べることは、集団の中にあって寂しい思いをしていることであろう。また、事例②にあるように、食物アレルギーのない子どもも給食の環境に違和感を覚えることがある。集団で過ごす園生活は、子どもが様々な人たちと出会う場である。同じクラスの中でも、それぞれ自分とは異なる他の子どもの存在に気づき、他者の特徴を理解した上で、共感や思いやりのある行動ができるようになる。保育者は、食物アレルギーへの理解を子どもたちに促し、なぜみんなと違う色の食器で給食も違うのか、子どもの発達を踏まえ、その理由をわかりやすく丁寧に説明することが必要である。また、あわせて、クラスの子どもの保護者にも理解を求めることにより、様々な場面で協力を得ることにつながるであろう。

　5歳頃になると、食物アレルギーがどのような病気であるか、かなり理解ができるようになる。事例③にあるように、まだアレルギーへの不安のある友達に共感し、「一緒に食べよう」と思いやりのある行動がとれるようになる。また、このように友達に受容されると、その子どもは安心して自分を発揮できるようにもなる。このように、子ども同士が育ち合うことができるような保育の場をもちたいものである。

第9章

子どもの安全と健康

　保育の場は、当然ながら子どもにとって安全な場でなければならない。しかしながら、近年、我が国の子どもを取り巻く社会情勢は、事件や事故、自然災害等が想定外に起こり、決して安全が優位であるとは言いがたいことは周知の通りである。しかし、事故防止を優先してしまうあまりに、活動を制限して子どもの自由感が奪われたり、過度の保護的な環境が用意されてしまったりすれば、それは子どもにとって豊かな園の生活とはなりえない。

　本章では、保育者が子どもの安全を守りつつ、子ども自らが見通しをもって安全な生活を送るための力をつけることができるようになるためには、日々の保育実践はどうあったらよいかを考えていく。

1　安全について見通しを立てる力を育む

　子ども自身が自らの身を守る気持ちをもち、行動を起こせるように、園では様々な安全指導の機会を設けている。また、実際に起きた災害等の検証結果から得られた様々な教訓などを基に、よりよい環境構成の見直しも随時行っている。

　ここでは、子どもが交通安全に対する習慣を身につけたり、地震の際に身を守る方法を子ども自身が考えたりする、安全について見通しを立てる力を育むための保育内容や保育者の援助の在り方を探る。

事例①　「警察署の方から交通安全の話を聞いて」　　3歳

　園に地域の警察署の交通課の職員を招き、交通安全指導をしていただく機会があった。園庭には信号機や横断歩道の模型が設置された。参加した子どもたちは、交通安全のお話をうかがったり、交通安全に関するクイズに答えたりした。

　その後、歩行者用の信号機の色が青になった時には横断歩道は片手を上げて渡ることを、全員が体験した。その時、サトシくんは、「おかあさんはときどき、信号チカチカで渡る…」と誰にともなくつぶやいた。

　信号が点滅した時に「横断歩道を渡るのは危ない」とただ知らせるだけでは、子どもが安全面に関して認識や見通しをもつことはできません。あなたならどのように子どもに伝えたり経験が得られるようにしたりしますか？

事例①を読み解く　子どもが主体の安全指導

　子どもにとって身近な道路には、歩道や信号機、横断歩道があり、それらは本来人間の身の安全を守るためのものである。子どもは日々の周囲の環境や生活の中で、危険な行為を避け安全な生活に必要な習慣や態度を身につけていく。

　園では、地域の教育力も活用しつつ、様々な機会を捉えて子どもの日常の生活を再現し、具体物や具体的な行動を通して安全に対する意識を高めている。交通安全に関する専門家を園に招いて交通安全指導を行うことは、子どもにとってとても意義は大きい。

　一方この事例では、サトシのつぶやきから、大人の都合で子どもが安全な生活の見通しが立てられない様子が伝わってくる。保育者は、サトシのつぶやきをそのままにせず、なぜ青信号を守る必要があるのかを具体的に話すなど、丁寧に伝える必要がある。あわせて、保護者に対しても園で行っている安全指導の内容や意義を写真つきの手紙やホームページ上の動

画等を利用して紹介し、子どもが自ら安全な生活を送ろうとする意識を高める姿を知らせるとともに、保護者も子どもが自ら交通安全に気をつけて成長していくためのモデルだということへの理解を求めていくことも必要である。

　また近年では、青信号の横断歩道上や歩道内であっても交通事故に巻き込まれるケースも生じている。交通安全に関する知識や行動を保育者もまた日々学ぶことで、子どもや保育者を守るための支援が行えるようにしたい。

事例②　「自分の身のまわりの環境や生活を見直す」　　　　4歳

　ある朝登園したユイちゃんは、保育室の子ども用のロッカーや遊具を入れる棚に、見慣れない器具が付いていることに気づいた。不思議そうに保育者に「これなあに？」とたずねたので、保育者は先日実際にあった地震について話し、「ロッカーや棚が倒れないように付けたんだよ」と伝えた。

　するとこの話を聞いていたまわりの子どもたちから「次はここに付けるといいよ」「ここはどうなの？」等と自分たちの身のまわりのことを考え出し、保育者に伝える姿が見られた。

　あなたは、このように子どもが発言する機会をどう捉え、その後の援助に生かしていきますか？

事例②を読み解く　　**災害を想定して、自分たちの身のまわりの環境を整える**

　子どもが実際に体験した地震は、記憶にしっかりと残る怖い体験だったのであろう。事例のユイは、保育室の棚にこれまでには付いていなかった器具を見て、すぐになぜ器具が付いているのかを保育者にたずね、実際に体験した地震を思い出して保育者の答えに納得した。さらに、このやりとりを聞いていたまわりの子どもたちもすぐに地震の体験を思い出し、子どもなりに考えて保育者に器具を付ける場所を提案している。

　保育者は、子ども自身が実体験した地震の揺れによる怖い想いや、環境の変化への関心を捉えて支援することが大切である。子どもが自身の体験から、安全な環境を保育者と共につくろうとする意識や言動を適時に捉え、子どもの考えも取り入れながら、安全な環境を再構成していく保育者の援助が求められる。

　さらには、地震以外の災害に関しても、どのような行動をとることが望ましいかを子どもたち同士で考えたり、積極的に訓練に参加したりする機会を園の指導計画に位置付ける必要がある。

1節のまとめ

（1）子どもや保護者の安全について見通しを立てる力を育むために

　事例①で見たように、交通安全指導を単に形式的に行うだけでは、子ども自身が安全について見通しを立てる力を育むことはできない。子どもには、園での安全指導の体験と実際の道路での体験の違いがあれば、当然とまどいが生じる事態となる。まずは、子どもにとって親しみやすい地域の教育力を生かし具体的な内容でわかりやすく指導すること、あわせて園での指導内容やその際の子どもの様子を保護者に丁寧に伝えて、園と家庭が手を携えて互いの理解を深め、子ども自身が安全に関して見通しを立てる力を伸ばしていくことが必要である。

　もちろん保護者の子どもへの関わり方も大切である。保護者にとっては日常生活において、時間の都合やその他の事情等で子どもの立場に立った考え方や行動をとりにくい場合もあるかもしれない。しかし、保育者は子育て支援の観点も踏まえて、子どもの様子を伝えるだけに留まらず、子どもがどんな思いでいるか、子どもの育ちゆく姿を保育者はどう願っているかを繰り返し保護者に伝えて共通の理解を図っていくことが求められる。この積み重ねが保育者と保護者相互の信頼関係となり、子どもを中心に据えた子育てや、子ども自身が安全な生活に見通しを立てる力をもつようになる姿につながっていく。

（2）安全な環境や生活を見直す力を育むために

　子どもが日々の生活を、自分たちで健康面や安全面に見通しをもって行動し自らつくり出していくには、その根底に、子どもたちが心身共に安定して遊びや活動に取り組む日常が保障されていることが挙げられる。

　その上で、いつもとは違う避難訓練の経験や、地震や津波、大雨、洪水、火災等の災害に遭遇したことがあればその体験を通して、保育者や子ども同士で現状の環境をさらに安全な環境にするにはどうしたらよいか、互いに話し合う機会や、実際に環境を再構成する機会を設けたい。

　たとえば平常時の保育中の出来事で、廊下の曲がり角で走ってきた子ども同士がぶつかり、互いに痛い思いをした体験をクラス全体の話し合いで取り上げ、「角では誰かとぶつかることもあるから気をつける」「廊下は走らない」などの子どもたちの考えを引き出すことが考えられる。このように機会を捉えて日常の安全面に関するルールも子どもたち自身が考え決めるという援助を行う必要がある。

　子どもは試行錯誤を繰り返しながらも、自分たちの生活環境をよりよくするにはどうしたらよいか考え、保育者と一緒につくり変えていく力をもっている。

2　体験を基に、安全な生活に生かす力を育む

　子どもたちの日常保育の場は、安全面だけに着目した環境構成や保育者の援助の下では、子どもは必然的に受け身がちとなり、子どもが主体的、対話的で深い学びを積極的に得られる場とはなりえない。日々の体験を通して、子どもが次第に見通しをもって行動できるようにするためには、どのような保育が求められているのかを、事例を基にひもといていく。

事例①　「手を洗う時の水道の使い方がわかった！」　1歳6か月

　園外の散歩から帰ってきて、保育室に戻った時のこと。保育者と一緒に水道で手を洗っていたユウタくんは、蛇口の穴から水が出てくるのがふと気になったのか、急に穴に指を入れようとする。すると水が勢いよく吹き出し顔全体に水を浴びてしまい、大泣きした。この出来事の後から、ユウタくんはけっして蛇口に指を入れずに手を洗うようになった。

　あなたは、低年齢の子どもが安全で清潔に身のまわりを保つ心地よさを感じる生活を身につけるためには、保育者の援助はどうあったらよいと考えますか？

事例①を読み解く　濡れてわかった水道の使い方

　低年齢の子どもの生活において、身のまわりは不思議な事象にあふれている。水道の蛇口から水が出ることは大人にとっては当たり前でも、1歳6か月児のユウタにとってはなぜ蛇口の穴から水が出てくるのか不思議だったのかもしれない。また、何にでも指先を入れて確かめてみたい年頃でもある。

　何の気なしに指を入れたら、残念ながら顔全体に水を浴びてしまったユウタだが、この体験の後は2度と蛇口に指を入れず手を洗っていた。保育者は、大泣きするほど嫌な気持ちを味わったユウタに対して、あえてユウタが次に手を洗う際に「指を入れてはいけない」と言ってはいない。給食を食べる前には手をきれいに洗う必要があるということを、保育者は常々子どもたちに伝えていたと考えられる。そのため、ユウタ自身が気づいて、蛇口に指を入れずに手を洗うようになるだろうと想定していたのであろう。

　蛇口の穴に指を入れて水がかかること自体は、それほど直接的に危険なことではないかもしれない。しかしながら低年齢の子どもであっても、自分で気づき、自らの力で安全で清潔な生活に必要な習慣を身につけていく発達の過程を経ていくことは大切である。保育者は子どもの発達過程を見通し見守ることが必要なことがわかる事例である。

事例② 「暑くてもガマン、ガマン」 2歳

　8月下旬の降園間際の地震を想定して、避難訓練があった。2歳児のユイちゃんは、「訓練です。訓練です。ただ今大きな地震が起きました。頭を守りましょう」という放送を聞いて、いつもとは違う緊迫した感じを全身で受け止めていた。

　保育者はすぐに「先生のそばにおいで！　畳のところの真ん中に集まるよ！」と言い、昼寝に使う掛け布団や敷布団を押し入れから取り出して保育室の中央に用意した。集まってきた子どもたちは頭の上に布団を掛けられ少し不安そうにしながらも、「アツい…」「シー」「ガマン」と口々に言いながら、しばらくその姿勢を保った。

> 　「アツい…」と言いながらも訓練の緊迫感を感じている2歳児に、あなたならどのような援助や対応をしますか？

事例②を読み解く　幼い時から身を守る習慣を身につける

　保育者との信頼関係を基盤にして、日々の生活が営まれ子どもは成長していく。園では、このような生活を背景に、普段からいろいろな災害を想定し、子どもの年齢や想定場面に応じた工夫をして避難訓練を行っている。避難行動は、どの時間帯に起きても必ず身の安全を守れるものでなくてはならない。

　この事例の園では、繰り返し避難訓練を行っている。2歳児が保育者の緊迫した言葉かけや行動から、頭に布団を掛けられながらも我慢をし姿勢を保つ様子から、自分の身を守る必要性を子どもなりに理解しようとする姿が見てとれる。災害が起きたら、信頼している保育者のそばに集まりまずは頭を守ることが大切であることを、同じ訓練を繰り返して身体で理解して習慣として身につけていく。

　保育者は、いつもとは違う緊迫した場面での不安な気持ちの子どもの思いに共感しながらも、素早く子どもの人数を確認して部屋の中央に子どもを集め、子どもの頭と体に布団を掛けて覆った。また、「大丈夫、一緒にいるよ」「暑いけれど布団で頭や体を隠したから、何かが落ちてきてもケガしないね」「静かにできて、よく頑張ったね」など声をかけ、その後子どもたちをおんぶひもでおぶって1階のホールに連れていった。

　緊急の時こそ、保育者の冷静な判断と行動が、子どもの不安な気持ちを落ち着かせる。さらには、いずれ子ども自身が周囲の状況を見て判断し、行動を起こすための基盤にもつながっていると考えられる。

事例③　「痛いし危ないから、ラインの中には来ないでね」 4歳

　園庭のすべり台で遊んでいた４歳児。先頭の子どもが勢いよくすべり降りた姿を見て、他の子どもたちも引き続きすべり降りた。ところが列の最後のヒロくんは、その時降りた先の園庭をたまたま横切って走ってきた子どもとぶつかった。

　この後、ヒロくんの痛そうな顔つきを見た子どもたちは、すべり台を何回かすべり降り、降りた場所と園庭で他の遊びをしている子どもとがぶつからない位置の距離を確かめ、その位置に棒でラインを引いた。その後、「この棒で引いたラインから中は、誰かがすべってきてぶつかると危ないから入っちゃいけないっていう線だよ」「走ってきた子がラインの中に入らないように、ここで見ていよう」「ヒロくん、入っちゃいけない印のラインを引いたから、もうぶつからないよ」などと言葉を交わし、満足気の子どもたちだった。

　あなたは、事例のように子どもたちが自分の体験を安全な生活に生かすようにするには、保育者の援助はどうあったらよいと考えますか？

事例③を読み解く　安全な遊び方を子ども同士で考え出す姿

　すべり台は、子どもにとってとても魅力的な遊具である。園庭にあり大人の背丈よりも高いところから勢いよくすべり降りる爽快感が、人気の理由と思われる。しかし、事例のように一歩間違えると子ども同士のトラブルの原因になったりケガの原因になったりする場合もある。

　事例のヒロは、すべり降りた勢いと、走って横切った子どもの勢いの両方でぶつかって痛い思いをした。この様子を見た子どもたちは、自分たちでどうしたら痛い思いをせずにすべり台で楽しく遊べるかを、懸命に考えていた。実はその時保育者が、「すべり降りたら、どこまで行くんだろう？」とあえて子どもたちに聞こえるようにつぶやいていた。そこで子どもたちは何度もすべり降りて距離を確認したり、安全なゾーンを見いだしてラインを引いたりしたのである。さらには、他の子どもにラインの意味を言葉で知らせたり、痛い思いをしたヒロを気づかったりもしている。

　痛い思いは、子どもが見通しをもち、自分たちでどのように安全に遊ぶかを考えるきっかけとなった。保育者は、トラブルやケガの危険を回避するあまり必要以上に環境を整備し過ぎないよう意識し、もしもそのような機会があれば適切に捉えて、子どもたちが自ら安全な遊び方について考えるような促しを行うようにしたい。子どもの安全に対する総合的な見方や考え方は、このようなことからの体験的理解や言葉なども基盤として育まれるものである。

事例④　「煙体験のあとで」　　　　　　　　　　　　　　　　　　5歳

　園では、毎月「安全教育」の観点から様々な場面を想定して生活安全・交通安全・災害安全の指導を行っている。3歳から入園したショウくんは、地震の後に火災が起きた想定の訓練で初めて、消防署の方が設置した「煙体験ハウス」に入る体験をし、実際の煙がもうもうと立ち込める中で先に進むには、口にタオルを当てたり、しゃがんで身体を小さくして前に進んだりする避難の方法を知った。

　その後、帰りの前のクラスでの話し合いでこの初めての訓練に臨んだショウくんは「今日は部屋の中で煙がすごくて、前が全然見えなくて怖かったけど、ちゃんと逃げられたからよかった」と自分の体験をみんなの前で話すことができた。

初めての煙体験の訓練で、地震や火事の怖さを身をもって知ったショウ。あなたは、安全に関する指導で子どもにどのような意識づけをする援助が必要だと考えますか？

事例④を読み解く　様々な災害への備えと子どもの安全への意識

　地震、火災、津波、洪水、土砂崩れ、台風、竜巻、感染症の流行等、近年では想定を超えた大きな災害が各地で起こっている。園は様々な災害を想定して、保護者や地域とも連携を取りながら避難訓練等の対策を実施している。

　事例では、実際に発煙筒で煙を焚いたハウスに入った子どもが、自分では思いもよらない煙の勢いの怖さや、その場面でどのような行動を取ればよいかを身をもって知り、クラスの友達にも発表する姿が見られる。実体験で得られた煙の怖さは、友達に伝えようとする自分の言葉に置き換わり、子どもの安全への意識を高めていることが見てとれる。安全のための訓練や指導などにおいては、実際に事例のような施設を利用できない場合、ICT機器を活用して映像や音声などを見たり聞いたりし、できるだけ実体験に近い活動とすること等も子どもの意識を高めるためには必要であろう。

　このように、保育者には、災害などの緊急時にどのような行動をとることが必要なのか、子ども自身が具体的な体験を通して理解できるような援助が求められる。さらには、子どもが実体験して驚いたり、怖かったり、不安だったりした気持ちをその場で終わらせず、クラスの子どもみんなが災害に対する意識を高めていくことにつなげるような保育を行う必要がある。

　あわせて、この事例のような、子どもが初めて体験した「煙体験ハウス」での避難の仕方やその際の子どもの思いを、降園時やクラス便り、園便り等で保護者にも通知し、家庭でも保護者と子どもが様々な災害に遭遇した際、どのような行動をとるか話し合うきっかけとしたい。

事例⑤　「イカのオスシ[1]」って知ってるよ　　　3〜5歳

　夏休みに入る直前に地域の警察署の方が園に来て、交通安全・生活安全に関するDVDを子どもたちに見せ「知らない人についていかない・知らない人の車にのらない・おおきな声を出したり防犯ブザーを鳴らしたりする・怖かったら大人のいる方にすぐ逃げる・どんな人が何をしたのか家の人にしらせる」の五つが大切であることを指導した。この後子どもたちは互いに「イカのオスシ、イカのオスシ」と口々に唱えていた。

　子どもたち自身が「イカのオスシ」という唱えことばを正確に理解しておらず、ただ唱えているだけになっています。あなたが保育者なら、自分の身の安全を守るための唱えことばだと子どもが理解するために、どのような援助を行いますか？

事例⑤を読み解く　唱えことばの内容を子どもが理解する

　「イカのオスシ」という唱えことばが気に入り、繰り返して言い合う子どもたちの姿であるが、大切なことは、この言葉の意味を子どもがどのように理解しているかである。3歳児、4歳児、5歳児のそれぞれの年齢によっても、個人の発達の違いによっても、理解している実際の意味や内容には差があると思われる。

　そこで保育者は「いかない、のらない、おおきな声で、すぐにげる、しらせる」の意味を、子どもがわかりやすく具体的に理解することができるように援助しなければならない。たとえば、見知らぬ人から声をかけられて気軽に後をついて行くと身の危険が迫るという寸劇を保育者が演じてみせるなどである。寸劇で演じることで、子どもはその内容を聞くとともに視覚でも捉えることができるため、体感的に理解しやすいであろう。また、身に危険が迫ったことを感じたらすぐに大声を出す、防犯ブザーを押すなど子どもが周囲に知らせる具体的な方法も知らせるとよい。

　唱えことばであったものが、子ども自身の理解につながって、初めて言葉は本来の意味と意義をもつ。

2節のまとめ

　日常の体験や安全指導を受けた体験を、子ども自身が安全な生活に生かす力に結びつける保育の在り方は、どうあればよいのだろうか。冒頭に記したように、安全面のみに着目した保育では、子どもの主体的・対話的で深い学びであるアクティブラーニングとはなりえない。

1）防災用語に用いられる「いかのおすし」は、各行政団体、教育委員会等で、示唆する内容が異なる場合があります。

次のように整理した内容を確認してみよう。

（1）保育における安全管理

　安全管理の視点では、まず園の環境を定期的、日常的にも点検して常に子どもの安全に対する注意を払うことや、事件、事故、災害発生時の危機管理においては、子どもの安全を最優先にして、迅速で的確な対応を行うことが求められる。この際には、当然ながら園の保育者や職員同士、保護者、地域の人々、近隣の関係諸機関等との連携と連絡が欠かせない。

　また、安全とは事件、事故、災害だけに関わるものではなく、病気など生活上の事柄も含まれる。事案が発生した時に対応することはもちろんだが、その前に予防的取り組みを行うことも重要である。そのためにも保育者自身が、日頃から様々な出来事に備えるための準備と学びを積み上げることが欠かせない。

（2）危険に対する感性を育む

　子どもが安全に対する感性を磨き、自分の身を守る生活習慣を定着させていくために、日々の遊びの中で危険な遊び方や危険な場所を子ども自身が身体で少しずつ理解して、会得していく必要がある。このことは、入園から卒園までの期間、それぞれの年齢に応じた遊びや活動を適宜計画に位置付け、子ども自身が安全な生活についても好奇心や探究心をもち、学びを深める機会とするよう保育者も意識する必要がある。

　さらに、子どもから生まれた自然発生的な遊びに関しても、保育者はその中に安全に対する子どもの気づきや感性を的確に捉え、発達の見通しをもって見守ったり、子どものつぶやきを他の子どもにも伝えたり、子どもが安全な環境を自分たちでつくれるような場や道具、遊具などを整えたりして、繰り返し援助することが求められる。

（3）自発的に考え、行動することを目指す

　子ども自らが災害時等の行動の仕方がわかり、安全に気をつけて行動することができるようになる姿が見られるようになるためには、単に安全指導を訓練として行って終わりにするのではなく、その指導が子どもにとってどう理解されたか、方法と内容を常に振り返ることが求められる。また、生活安全指導、交通安全指導、災害安全指導いずれにしても、年間の指導計画に子どもの発達や時期を考慮してバランスよく取り入れるとともに、子どもの姿や教職員の連携等を基にした事後の反省を生かした柔軟な計画の見直しも必要となる。

　このような柔軟な指導計画の見直しと保育実践を繰り返し行うことで、3歳児で入園した4月に訓練用のサイレンがなってもどう行動してよいかわからない子どもも、4、5歳児の避難の仕方を見て学び、やがては、自分の身を守るために保育者の指示を聞いたり行動を起こしたりすることが身につき、事故や災害発生時に自ら安全な行動をとることができるようになる。

3　安全管理に関する教職員の連携

　園では、様々な職種の人々が保育に携わっている。また、時間帯や曜日によって、子どもの保育に関わる教職員は違う。安全な園生活を保つためには、教職員の知恵と工夫をもち寄った連携は欠かせない。

　実際に、どのような連携の仕方が行われているかを、事例を通して探っていく。

事例①　「連絡カードに載っていないお迎えの方には？」　2歳

　アキラくんのお迎えは、いつもはおばあちゃんかお父さんと決まっていた。ところが、今日は「アキラの祖父です」という方が迎えに来た。園への送り迎えの方は、保護者に顔写真付きのカードで登録していただいており、このカードへの登録がない方への子どもへの送り迎えは、安全面から対応できない旨を各家庭にお知らせしてあった。

　そのため、遅番の保育者はすぐに確認の電話を父親に連絡を入れた。父親からは、祖父は送り迎えをする者としてカードに登録されてはいないものの、今日は事情があり、父親も祖母もアキラくんの迎えに行けないので祖父に迎えを頼んだ…という返答だった。

　あなたはこのような場合、保育者同士や保護者にどういう方法で確認するとよいと考えますか？

事例①を読み解く　子どもの安全を守る教職員の協力体制

　保育所や子ども園では、保育者の勤務体制は早番、中番、遅番等シフト制で組まれる場合がほとんどである。朝の迎え入れは早番の保育者、お迎えの際の引き渡しは、遅番の保育者の受け持ちであろう。一人の子どもの安全面や健康面を保育者同士が共通に理解するために、口頭伝達に加え連絡ノート等を活用した文章伝達も欠かせない。朝晩の担当者は、朝迎え入れた時に保護者からうかがった昨日から今朝までの子どもの様子を次の中番の担当者に引継ぎ、中番は日中の子どもの様子や次の日の持参物などを遅番の保育者に引き継いで、遅番は迎えに来た保護者に丁寧に伝える必要がある。

　帰り際の引き渡しの際は、子どもの個人情報に関わることも多く含まれる内容となるので、

引き渡しの相手が本人とどのような関係があるのかを必ず確かめなければならない。このためにも、送迎時に登録のない方が園に来た場合、どのように対応するかを定めた規定を作り、全教職員が同じ行動がとれるように周知徹底する必要がある。

　この事例では、迎えに来る親族として登録されている父親にすぐ電話をし、父親や祖母が迎えに来ることができない理由を確かめた。あわせて、園内での保育者、職員同士の連絡不足がないかを再度確認する必要もある。

事例②　「散歩に行く際の、保育者の役割分担」　4歳

　秋のすがすがしい気候の午前中、4歳児クラスの子どもたち30名が2クラスで合わせて60名、近くの公園に散歩に出かけた。いつも遊び慣れている園庭よりも広く、いろいろな遊具も設置されている。また、近所に住む家庭の保護者と小さい子どもや近隣の他の園の子どもたちも集まってきており、通常の保育とはまったく違う環境であった。

　行き帰りには、片道ほぼ20分の時間がかかる。保育者は、道を歩く際には交通安全を守ること、公園で遊ぶ時は必ず保育者の近くで遊ぶこと、トイレに行きたくなったら一人で行かずに保育者に伝えることなどを子どもたちと話し合って出発した。

　あなたは、園外に子どもたちが散歩に出る際にはどのような危険があると想定しますか？　その危険に対して、保育者同士の役割分担は、どうあればよいと考えますか？

事例②を読み解く　安全と保育者の役割確認

　園外に散歩に出る際には、保育者は交通安全面や不測の事態に備えて臨機応変に子どもの状態に合わせた行動を取ることが求められる。二列で歩道を歩く時に先頭に立つ保育者、列の半ばで子どもの脇を歩く保育者、最後尾を歩く保育者、列から遅れて歩く子どもの歩調に合わせて歩く保育者、信号のない場所を横断する時に横断中の子どもを車や自転車から守る保育者、広い公園内で遊ぶ時に全体の様子を把握する保育者と個別の対応をする保育者、トイレに連れていく際に一緒に行く保育者、緊急事態が発生した際に園に連絡を入れる保育者等を想定し、事前に実地調査を行って、散歩に出る子どもの年齢や人数、付き添う保育者の人数等に応じて、保育者同士が役割を分担して連携を図りながら実際の散歩を安全に行えるようにする必要がある。

　また、想定外の事態が起きても、臨機応変なその状況に応じた判断力と行動力が求められる。常日頃、普段からの保育者間の意思疎通が常に図られている体制こそが必要なのである。

3節のまとめ

　安全管理に関する教職員の連携について、日々の保育の中で様々な場合を想定し、その際にどのように連携することがより子どもの安全を守れるか検討を重ねて実践する事例を見てきた。安全教育の全体計画として、生活安全、交通安全、災害安全を位置づけることはもちろんだが、それらにおいてさらに次のような連携の図り方にとって大事なことについて考えてみよう。

（1）連携のための行動指針を準備する

　保育は一人の保育者だけが子どもへの責任を担っているのではなく、それぞれの立場や役割やその時々の状況等に応じて、子どもに対する保育者の指導内容の連携をし、共同して行うものである。かといって、常に連携する前提で他人任せになる部分があり、自分一人では何も判断できないというわけにはいかない。いつでも、どんな場合でもその場にいた一人が瞬時に判断を迫られることもある。そのような場合に正しい判断を行うためにも、普段から、保育者同士が互いに知恵を出し合って、災害や事故を想定した保育者の役割分担、指揮系統、連絡体制、行動リスト等、具体的なマニュアルを作成し、必要な対応がとれる体制をつくることが求められる。

（2）保護者や地域機関との連携

　保護者への降園時の引き渡し方法や、災害時の引き渡し方法に関しては、入園の際や、進級の際等の保護者会や手紙、掲示物等も利用して詳細に園の方針を伝え確認したり、保護者の防災意識を高める啓発活動を行ったりすることで、保護者との間で様々な共通理解を図っていくことも欠かせない。

　また、事故や災害を想定した園内での体制づくりや、保護者との情報の共有と連絡の取り方、引き渡し方法、あわせて地域の関係機関等との連携の強化等は、園や保育者に今後さらに求められる内容である。ここでいう地域の関係機関等とは、たとえば警察署、消防署、保健所、児童発達支援センターや学校施設などの公的機関のほか、一時避難所となりうる近隣のスーパーマーケットなどや地域の住民も含むものである。園は日頃からこれらと緊密に連絡をとり、いざという時の連携の仕方の確認や、合同避難訓練や地域の防災訓練を行うなどして、地域で子どもの安全を守る体制を園が率先してとる姿勢をもっておきたい。

（3）適切な情報の入手とそれを基にした連携

　昨今では情報機器、システムの発達により、様々な安全に関わる情報が配信されている。災害に関しては、気象庁から出される緊急地震速報や記録的短時間大雨情報等に基づいた地方自治体からの自然災害に関わる避難勧告、避難指示がある。また、広範囲なものでは、国民に様々な危機が及ぶ恐れの際に総務省消防庁から出される全国瞬時警報システム（Jア

ラート）のほか、地域の警察署から発信される不審者情報等まで、様々な情報を入手することができる。

　子どもの安全を守るため、園ではこれらの情報がどのような危機を示すものであるのか、またどのように入手し、その情報に対してどのような判断をくだすのか、日頃から備える必要がある。保育者としても、これらの情報を基に、迅速に判断し行動するための知識と判断力、そして行動力が求められる。

　以上のことを踏まえて、身近な生活や環境に潜む危険な場面や、大きな事故や災害を教訓にして、どんな場合にどんな対応が必要となるか、様々な場面を想定した連携の在り方を模索し続けることが保育者には必要なのである。

第10章

気になる子どもと健康

　これまで「気になる子ども」という言葉は、発達に何らかのつまずきが
ある、またはそれに類する言動や行動が見られ、保育者が保育に困難や不
安を感じる子ども、という文脈で用いられる場合が多かった。しかし、本
章で対象とするのは「特別な配慮を必要とする子ども」であり、その指し
示す範囲はさらに広い。幼稚園教育要領第1章第5「特別な配慮を必要と
する幼児への指導」には、障害のある幼児、海外から帰国した幼児や生活
に必要な日本語の習得に困難のある幼児の幼稚園生活について示されてい
る。一方、同要領第3章第2「子育ての支援」や保育所保育指針第4章「子
育て支援」にあるように、虐待や、ひとり親家庭、相対的貧困の問題の中
で育つ子どもが園に在籍することも少なくない。彼らもまた特別な配慮を
必要とする子どもである。

　そこで本章では、領域「健康」の指導について、「日本とは異なる文化
的な背景のある子ども」「発達上のつまずきや疾病のある子ども」「家庭の
養育に困難がある子ども」などに関する事例を挙げて考えていく。

1　日本とは異なる文化的な背景のある子ども

　ここでは、日本とは異なる様々な文化的な背景のある子どもを取り上げる。法務省「在留外国人統計2019年／0歳〜9歳までの人数」（中長期在留者及び特別永住者）によると、日本には2019年6月現在で、外国を故郷としている17.3万人ほどの子どもたちが住んでいるが、両親のうち一方が外国にルーツをもつ子どもも増加している。さらに、両親も子どもも日本の国籍であるが、外国で出生（誕生）し、あるいは長期間暮らしてその国の文化に親しみ、日本語以外の言葉が母国語のようになっている子どもも増えている。

　このような子どもたちが園に在籍している場合、文化的な背景の違いから様々な課題が生じる。日本とは異なる文化的な背景のある子どもも自ら健康で安全な生活をつくり出す力を養うために、保育者としてどのような配慮が必要か事例を通して考えてみよう。

事例①　「午前より午後の方が元気なメグミちゃん」　　　　3歳

　3歳児クラスに入園したメグミちゃんの両親は日本人である。父親が日本の会社から韓国支社に転勤していた時、語学留学後引き続き韓国企業に勤めていた母親と出会った。母親は秘書として夜遅くまで勤務することが多かったので、メグミちゃんは韓国の保育所で生後6か月から過ごした。メグミちゃんが3歳になった年度末、父親へ転勤命令が出たのをきっかけに母親は退職し、家族3人で日本に帰国した。メグミちゃんにとっては初めての日本での生活と初めての幼稚園生活が始まった。

　入園後、保育者はすぐにメグミちゃんに気になる姿があることに気づいた。登園時刻に遅れることが多い上、昼食前はボーッとしていることも多い。仲良しになった友達がままごとをしていると寄っていくのだが、ただそこにいるだけで遊ぼうとする気配もない。一斉活動時の製作活動では、座っていてもすぐに姿勢が崩れてしまって保育者の手助けが必要である。ところが、給食を食べた後は元気に友達とも関わって遊んでいる。

　保育者の気づいたメグミの気になる姿から、あなたなら何を原因と考え、どのような援助をしますか?

事例①を読み解く　　**保護者が生活リズムの大切さを実感できるように**

　保育者が保護者にたずねたところ、メグミは韓国在留中、夜遅くまで起きていても朝8時半頃には保育所に預けられていた。保育所で朝食も出るので、早く起きて登園前に朝食をと

らせる習慣が家庭ではできていなかった。保護者はメグミの気になる姿に気づいた保育者からメグミの園での姿を聞き、しっかり朝ご飯をとることや規則正しい生活リズムで過ごすことの重要性に気がつくことができた。

その後、両親は話し合い、メグミの生活を朝型にするよう努力した。また、園でも午前から体を十分動かす活動を楽しめるよう指導を工夫したことで、メグミは朝から意欲的に活動できるようになった。メグミの変わっていく姿を保育者が母親に伝えたことで、保護者の生活リズムへの意識はさらに高まり、メグミはますます明るく元気に行動するようになった。

「早寝早起き朝ごはん」（平成18年設立「早寝早起き朝ごはん」全国協議会と文部科学省連携の普及活動）の啓発活動が続けられているが、大人の夜型の生活に巻き込まれ、就寝が10時過ぎの子どもや適切な時間や内容の朝食をとることができていない子どもは少なくない。幼児期に適切な生活リズムで過ごすことは、子どもが健康に成長・発達していくために欠かせない条件である。家庭での生活リズムは、保護者が整えるものである。保護者に適切に情報を発信しつつ、保護者を励まし支援することは容易ではないだろうが、子育て支援としても重要である。

事例② 「好き嫌いの問題ではないのだけれど…」 　　　4歳

　4歳児クラスのマララちゃんは、元気で明るく友達と仲良く遊び、日本語でのやりとりも問題がない。所属園は給食を出しているが、マララちゃんの保護者は、宗教上禁じられている食べ物を子どもに食べさせたくないと考え、お弁当を持参させている。毎月の誕生会後のお茶会や行事での会食等の場合は、マララちゃんが口にするものの材料等には配慮したものを準備するようにし、保護者に説明するなど努力もしているが、保護者の希望をすべて叶えるまでのことはできないのが現状である。その結果、園が用意するものに似ているおやつなどを持参する。

　ある日の昼食時、保育者の背後でマララちゃんの泣き声が突然聞こえた。びっくりした保育者が振り返ると、マララちゃんの隣のアキラくんも困った表情をしている。保育者は「二人は仲良しのはずなのに、一体どうしたのだろう」と思いながら、そばに駆け寄った。

　マララちゃんに訳を聞くと「アキラくんが『やせっぽち』って何回も。『給食食べないのはわがままじゃないか。何でも食べない子をやせっぽちって言うんだ』って言うの」と泣きながら話した。その後、アキラくんは謝り、マララちゃんも「いいよ」と言ったのでこの場は済んだ。

　保育者はマララの保護者の考えを尊重し配慮して対応していたつもりですが、結果マララにもアキラにも悲しい思いをさせていたようです。あなたが保育者だったらこのような時、どのように子どもに働きかけますか？

(事例②を読み解く) **みんなと食べることを楽しみ、食を学ぶ体験をする**

　このような事案は、アレルギーのある子どもの場合にも起こり得ることであり、保育者は丁寧な対応をとるよう心がけたい。

　この事例では、アキラの言葉には矛盾があるが、仲良しのマララに伝えたかったことは感じ取ることができる。後日、保育者がアキラにこの時の気持ちを聞いてみたところ、マララと同じものを一緒に「おいしいね」と言いながら食べたいと思っていたことがわかった。

　保護者の思いを尊重してできるかぎり配慮することは欠かせないが、子ども同士の気持ちも理解し配慮することも忘れてはならない。子どもの健康な心と体を育てるためには、和やかな雰囲気の中で教師や他の子どもと食べる喜びや楽しさを味わうなどの体験も大切であるからである。

　さらに、このようなことをきっかけにして「体をつくるものは肉だけでなくて魚や豆もだよね」と栄養に関する知的な好奇心の芽生えを促すこともできる。子どもの食べ物に関する関心が広がってくれば、アレルギー等の体質や疾病、栄養、文化などの様々な違いを肯定的に受け止める体験もできるだろう。子どもたちが様々な場面や人と一緒に食べることを楽しめるようになるために、保育者自身が正しい知識や理解を深めて配慮する必要がある。

事例③　**「生まれて初めての地震の避難訓練」**　　5歳

　ムハンマドくんは、エジプト人の父親の転勤でエジプトから両親と共に8月下旬に来日し、2学期開始時に幼稚園に入園した。入園時、日本語をほとんど話せなかったムハンマドくんだが、明るい性格ですぐに友達と一緒に遊ぶようになった。そのため、保育者は園生活にスムーズに慣れるだろうと考えていた。

　入園した次の週のこと。園では地震を想定した避難訓練を計画していたのでその前日、保育者はスマホの翻訳機能を使って母親に避難訓練の経験の有無をたずねたところ、エジプトでも避難訓練を経験しているらしいことがわかった。そこで、保育者は大丈夫だろうと考えいつものように行うこととした。

　避難訓練の警報は、ムハンマドくんが保育室にいる時に鳴った。ムハンマドくんは緊張した表情でまわりを見た。しかし、「地震です。机の下に入って頭を守りましょう」というアナウンスで子どもたちが机の下に潜り込む様子を見ると、急に笑い出した。保育者が慌ててムハンマドくんを机の下に入るよう促したが、その手を振り払ってみんなが身を隠している机の下をのぞき込んで面白そうに笑う。保育者は思わず、強い口調で「ムハンマドくん、ダメでしょ」と言って机の下に押し込んだ。ムハンマドくんは驚きと不服そうな表情で保育者をにらんだ。避難訓練は経験しているからムハンマドくんもわかるはずと思っていた保育者は、すっかり動揺

してしまった。

保育者は事前に確認したつもりでしたが、内容が正確に伝わっていなかったかもしれません。あなたが保育者なら、事前にどう考えて対応しますか？

事例③を読み解く　安全を守る習慣や態度を育むための文化的配慮

　後になってわかったことだが、エジプトは大きな地震がほとんどないため、ムハンマドにとって地震を想定した避難訓練は初めての経験だった。机の下に潜る友達を見て、ムハンマドはゲームのように思ったらしい。言葉がわからないこと、初めての経験であることから起きた出来事である。

　避難訓練は、子どもが災害時に自分の身を守るための行動の仕方がわかり、安全に気をつけて行動する気持ちと態度を育む機会である。異なる文化的な背景をもつ子どもの場合、想定している災害の事態や、その際に取るべき望ましい安全な行動を理解しにくい場合がある。

　保育者は、そのような文化による違いがあることを踏まえて、その子どもがどこまで理解できているかを把握する必要がある。その上で、子どもが具体的に災害をイメージし、自分の身を守るための行動について考えることができるように、練習の様子の写真を見せるなど事前の働きかけを行うことが大切である。

1節のまとめ

　本節の冒頭で保護者が日本国籍である、ないに関わらず日本とは異なる様々な文化的な背景のある子どもの数を紹介したが、意外に思われる方や心理的に隔たりを感じる方もあろう。実際、地域に応じた実情も大きく異なり、局所的には、外国にルーツをもつ子どもが多く在籍する園の隣の園にはそのような子どもがいないということもある。また、外国籍であるが同じルーツの子どもたちが在籍する園もある一方、一つの園にいくつもの異なる文化的な背景のある子どもが在籍している園もある。自分がそのような園の保育者であることを想像して必要な配慮や視点を整理してみよう。

（1）子どもの情緒の安定を図る

　子どもは、遊びの場では言葉が通じなくても一緒に楽しむことができる。また、言葉での会話が成立しなくとも、他の子どものしていることを見てまねすることによって、集団生活に適応していく。このことは、子どものもっている素晴らしい特性だといえよう。しかし、保育者が言葉による表現にこだわっていては、子どものこの特性は生きてこない。保育者は子どもの行動すべてから外国籍の子どもや外国にルーツをもつ子どもの言いたいこと、感じていることを理解しようと努めることが必要である。また、伝えたいことはどのようにしたら子どもが理解しやすいのか、と考え工夫する必要がある。写真を使って話す、実際に行動する前に他の子どもがするモデルを見せるなど、その場その場で様々な指導上の工夫ができるであろう。

　また、子どもも知らない言語の中で生活するのはそれなりにストレスがある。子どもの情緒の安定を図るために、挨拶や誉め言葉、「No」を意味する言葉など自分の気持ちを表現する簡単な言葉を、必要に応じて外国語、日本語の双方を保育者が使うことを薦めたい。そうすることで、外国籍の子どもや外国にルーツをもつ子どもは保育者に信頼感をもち、登園を楽しみに思うようになるであろう。このような保育者の配慮や行動は、子どもたちが文化的な背景の違う子どもと過ごすときのモデルとなるだろう。子ども同士が、温かい触れ合いの中で自己の存在感を感じ、生き生きと行動するためにも重要である。

（2）保護者の様々な困り感や、ストレスに気づき配慮する

　生まれ育った地域と文化的な違いのある場所で生活するということは、多くの場合誰しもがストレスを感じる。ましてや、子育て中の保護者であればなおさらのことである。日々の生活上での困り感や故郷から離れた喪失感のようなものや、子育て習慣の違いによるストレスもあろう。特に保護者が感じる小さなストレスは未解決のまま蓄積されていくと大きなストレスとなり、子どもが安定感をもって行動することのリスク要因となる。

　保護者が安心して子育てをできるように、園には子育て支援の役割も果たすことが求められている。子どもが園生活を楽しく過ごせるよう、保育者が指導を工夫することはその一つである。また、保護者にきちんと伝えたいことがある場合、外国籍の保護者との共通理解の上で齟齬が生じないように、十分な注意、配慮を行うことが大切である。地域やケースによって違いはあるが、通訳の方を斡旋するサービスや日本語を学ぶことができるサービスもある。また、園で必要とする文書の読み書きや会話のできる地域の人材も、音声翻訳のできるICT機器の活用も有効である。園にとって、保護者、子どもにとってどのような方法が最適か検討しつつ、保育者は相手の身になって働きかけて、慣れない土地で暮らす保護者の子育てを支援していきたい。

（3）「文化の違い」を面白がるゆとりも必要、と考える

　ある園の保育者から笑い話のような本当の話を聞いたことがある。弁当箱、箸、ランチョンマット、コップを用意することを外国籍の保護者にわかるように工夫して何度も伝え、当日、子どもは保育者が伝えた通りの弁当セットを持ってきた。しかし、いざ、ふたを開けると何も入っていなかった、という体験談である。即座の判断と対応が必要な場面であったので、その場は子どもが困らないように対応したということである。後でわかったことだが、その保護者の地域の文化では食事とは必ず温かいものを食べることであるらしい。したがって、弁当箱に入れる中身（食べ物）の説明はないので園で用意する、と思っていたとのことである。「文化の違い」の象徴的な出来事である。

　保護者の解釈を「思い込み」と言えば言えるのだが、よくよく考えると弁当を持ってくること、すなわち、中身も入っていると決めているのも保育者の「思い込み」かもしれない。

　子どもたちは様々な子ども同士一緒に暮らす中で、食習慣や歯磨きの習慣、うがいの習慣などに違いを感じることがあるだろう。多様な文化的な背景をもつ子どもの保育を通して、

子どもが健康で安全な生活に必要な習慣や態度を身につけることができるよう、保育者が柔軟に明るく前向きに考え取り組んでいきたい。

2　発達上のつまずきや疾病のある子ども

　診断のあるなしに関わらず発達上のつまずきがある子どもには、生活に適応しにくい理由がある。日常の生活に適応しにくいことがあるという点では、発達に障害のある子どもや疾病等が原因で長短期間の入退院を繰り返している子どもと同様である。加えて、その困難さが外見からは見えにくい場合は、さらに他者から誤解されたり必要な配慮を受けられなかったりすることによって新たな困難が生じることがある。

　一人ひとりの子どもの心身の成長・発達を支援する保育の場でその子にふさわしい生活のために配慮することは、障害者差別解消法（平成25年6月制定、「障害を理由とする差別の解消の推進に関する法律」）を引き合いに出さずとも、当然のことと考えたい。

　ここでは、それらの子どもがみんなと一緒の生活を通して自ら健康で安全な生活をつくり出す力を養うために、保育者としてどのような配慮が必要か考えていくことにする。

事例①　「どうやったら自分で食べられるようになるの？…」　3歳

　4月に保育所に入園したセイジくんは全般的に発達が遅れているようだが、詳しく診断が出ているわけではない。

　保育者が当初一番困ったのは、セイジくんが給食を自分で食べようとしないことだった。保護者に聞くと、「手づかみで食べることが多いですが、食べさせちゃうこともあります」と言う。保育者が「自分で食べられるよね？」「みんな、自分で食べてるよ」とスプーンやフォークで食べるよう促しているのだが、ちょっと目を離すと手づかみでご飯を食べるので、結局、保育者が食べさせていた。徐々に、セイジくんは保育者に食べさせてもらうのを待つようになってしまった。

　3歳児の他の子どもたちは、スプーンを使って食べたり、挑戦して食べようとしたりしています。あなたなら、このような時どうしたらよいと思いますか？

事例①を読み解く　子どものできることから始める

　入園前に園で行う行動観察や保護者面接で聞き取る成育歴等の内容に応じて、専門機関等のアセスメントを受ける場合がある。その結果は保護者と園に報告される。入園が決定すると、園内でその子の発達特性等を共有し、園の体制の調整や指導方法や内容の見直しなどの配慮をする。

　子どもの成長・発達は一様ではない。発達につまずきのある子どもには、他の子どもと同

じように できることもあるができないこともある。「この年（月）齢ならこれができて当然だから」というような子どもの実態にそぐわない保育の中では、発達につまずきのある子どもが伸び伸びと行動し、充実感を味わう体験をすることは期待できないであろう。保育者は、一人ひとりの子どものできること、ありのままの姿を受け止め、子どもがもっている能力を最大限発揮しながら成長・発達していくことができる環境を整え保育を展開する必要がある。

　さらに、場合によっては専門家や専門機関の支援を要請し、協力して保育にあたることも重要である。このように子どもや保護者を中心として、園が他の機関と連携していくための施策は国や各自治体で進められている。園においても、様々な問題を抱え込まずに、積極的に外部との連携を活用していくための体制づくりが望まれる。専門家の支援を受けながら子どものよさやもっている力を把握し、食事、衣服の着脱、排泄など生活に必要な活動を自分ですることができるように、今この時点での目標を設定し、それを達成する手立てと環境づくりを考え、指導方法や環境を修正していくことが大切である。

事例②　「お母さんが心配しているけど、楽しかったから」　4歳

　ユミちゃんは赤ちゃんのころから重篤な食物アレルギーだった。しかし、保護者の徹底した食品管理と適切な医療ケアによって、4歳児で担任した保育者からすると本当にアレルギーであったのか信じられない健康な状態になっていた。

　活発なユミちゃんだが、自然物に自分から触ろうとせず不安げな表情を見せる。保育者が保護者にたずねたところ、子どものショック死を恐れながら育ててきたこと、医師が何でも触ってよいと言うが、いつもアレルギーのことを心配して接していると話してくれた。

　保育者は、ユミちゃんが大好きなお店屋さんごっこを仲良しのミヤちゃんと一緒にする場面でなら、不安な気持ちを忘れて活動するのではないかと考えて、タイミングを探っていた。ある日、ミヤちゃんとユミちゃんがアクセサリー屋さんごっこを始めようとしているのに気づいた保育者は、「アクセサリー屋さんでこんなおしろいを売ったらお客さんたくさん来るだろうなあ」とつぶやいた。そして、用意しておいたオシロイバナの粉を入れた小さな容器を開けて自分の鼻筋に粉を付けて見せた。それを見た二人は「売る！」と言ってその容器を並べた。保育者がさらに種から粉を作ると、ミヤちゃんがユミちゃんに「一緒におしろいつくろうよ！」と誘った。二人が種を割って作った粉をケースに入れて並べると、他の幼児がお客さんになって集まった。

　アレルギーに対応し、いまだ保護者が不安で心配をもつ中、あなたなら自然物に触れることに不安をみせるユミにどのように働きかけますか？

※植物の取り扱いについて、誤飲等に注意して行った活動事例です。

（事例②を読み解く）　**保護者の気持ちに影響を受ける子どもの心の健康**

　健康上の理由からできる遊びや生活を制限されていた子どもが、治療終了後も保護者の気遣いや不安などを敏感に察知して伸び伸びと活動できないことがある。事例のユミの保護者も、医師から問題はないとの診断が出ているにもかかわらず、いまだアレルギーに対応して「常に我が子の命を守らなければ」という強い緊張感や不安をもっていたとのことである。そのような保護者の気持ちが知らないうちにユミの心に影響していたのであろう。

　このような場合、保護者の我が子に対する気持ちをすぐに変えることは難しいが、そのような中でも伸び伸びと活動する喜びを子どもに味わわせることは保育者の役割である。そのために、安全について保護者や専門家などに確認した上で、子どもの興味や関心に応じた活動の予想を立て、さらに不安を抱かないような環境を準備しタイミングよく提示する必要がある。

事例③　「上手にできない…　でもやりたかったの」　　5歳

　マイちゃんは先天的な疾患のため下肢の運動に困難があり、5歳時で入園するまで入退院を繰り返していた。入院の必要がなくなり、医師の許可も出て待望の幼稚園生活を始めた。

　マイちゃんは、入園後も運動的な遊びをしようとしない。しかし、母親からは「家族で野球を見に行くのが好きだし、兄のストラックアウトのゲーム（ボールを投げ当てて的を抜くゲーム）を夢中になって応援している」と聞いている。

　保育者は、マイちゃんもストラックアウトのような運動遊びならやりたいのではないかと考えた。そこで、園長に相談し同僚にも協力してもらって、投げたボールが転がって戻るように傾斜をつけたストラックアウトのような遊具を大型段ボールでつくって設置し、やわらかいボールもいくつか用意した。

　新しい活動（環境）に多くの子どもが参加した。遊ぶ子が少なくなったところで保育者がタイミングを見計らってマイちゃんを誘うと、マイちゃんがやり始めた。保育者や友達が応援すると、ニコニコして続けるようになった。「惜しい！」「やったー！」など園では今まで言わなかった言葉を叫んで保育者をびっくりさせた。そして、「ほんとはやりたかったの」と言った。

　集団生活では、運動の遊びや活動に消極的になっている子どもがいる場合があります。そのような子どもにも運動の楽しさや心地よさを味わわせたいものですが、あなたならどうしますか？

(事例③を読み解く)　**苦手意識を忘れさせるような保育者の援助**

　この事例のマイは、疾病のためやむを得ず運動的な体験をせずに過ごしたのだが、兄の運動する姿にも憧れており、野球観戦の経験を通して勝敗の面白さも味わっていたことから、「自分もやってみたい、上手にやりたい」という気持ち、運動的な活動への興味や関心も育っていたと考えられる。

　しかし、競争心につながる「他者と自分を比べる心」が年齢相当に育っているマイは、「みんなの前で下手な自分は見せたくない」「失敗したくない」といった気持ちも強く、運動遊びに消極的だったのであろう。その気持ちに気づいた保育者は、マイの興味・関心に沿っているがマイのためだけでなく、みんなが体を動かすことを楽しめる環境を新たに設定し、遊ぶ子どもが少なくなりマイが気兼ねなく自発的に活動できるようなタイミングを見計らって誘っている。

　この事例のように、運動的な活動に消極的な子どもの心理を理解すること、参加を妨げている環境上の障害を取り除き、参加しやすい環境をつくる工夫を保育に組み込んでいくことなど、場合に応じた援助の仕方を工夫することが大切である。また、他の教職員に相談し協力を得ている点も注目したい点である。

事例④　「発達につまずきがある子のお泊り保育」　5歳

　2年保育の幼稚園に入園したシュウくんには自閉症の診断がある。入園当時は、興味や関心が薄く発語もなく他児に関心を示さないようだったが、進級時には友達がしていることをまねするようになっていた。集中力があり、好きになったことに根気よく取り組むためか、しだいに得意なことが増えた。友達に誘われたり話しかけられたりすると応じるようにもなった。

　夏には、年長児が楽しみにしているお泊り会がある。お泊り会への期待をもたせ、内容を事前に知らせるために昨年度のお泊り会のスライドを映して説明した時は、シュウくんもわくわくしているような表情をした。

　しかし、お泊り会実施1か月前のある日、シュウくんの母親から「お泊り会に参加させたいけれど、不安要素が多いのでやめさせようかと思う」という相談を受けた。

　お泊り会を行う場合、通常以上に配慮が必要な子どもがいます。あなたは、どのように計画を立てて実行しようと考えますか?

事例④を読み解く　発達につまずきがある子どもにとっての特別な行事や経験の意味

　保護者からも自宅からも離れて友達と夜を過ごすお泊り保育は、子どもにとって不安があり勇気も必要だが、行程を終えた時に湧き上がる自分への自信や子ども同士の仲間意識の高まりが期待できる行事である。園生活における様々な行事は、子どもたちにとって様々な活動に親しみ、楽しんで取り組む日常の活動のまとめとなるものである。発達につまずきがある子どもも、そのねらいを達成できるように、事前に昨年の様子を写真や映像で見せたり、行事全体での動き方を体験させたりして理解を促しておくなどの配慮が必要である。

　必要だと思われる配慮について三点挙げる。まず、保護者から普段の生活に加え家族旅行等の特別な生活行動での子どもの様子を詳細に聞き、予想される事態を最大限想定し、それに対する対応を考えておくことである。たとえば医療的に不安があれば、保護者と話し合い子どものかかりつけの医師との連絡方法等をあらかじめ決め、緊急の場合に備えておく必要がある。

　二点目は、日常とは異なる環境になることによって生じる子どもへのストレスを考え、あらかじめその対応策を講じておくことである。たとえば、不安を感じさせない行事や活動等の時間設定や、少しでも落ち着く環境構成などへの配慮である。その時点の子どもの状況に応じてもし必要があれば、例年の計画を修正することもあるだろう。

　三点目は、人的なサポート体制への配慮である。保護者と相談し、お泊り会当日のサポートをしてもらうことも方法のひとつである。なお、その際、対象の子どもの保護者が特別に見えないように計画全体に目配りすることが大切である。

　行事を経験することは子どもの育ちにとって大切な経験となるが、加えて特別な配慮を必要とする子どもの安心と安全のために、保護者と保育者だけでなく関係する大人が理解し合って協力し合えたら、その行事は障害のあるなしに関わらず、参加している子ども及び保護者にとって様々な意味で有意義な体験となるだろう。

2節のまとめ

　本節の冒頭で障害者差別解消法（平成25年6月制定）に触れた。すべての国民が、障害の有無によって分け隔てられることなく、相互に人格と個性を尊重し合いながら共生する社会の実現に向け、障害を理由とする差別の解消を推進することを目的として制定された法律である。障害のあるなしにかかわらず、どの子どもも入園を希望する園に入園し、友達と一緒にふさわしい生活の中で成長し発達するために必要な体験をできるように、園は合理的な配慮を行うよう努力することが求められているのである。

　ここではまとめとして、子どもの健やかな成長と発達を支えるための、生活や行事における合理的な配慮、及び計画の見直しを実行する際に役立つ巡回相談等の専門家との連携（以降、専門家巡回相談と記す）、次に、個人情報を扱う者として守らなければならない義務である守秘義務について考える。

（1）誰もが参加でき成長できる保育の実践に生きる専門家巡回相談

　専門家巡回相談の実施は、各地域で積極的に進められている。しかし、保育者が専門家に依存してしまい実際の保育に活用できていないのではないか、と憂慮する専門家や関係者の声は少なくない。では、保育者は専門家との巡回相談のような話し合いにどのように臨んだらよいのだろうか。

　専門家が招聘される多くの場合、保育者は事前に資料を作成するよう要請される。資料作成を大変な作業に感じ、わずらわしく思うかもしれない。しかし、保育者は自分の保育を振り返るチャンスと考え、資料作成に取り組んでほしい。保育者である自分はその子どもをどのように捉えているか、保育を行う上で自分が困っていることは何か、なぜ困ると感じるのか、と考えることが重要である。

　このように取り組むことは、保育者側が自分の保育全体を見直すスタンスに立つことになる。その上で専門家の意見を聞き話し合うことによって、「今、ここで獲得させたい行動や体験させたい内容」を焦点化することができる。さらに、子どもが様々な体験をし活動を楽しむために必要な、環境構成や活動の展開、声かけ、遊具や教材などを準備・計画し実行できるようになる。保育者としての誇りと自信をもって専門家巡回相談等を主体的に活用して、生活や行事での経験の見直しや合理的な配慮を実行してほしい。

（2）保育者としての守秘義務について

　子どもの情報を共有して園ぐるみで適切に指導することが求められている。しかし、同時に保育者の倫理を守ることを忘れてはならない。その倫理の一つとは守秘義務であって、保育者としての業務で知り得た事実や情報を漏らさないことであり、これは保育者に義務付けられているものである。保育者がこの守秘義務を徹底することは、保育を行う上で欠かせない保護者や子どもとの信頼関係の基盤であり、保育の成果を上げるための絶対に必要な条件である。

　個人情報を書いた文書やメモを職員室の机上に置いたままにしたり、パソコンに入力した情報を誰もが閲覧できる状態にしたままにしたりすることのないようにするのはもちろん、保護者が通る廊下などで保育者同士が個人情報を話していて、保育者のかすかな小声から個人情報が洩れることもあるので、このようなことのないようにしなければならない。

　また、専門家が訪問し対象児を知らせる際に、他の子どもが気づかないように配慮することも大事な守秘義務に関わる。守秘義務を守ることとその扱いは厳密であると同時に、ケースバイケースである部分もある。そのため、守秘義務を遵守して行動できる保育者となるために、折に触れて守秘義務について園で話し合い確認していくことが大切である。

3　家庭の養育に困難がある子ども

　一般的に「子どもを安定した家庭生活の中で愛情を十分注いで育てるのは保護者なら当然」と、家庭での養育を保護者の責任とことさらに捉える風潮がある。

　たしかに、平成15（2003）年7月公布・施行の少子化社会対策基本法[1]第2条（施策の基本理念）では、「父母その他の保護者が子育てについての第一義的責任を有するとの認識の下に」と盛り込まれている。しかし、続く第3条（国の責務）では「国は、前条の施策の基本理念（次条において「基本理念」という。）にのっとり、少子化に対処するための施策を総合的に策定し、及び実施する責務を有する。」、第4条（地方公共団体の責務）では「地方公共団体は、基本理念にのっとり、少子化に対処するための施策に関し、国と協力しつつ、当該地域の状況に応じた施策を策定し、及び実施する責務を有する。」と国や地方公共団体の責務が示されている。

　同様に、平成18（2006）年12月公布・施行の教育基本法第10条第1項（家庭教育）にも、「父母その他の保護者は、子の教育について第一義的責任を有するものであって、生活のために必要な習慣を身に付けさせるとともに、自立心を育成し、心身の調和のとれた発達を図るよう努めるものとする。」とあるが、続く第2項において、「2　国及び地方公共団体は、家庭教育の自主性を尊重しつつ、保護者に対する学習の機会及び情報の提供その他の家庭教育を支援するために必要な施策を講ずるよう努めなければならない。」という条文が明記されている。

　これらの法令から、子どもの養育はそのすべてを保護者の責任として捉えるものではなく、国及び地方公共団体の果たす役割も重要であり責任を担っていることがわかるであろう。

　現在、放課後の子どもの見守り、あるいは食事提供など養育困難な家庭で育つ子どもを支援する地方公共団体、地域市民、NPO法人（特定非営利活動法人）等による動きが各地で広がりを見せている。背景として貧困、とりわけひとり親家庭の子どもの相対的貧困、養育者のうつ病等精神的疾患、地域や社会（人間関係）から孤立化した子育てなどが増えつつあるとともに、地域や社会において子どもが育つ環境の困難さへの認識が高まってきたことがあるだろう。

　このような社会的な背景に対して、園として、保育者としてできることは限られている。しかし、広い視野から養育に困難のある家庭とその子どもを理解し、子どもの育ちを支える保育、子育て支援を模索することは不可欠である。保護者も家庭環境も選べない存在である子どもに、よりよい保育を実践するために求められているものは何か考えてみよう。

1）少子化対策基本法…急速な少子化の進展に歯止めをかけ、子どもがひとしく心身ともに健やかに育ち、子どもを生み育てる者が真に誇りと喜びを感じることのできる社会を実現するために、少子化社会において講ぜられる施策の基本理念を明らかにし、少子化に的確に対処するための施策を総合的に推進するため制定された法律。

| 事例① | 「大人の顔色をうかがっているようなのは、思い過ごし？」 | 2歳 |

2歳のサトミちゃんと生後5か月の弟は、6月に両親とともに母親の実父のアパート近くに転居した直後、子ども家庭支援センターで保育所入園の申し込みを薦められた。その後、職員会議でその経過が説明され話し合った結果、受け入れ人数に余裕もあることから年度途中での入所が決まった。

サトミちゃんはその年齢としては、衣服の着脱や排泄の自立、挨拶などの言葉などの面でよく育っている。また、遊具を他の子どもに取られそうな場面でも、サトミちゃんは自分から譲ることができる。ただ、その時にサトミちゃんが大人の顔を見ることに担任保育者は違和感をもつことがあった。

担任は、サトミちゃんの他の子とちょっと違うことが気になっていたが、他の保育者は何も言わないので自分で思い込んでいるだけ、と思っていた。

ある日のお迎え時、母親が担任に「誰にも言ったことがないんだけど、先生だから言うけど…」と夫から暴力を受けていることを、打ち明けたのだった。

> サトミの姿に違和感を感じつつ、「この年齢の子どもが大人の顔色を見て自分の欲求を我慢することはないのではないか」と保育者は考えましたが、自分の思い込みに過ぎない、と黙っていました。あなたなら子どもに違和感をもった時にどのように行動しますか？

事例①を読み解く　行動に隠れている子どもの気持ちへの気づき

ドメスティックバイオレンス（DV）は、外部の人に気づかれないように行われ、本人が訴えないと気づかれないことが多い。このケースでも、母親の受けた傷は太ももや背中など服で隠れるところにあって誰も気がつかなかった。

保育者は母親から聞いた話をすぐに所長に報告した。その後の聞き取りで、DVは子どもの前でも行われていたことがわかった。つまり、子どもたちは、父親の言動が暴力にエスカレートしていく経過も見ていたことになる。DVを子どもに見せることも児童虐待である。虐待を受けたと思われる児童（子ども）を発見した場合は、すぐに市町村、都道府県の設置する福祉事務所あるいは児童相談所に通告しなければならない（児童虐待の防止等に関する法律第6条1より）とされている。即座に所長は通告し、その後の措置がとられた。

サトミはDVの経過を見聞きし、優しい大人でも恐ろしい行動をすることがある、と体験的に理解し、大人の顔色をうかがうように行動していたのだろう。保育者は子どもの行動を観察し記録するという行為を積み重ねて、子どもの行動からその心情を理解できるように自分の力量を高めていく必要がある。そして、子どもの気になる変化や子どもらしからぬ姿などをキャッチした時は、一人で抱え込まずに同僚や管理職に相談しよう。

| 事例② | 「かわいいと思う気持ちまで忘れてたって気づかされました」　4 歳 |

　ミキちゃんは、母親と二人で暮らすようになってからぼさぼさの髪で登園する日が続いている。時には前日の汚れた服を着ていることもある。ある日、担任がミキちゃんの髪を優しくとかして持参したかわいいゴムで結ってあげると、ミキちゃんはうれしそうな顔をしていた。その後は、いつもより笑顔も多く楽しそうに見えた。帰りには母親がどう思うか気になるのでゴムは取ったが、それから時々、担任はミキちゃんの髪を整えてあげるようになった。

　しかし、ある日を境にミキちゃんは髪をとかして髪型を整えて笑顔で登園するようになった。しばらくすると、「歯磨き、上手にしたい」と前より丁寧にやるようになった。担任がほめて理由を聞くと「お母さんが前みたいに、夜、歯磨きの仕上げをしてくれるの」とうれしそうに答えた。母親にそのことを話すと、母親は「ミキが前みたいに明るくなったでしょ。先生がこの子の髪を結ってくれることをミキから聞いて、忙しくてこの子をかまってあげる余裕がなかったなあ、この子をかわいいと思う気持ちを忘れてたなあって気づいたんです」と話してくれた。

　子どもの行動や様子に違和感を感じた場合、あなたならまずは子どもにどう関わりますか？

(事例②を読み解く)　**子どもの様子で気づいたことからできることを考える**

　この母親は離婚によって、祖父母の援助もほとんどない状態で子どもを育てる生活を始めたところだった。離婚手続き等で疲れていた母親にとって、勤務と家事、育児のすべてを一人でこなすのは大変だったのである。子どもの身のまわりの世話をしたくてもできない状況にある保護者にとって、他者に心を開いて自分の困難さを相談することは難しいことと思われる。

　元々この母親は、子どもをかわいいと思う気持ちがあったのだが、生活に追われて子育てにまで気持ちを向ける余裕を失っていたのである。このような保護者に対して「保育者として何ができるのか」と問われて、簡単に答えるのは難しい。

　この事例の保育者の行為はミキの気持ちを明るくした。そして、家庭でも見せたそのようなミキの変化は、母親の「子どもをかわいいと思う気持ち」を取り戻させ、さらには保育者に話してみようという気持ちを誘発したのであろう。

　事例のような子どもの状況に出合った場合、関わり方、援助のための様々な手段や方法がある。この保育者の行為が最適だったかは別として、この担任のように、子どものために保育者としてできることを探っていく必要があることを考えさせられる。

事例③　「心の安定を図っているんですが、今日はこんなことが…」　　5歳

　リクくんは、両親と小学一年生の兄、3歳の弟の5人家族の次男である。ある時期からか昼食を終えると担任におんぶをせがむようになった。担任保育者は要求に応じるのだが、なかなか満足せず降りようとしない。リクくんにはその前から気になることがいくつかあった。たとえば、前年度修了した兄、そして年少クラスの弟の服はいつも手入れの行き届いたものであるのに、リクくんは襟がよれてしまったTシャツや着古したような服だったりする。おんぶの要求が激しくなる前、担任が母親と気楽に会話できていた頃、「兄弟で服の好みが違うんですね」と言ったことがある。その時は「ええ、この子はアイロンがかかっていたりするのを嫌がるんですよね。ルーズな感じの服ばかり着たがってね。何だかみっともないようにも思うんですけどね」と話していた。しかし、最近は担任がお迎え時に母親と話したいと思っても、いつも素早く帰ってしまうので話もできない。

　リクくんのこのような姿と母親の送迎時の態度は他の保育者も気づいており、学年の週日案打ち合わせや保育者同士の会話等で話題によく挙がっていた。そこで、おんぶの要求は心の安定を欲していると捉えて対応し、その他の行動は保育者全員で見守り対応することにした。

　間もなく、リクくんの兄が通っている小学校の一年生が園の作品展を見に来園する機会があった。一年生が玄関で待機していた時、リクくんが担任と一緒に兄の前を偶然通りかかった。リクくんが素早く兄を見つけて「お兄ちゃん」と駆け寄った。隣の児童が兄に「誰？」と聞くと、兄は「知らない」と言って顔をそむけた。リクくんはがっくり肩を落として通り過ぎた。

> 　子どもの行動や様子が変わって虐待を想起しても、子どもからも保護者からも情報が得られない場合、あなたはどうしますか？

事例③を読み解く　虐待が疑われたら

　リクの頻繁におんぶをせがむ行動は、保育者の間で話題に挙がることが多かった。また、担任はおんぶをしてあげた後の様子や対応の是非に関する悩みや、送迎時に保護者と話そうとしても話す機会がもてず困っていることなどを週案の反省欄に記入していた。園長からのコメントも書かれており、子育ては大丈夫なのかと、みんなで気にしていたケースである。

　保育後、担任からこのことを報告された園長は、主任と同学年の保育者も呼んでリクの行動やこれまでの対応について話を聞いた。気になる行動にまつわるこれまでの記録も改めて確認した。そして、継続的に講師として招聘している心理の専門家に相談し、教育委員会と連携し以降の対応を行った。その後、このケースは心理的虐待として対応されることとなった。

　児童虐待は4種類（身体的虐待、性的虐待、心理的虐待、ネグレクト）に分類されているが、これらが複雑に絡み合って起こる場合もある。さらに、まわりから見た「子どもに虐待をする保護者の姿」のイメージも様々である。虐待の問題は根が深いといえよう。

　虐待のケース会議で様々な専門家と保育者が同席することがある。その場合、子どもの日常を客観的に把握している保育者であれば、心理など他の専門家がその子どもの状況を適切に理解できるように、子どもの記録と分析を示して集団生活の場での子どもの姿をより的確に伝えることができる。子どもの心身の健康な育ちのために、保育者だからこそできる最善の関わり、保育や個人観察等の記録を心がける必要がある。

事例④　「内気な性格だと思って気にしなかったけれど…」　　　5歳

　メイちゃんは父方の祖父母と二世帯住宅で住むことになって、母親の実家のある地方から5歳時の新学期に転園してきた。

　メイちゃんの担任保育者は新卒一年目で、困ったことがあると、主任保育者に相談する。親身になって一緒に考えたり教えてくれたりするので信頼しているのである。

　6月のある日、主任が「転園して2か月経ったけれど、メイちゃんって表情があまり楽しそうに見えないわね…。お母さんの表情も何となく暗く感じるの。3人で話せる機会をつくっていいかしら。園長先生もそうしたほうがよいとおっしゃるし」と担任に話した。担任は「メイちゃんは内気で静かな性格」だと捉えていたので、「私の保育に問題があるのかしら」とドキッとしたが、「主任は保護者の前でそんなことは言わないはず」と思うようにした。

　その後、機会をつくって話し合ってみると、母親は新しい生活への不安を抱いており、子どもにもその影が日常的に影響しているようだった。そこで、担任はメイちゃんの園での様子を伝え、主任保育者は子育てのアドバイスをした。地域のことなどいろいろなことも話し合った。

　メイちゃんはその後、母親が話したような引っ越し前の明るい子になっていった。

　あなたが担任保育者だったら主任から3人で保護者と話し合う機会をつくると言われたら、どう思いますか？

(事例④を読み解く)　**子どもが伸び伸びと生活することをまず考える**

　保育の基本は子ども理解にあるといってもよいほど大切なことであるが、それを的確にできるようになることは保育者にとって大変難しく、一筋縄ではいかない。座学も必要であるが、個人として生きる中で体験し気づく様々なことによって、人間理解は深まり、子ども理解も適切にできるようになるからである。今はできなくとも、自信を失ったり、保育者とし

ての資質に欠けると悲観したりすることのないようにしたい。この時に肝要なのは、自分の落ち度を責めるのでなく、まず子どもが伸び伸びと生活することを考え、他の保育者を信頼し、学ぼうとする姿勢であろう。

　この事例の主任保育者は、メイと母親の様子を見ていて「今、ここでの子どもの行動」からその子どもを理解するだけでなく、保護者の暗い様子が続くことからうつ状態が疑われるのではないか、と推察し、それによる子どもへの影響も懸念して話し合いの場を設定したのであろう。

　子育て中の保護者に悩みや不安はつきものといってもよいだろう。しかし、その保護者の悩みによって、子どもの心に不安が生じ、伸び伸びと活動することが妨げられてしまうようなことは避けたい。この主任のように園長に相談し保護者との窓口となり、さりげなく保護者の気持ちを開き、不安をやわらげ、子育てを楽しく思えるよう支援すること、そしてこの担任保育者のように、素直に他の職員の意見に耳を傾けることは大事にしたいと思う。

３節のまとめ

　本節の冒頭で、保育者は目の前の子どもを見つめるだけでなく、広い視野をもって子どもを見ようとする視点が必要だと述べた。保育者は子どもの健康な心と体を育て、自ら健康で安全な生活をつくり出す力を養うために、また、子どもが安定感をもって行動し伸び伸びと活動を楽しめるように、と指導している。しかし、大多数の子どもとは違うものを必要としている子どもたちもいることを忘れてはならないと思う。それらの子どもたちが根本的に必要としている支援は、社会的養護の部分が多いかもしれないが、事例で考えてきたように保育者だからこそできること、しなくてはならないことは多い。一人ひとりの子どもの育つ家庭や保護者の様子にも目を配り、子どもに必要な援助や指導を、そして保護者には子育ての楽しさややりがいを感じ取れるように、相手に応じた子育て支援をしていく必要がある。

　子どもと保護者等保育対象者の関係者について職務上知りえた情報の扱いは、特に注意が必要である。しかし、特に本節の事例のような虐待が疑われる場合は、その限りではない。少々、長くなるが根拠法原文を確認しておこう。

- 「学校、児童福祉施設、病院その他児童の福祉に業務上関係のある団体及び学校の教職員、児童福祉施設の職員、医師、歯科医師、保健師、助産師、看護師、弁護士その他児童の福祉に職務上関係のある者は、児童虐待を発見しやすい立場にあることを自覚し、児童虐待の早期発見に努めなければならない。」（児童虐待の防止等に関する法律第5条1）
- 「児童虐待を受けたと思われる児童を発見した者は、速やかに、これを市町村、都道府県の設置する福祉事務所若しくは児童相談所または児童委員を介して市町村、都道府県の設置する福祉事務所若しくは児童相談所に通告しなければならない」（児童虐待の防止等に関する法律第6条1）。
- 「市町村、都道府県の設置する福祉事務所又は児童相談所が前条第一項の規定による通告を受けた場合においては、当該通告を受けた市町村、都道府県の設置する福祉事務所又は児童相談所の所長、所員その他の職員及び当該通告を仲介した児童委員は、その職

　　務上知り得た事項であって当該通告をした者を特定させるものを漏らしてはならない。」
　（児童虐待の防止等に関する法律第 7 条）
　虐待を発見した場合、誰しもが関係各所に通告しなければならないことは第 6 条 1 に示されているが、とりわけ保育者は児童虐待を発見しやすい立場にあることを自覚し、児童虐待の早期発見に努めなければならないと第 5 条 1 に示されている。また、通告を受けた側（行政、児童相談所等）は、通告者の情報を漏らしてはならない、と第 7 条で明記されていることを理解し、保育者はしっかりと行動することが大切である。
　それらの法律があっても「間違っていたらどうしよう」と不安になるかもしれない。そのためにも、先述した子どもの記録は重要になる。この場合の記録は、子どもと保育者を守るためのものとなる。
　次に大切なことは保育者同士、その他の職種の職員も相手を尊重しつつ、考えなどを言い合える関係を築くことである。担任保育者だけが子どもや保護者の姿を見ているわけではない。園には主任保育者、事務職など様々な職種の同僚がおり、また勤務の形も様々である。保育者と関わっている時以外の子どもや保護者の姿を、そのような同僚は見ていることもあろう。その情報も聞くことができるような園では、保育の場面だけから子どもを理解する場合よりも適切な理解に近づける可能性は高いに違いない。また、熟達保育者が経験の浅い保育者よりも適切な理解や判断がいつも必ずできるとは限らない。熟達者も見間違えることもある。そのようなことを全員が心にとめて行動できるとしたら、それは健康な心と体をもつ子どもを育てやすい状況となるだろう。たやすいことではないだろうが、園内の協働の実現に向かって体制づくりをし、心を合わせて取り組むことが望まれる。そのことによって、日常的に関わる保育者の負担を少しでも軽くすることができるであろう。
　園内の協働だけでなく、同時に園外の専門機関や専門家との協働も大切であることは、事例でも述べたとおりである。連携に当たってはあらかじめ園として、教育委員会、児童家庭支援センターや児童相談所等の各機関と各々の分限と役割を確認し、その範囲で見通しをもって組織ぐるみで行動しなければならない。形だけの交流や他の専門家の話を聞くだけの連携では保育に役立つ連携にはなりにくい。保育者には、保育の専門家であるという自覚と責任感、誇りをもって外部の専門家と連携してほしい。
　保育のどのケースにも絶対の正解はない。養成校でも、さらに保育者になってからも様々な子どもや人々、多様なケースに関わるだろう。様々な意見を聞き、受け止め、おおいに考えたり悩んだりして、健康な子どもの育成のために自分の考えを深めてほしいと思う。

第11章

子どもの健康と
子育て支援・連携

　上の写真は、未就園児親子への読み聞かせ会の場面である。園は、地域の親子のために様々な支援を行っている。子どもの健康な心と体、安全な生活等がキーワードとなる領域「健康」は、保護者や地域の子育てへの支援や、そのために専門機関をまじえて連携・協働することが欠かせない。

　この章では、子どもの健康について、保護者や子育てへの支援、また、保護者や関連する地域と園との連携・協働などを視野に進めていく。

　学生の皆さんには、もし自分がその場の保育者であったらと、近い将来の自分のこととして捉え、学びの主体者として考え、周囲の人と対話を交わしながら、自らの学びを深めてほしい。また、すでに保育者として日々子どもたちと接している保育者の皆様には、子どもたちの「健康」を軸に自身の保育を振り返り、より豊かな保育を目指すためにおおいに参考にされることを期待したい。

1　情報を媒介とした支援・連携

　インターネット環境やスマートフォンの普及で、昨今は誰もがたやすく、かつ、自分の手元で瞬時に多くの情報を入手することができるようになった。子育てに関しても、インターネットなどの情報に加えてパンフレットやフリーペーパーなどからの情報も有り、情報過多ともいえる時代である。一方で、あふれる情報に何が正しく、何を信頼したらよいのか、何を選択すべきか等の判断に保護者が迷う実態もある。また、本当に知りたい情報が適時に得られるとも限らない。こうした実情を踏まえる時、日々子どもや保護者と接しているからこそ可能となる、園ならではの情報提供の在り方があるのではないかと考える。きめ細かい、子どもや保護者の実態に即した情報提供を通して、直接的な支援にとどまらず、未来に向けた子どもの成長を願った啓発的な支援にもつなげていきたい。

事例①　「赤ちゃんの爪切り」　　　　　　　　　　　　0歳4か月

　ユウナちゃんは生後4か月になる。夫婦にとって初めての子どもである。産休が明けてすぐに園に預けて仕事をしながらの子育ては、大変といえば大変だが、ユウナちゃんの成長を楽しみに、夫婦で協力し合っている。最近は、帰宅後、母親が食事の支度をする間に、父親がユウナちゃんをお風呂に入れるという流れができている。

　その日、お風呂から上がって、父親と過ごしていたユウナちゃんが突然大声で泣き出した。父親が伸びていたユウナちゃんの爪を切っていたのだが、痛い思いをさせてしまったらしい。幸い血が出るようなケガにはならなかったが、「赤ちゃんの爪切りは難しいよなあ！」と父親が申し訳なさそうに言う。

　二人で育児書や教育書などを調べてみた。だが、爪を切る必要性は書いてあるものの、切る目安や切り方のコツなどについて書かれているものは見当たらなかった。「そういえば…」と、母親は園だよりを思い出した。「あった～」と思わず叫んだ母親の視線の先には、コラム「赤ちゃんの爪切り」があった。二人でコラムにしっかり目を通し、ユウナちゃんの爪切りを無事に終えた。

コラム　赤ちゃんの爪切り

　赤ちゃんの爪は切ってもすぐに伸びてきます。新陳代謝がとても活発だからです。着替えや入浴の時などに注意してチェックしましょう。爪の先が指の先より伸びていたら切るサイン！指を横から見るとわかりやすいですよ。切る時は、爪の白い部分が0.5～1mmくらい残るようにし、両端から少しずつ丸く切っていきます。こうすることで巻爪や深爪を防ぐことができます。こまめなチェックが、赤ちゃん自身のケガも、まわりの人のケガも防ぎます。ハサミは赤ちゃん用を使いましょう。

**　あなたが保育者なら、赤ちゃんの健康について、園だよりなどで保護者に伝えたいと思うことは何でしょうか？　園だよりが子育てに果たす役割を考えてみましょう。**

<hr/>

（ 事例①を読み解く ）　**身近にあった子育てのヒント**

　初めての育児には誰しもがとまどう。生後4か月のユウナの爪切りに苦心する事例の父母も同様であろう。核家族が多くなった昨今は、育児にとまどった時に、祖父母などすぐに相談する相手がそばにいるとは限らない。必然的に何らかの情報を探し対処することになる。

　子どものしつけや教育についての情報をどこから（誰から）得ているかという調査[1] では、多い順に、①母親の友人・知人（70.7%）、②インターネットやブログ（64.5%）、③テレビ・ラジオ（54.0%）、次いで、④母方の祖父母（44.8%）となっている。事例の二人が手に取った育児書や教育書などの書籍は、（23.4%）で9位であった。

　結果的にユウナちゃんの両親は、園だよりにあった「赤ちゃんの爪切り」で適切な情報を得て、その後はユウナちゃんに痛い思いをさせることなく、何とか爪を切り終えた。

　先の調査では、情報源として「園だより」という項目は無かったものの、6位に「園の先生」（36.5%）が挙げられている。園の先生が発信した「園だより」が、園からの情報として直接的な子育てへの支援につながっている例といえるのではないだろうか。

　赤ちゃんの健康について、あなたが保育者なら、園だよりなどで他にどのようなことを伝えたいと考えただろうか。平成30年度から実施の保育所保育指針 総則第2章 保育の内容1乳児保育に関わるねらい及び内容(1)(2)には、「視覚・聴覚などの感覚」「運動機能の発達」「生命の保持」「情緒の安定」「健康な心と体」「健康で安全な生活」「身体感覚」「食事・睡眠等の生活のリズム」「授乳」「離乳」「おむつ交換」「衣服の着脱」「清潔」等々、赤ちゃんの健康に関するキーワードが並ぶ。これらを参考に、グループでディスカッションするなどして保護者が知りたいと思う具体的な事柄を考え、園だよりで伝えたいことを挙げてみよう。

<hr/>

事例②	「離乳期の親の悩み」	1歳0か月

　ミュちゃんは、1歳児クラスに5月から途中入園してきた。入園前の親子面談では、まだゼリー状のベビーフードしか食べたことがないという。一方で、ミルクは、夜寝る前に240ccを飲んでいるだけであることもわかった。

　慣らし保育の1日目。おやつに、保育士が、まだミュちゃんは使ったことがないというコップを使って牛乳を飲ませてみた。ミュちゃんはひと口、ふた口目は、やや違和感があるようなそぶりを見せたが、保育者の介助もあり、少しずつではあったが、50ccほどを上手に飲み干した。

　慣らし保育3日目には給食が出された。ミュちゃんにとっては、初めて口にするものが多い。肉じゃが、ホウレンソ

<hr/>

1）ベネッセ教育総合研究所『第5回　幼児の生活アンケート「第2章第6節　しつけや教育の情報源」』2015年（平成27年）

ウとシラスの甘酢和え、味噌汁という献立であった。何とミユちゃんは完食し、保育者に、満足そうな笑顔を見せた。

> あなたは給食を食べ終えたミユちゃんが見せた笑顔にどのような意味があると考えますか？　離乳を進める時に課題となることも挙げてみましょう。

つづき

　数日後、園には、ミユちゃんの食べている様子を廊下からソッと見る母親の姿があった。園では母親に時間を取ってもらい、栄養士と離乳食についての相談をする機会ももった。相談後、母親からは、「何をどう、いつ頃から食べさせたらいいかが、ずっとわからなくて…」という言葉が聞かれた。

事例②を読み解く　こうやって作れば私にもできる！

　その後、ミユの離乳は順調に進んだという。体調を崩すこともなく、園でもよく遊び、よく食べ、よく眠った。入園後10日もたったころには、顔がふっくらしてきて、母親、保育者共に喜びを分かち合った。

　乳幼児の「子育て中の家庭教育」について、次のような調査結果がある[2]。1歳児の親の79.1％が、子育てについて不安やイライラを抱えており、その原因で共通して多いこととして、「しつけ」「子どもの性格や癖（くせ）」等と共に、「子どもの食事」が挙げられている。

　子どもの食事は、子どもの心身の健康な発達や成長の基盤をなすものであり、きわめて重要である。しかし、核家族が大半を占めるようになり、親が、身近で気軽なアドバイスを受けたり、相談したりする場が減少している。母乳やミルクによる授乳期を経て、いつ、どのように離乳食を始めるか、多くの母親が日常的に困難を感じているであろうことは想像に難くない。事例のミユの母親も、「何をどう、いつ頃から食べさせたらいいかが、ずっとわからなくて…」と、その心情を述べている。

　この事例で特筆すべきことは、園が行った具体的で即時性のある情報提供ではないだろうか。母親にとっては、まさに、一目瞭然の学びであり、子育てへの得難い支援といえるであろう。実際に調理された肉じゃがなど具体物を見ることに加えて、ミユの食べる姿も見ることで、「こうやって作れば私にもできる！」と、家庭での調理に意欲と自信を得たことであろう。

　また、栄養士によるレシピ（調理法）の伝達や、1歳児の食事に関するポイント等の伝達も、母親にとっては貴重な情報の獲得となったに違いない。

　さらに、離乳期に課題になることとして、昨今は特に食物へのアレルギーが挙げられる。園では、子どもが初めて口にするものは、まず家庭で試してもらい、異常がないかを確かめたのち与えるようにしたい。したがって、入園の際にアレルギーの有無に関する情報提供を家庭から得ることは必須であろう。

2）埼玉県家庭教育振興協議会『平成28年度　乳幼児家庭教育調査』報告書、2017年

事例③ 「講演会『ネット社会と子育て』を聴いて」 3〜5歳の保護者

　A園では、子ども・園・学校等を対象にしてネット社会への啓発活動に力を注ぐネットアドバイザーを招き、「ネット社会と子育て」をテーマに講演会を実施した。子育てへの影響や問題点と保護者の役割について情報を提供し、保護者の啓発に役立てたいという願いからである。

　4歳児と2歳児をもつ母親マミさんは、講演会の日時には予定があったが、"原則として全員参加"という園からのお知らせでしぶしぶ参加した。しかし、講演が進む中で、次第に自分のこととして身を乗り出すように聴く姿勢に変わった。小児科医のポスター「スマホに子守りをさせないで！」を目にすることはあったが、子どもはまだ小さいのでネットやゲームの問題はよそごととして捉えていた。しかし、講師の言葉に、何度もドキッとさせられた。まるで自分のことを言われているように感じることも多かった。マミさんはできる限りメモを取った。

> マミさんのメモ
> ●子どもが指で触わるその先は世界とつながっている。●スマホは現代のアヘン。●小学校1年生からネット依存で治療を受けている子どもが53万人。●勉強したらスマホをしていい？…交換条件は絶対に出さない…幼児期からのしつけが大事。●ママがネットに夢中になる➡食事はいつも買ってくるお弁当。●絵本「ママのスマホになりたい」…子どもが愛情に飢える。●子どもの前でスマホをしない。●大人が変われば子どもが変わる。●脳の発達や視力に影響。　…etc.

　講演会終了後のアンケートでは、保護者から多くの感想が寄せられた。

> ◎聴いていてドキッとさせられる言葉がたくさんあった。◎上の子の時は気をつけていたが、今、0歳児には目の前で使っていることもあり改めて考えていきたい。◎ネットやゲーム依存の怖さを知らなかった。ご褒美としてさせていたスマホ…今後考え直したい。◎ネットやスマホの良さもあるはずなのでそれも知りたい。◎ゲームやネットをまったく使わせないのは今の時代で無理なこと。せめて親子で使い方をしっかり考えていきたい。◎スマホはトイレに置いておくことにします（笑）…etc.

　A園では保護者の反響の大きさに驚いたが、今後も保護者に必要な情報を提供すること、園という保育の場での役割、地域の関係諸機関との連携等について全教職員で確認し合った。

**　あなたは、身近にあるインターネットやスマートフォンが、子どもの健康や発達にどのようなメリットがあり、どのようなデメリットがあると考えますか？**

事例③を読み解く　ネット社会での子育て支援（同「子育ての支援」、以下略）を考える

　近年個人が手元に持つスマートフォンは急速に普及した。多くの母親が日常的にスマートフォンを持ち歩き、子どもの目の前で利用してもいる。そのため母親の身近にいる子どもたちの、インターネットに触れる機会の低年齢化を招いている。そのような社会状況を踏まえ、

ポスター「スマホに子守りをさせないで！」（日本小児科医会）のように、乳幼児をもつ保護者に対し、スマートフォンを含むメディア（情報機器）との接し方について警鐘を鳴らそうと、社会全体に向けて啓発活動が行われている。その一例が本事例である。

　事例のＡ園ではこうした社会状況を受け、将来的な子どもの育ちへの影響として、今ここにいる乳幼児期の子どもたちの健康的な成長こそ重要であると捉え、保護者を対象に講演会を実施したものである。

　では、子どもたちへの実際の影響はどうなのであろうか。小学校４年生から中学校３年生までを対象にした調査であるが、以下の報告がある[3]。

> メディア依存度が高いほど
> 　○不登校傾向が高まる　➡　生活リズムが乱れる・就寝時間が遅くなる・睡眠不足で登校意
> 　　欲が著しく減退する・寝るために保健室に行く
> 　○家族からの信頼が低い　➡　ゲームやネットというメディアの中に居場所を求め、自分の
> 　　居場所に固執する
> 　○人のために何かしたいと思う気持ちが減る　➡　生身の人間関係に関心がもてない
>
> 　　　　　　　——などである。

　人々の生活や仕事を便利にするはずの情報機器が、乳幼児の健全な発達や成長にとって、功罪（メリット、デメリット）が表裏一体の関係にあることは否めないことである。

　さて、ここまでは、功罪の罪、すなわちデメリットと考えられることを挙げてきたが、事例の保護者の感想にもあるように、身近にあるインターネットやスマートフォンは、すでに私たちの生活に無くてはならないツールになっている。すぐに知識が得られることや連絡が取れることなど、功、すなわちメリットも大きい。今後は、こうしたメリットもデメリットも認識した上で、賢く付き合っていくことが求められよう。

　学生の皆さんはすでにインターネットやスマートフォンを便利かつ、無くてはならないツールとして活用していることと思う。昨今は、スマートフォン一つで、家族や友達との通信にとどまらず、不特定多数の他者と容易につながる手段が広がりを見せている。FacebookやTwitter、LINEなど、いわゆるSNS（social networking service）である。これらは機能性の違いはあるが、世界中、誰とでも投稿やメッセージのやりとりにより情報や意見交換ができ、さらには写真や動画を投稿・共有することができる。

　これから育ってゆく乳幼児は、すでにこうした環境が当然のように存在する中で成長してゆく。育ちゆく子どもの心と体の健康という観点から、ネット社会のメリット、デメリットについて改めて考え、子育てに関する支援の在りようを捉え直すことが重要であろう。

　3）山田眞理子『テレビ・DVD・ゲーム・携帯・インターネットと子どもの健康』2012年、母子保健情報 第65号

近年、必要な情報を得る手段は多様化している。保育や子育てに関しても例外ではない。先にも述べたが、保育や子育てに関しては、むしろ情報過多ともいえる実態がある。あふれる情報の中で、何が正しいのか、どれを選択するのか、迷ったり、悩んだりする親の姿が垣間見える。さらに、子どもの実態や親自身の経験の違いなどからそれぞれ異なった情報を必要とする環境にある。そのため子育てを支援する側にとっても、家庭や親の困り感にしっかり焦点を当てた有効な情報を提供することが課題となろう。

　子育て支援の観点から、保育現場における情報提供の手段を大別すれば、まずは、アナログともいえる従来からの手段がある。たとえば、紙媒体の手紙や連絡帳、園を紹介するリーフレットやパンフレット、口頭での伝え合いや講演・研修会などがあろう。一方で、情報を数値化したデジタルともいえる今後ますます拡大するであろう手段がある。たとえば、かなりの園で利用されているパソコンやタブレット、スマートフォンを介したメールやSNS等の連絡網、ホームページなどによる園の紹介やweb上でのやりとりなどが挙げられる。

　情報過多の時代にあって、情報自体もアナログからデジタルへとその様相の変化が加速度的に高まることが予想される。今後、園や保育者は、変化への対応に伴う役割や支援とは何かを考えねばならない。そこで、情報を媒介とした健康に関する子育てへの支援や連携を、改めて考えてみたい。

（1）保育現場における情報提供の現状

　第1節の事例①②③は、子どもの心身の健康に関する情報を、園がアナログともいえる従来の手段で発信し提供したという点では共通のものがある。

　事例①は、園だよりという紙媒体の情報提供が、子どもの爪の切り方という保護者にとっては切実な問題を間接的に支援する結果を生んだ。事例②は、保護者が園での様子を実際に見聞きする機会を捉えての直接的な支援が役立った。また、栄養士による口頭での実際の状況に即したアドバイスなどの情報提供も支援につながっている。事例③は、今後ますます進展するであろうデジタル化された社会がテーマではあるものの、子どもの健康についての講演という直接的な情報伝達が、未来にわたる子育て支援につながった事例である。

　他にも従来からの情報伝達の手段を用いて、各園が様々に工夫・開発しながら子育ての支援や連携を図っている例は多い。事例①②③以外の例を挙げると、園と家庭との通常のやりとりを行う日々の「連絡帳」がある。さらに、「食事の連絡帳」として、乳児の食事内容に焦点を当て、保育者と保護者が互いにやりとりをした試みがある。伊藤（2017）によれば、食事に関するやりとりをする中で、「保育士と保護者の関係性の変容に伴い、保育士と保護者の単なる情報交換の道具として使用されていた連絡帳が、次第に子どもを支援するための媒介物としての役割も果たすようになっていった」[4]という。

4）伊藤優『乳児に対する保育士と保護者の連絡帳を用いた連携の様相―「食事の連絡帳」のやりとりの分析から―』2017年、保育学研究第55巻第3号、p.33

　こうした取り組みからも明らかなように、現状では、紙媒体であったり、口頭であったりと、保育現場では従来からの手段で情報提供している実態は多い。

（2）今後予想される情報提供の変化

　昨今は、園から保護者への伝達や連絡手段として、電話による連絡網に代わり、保護者のスマートフォンやパソコンへ、メールやSNSなど各種ツールを利用して、配信に活用している園は多い。遠足や運動会の行事等での、天候による中止や開催時刻の変更や、重要な提出物等についての情報提供を、一瞬にして一斉に、かつ確実に行えるよさがある。
　さらに、保護者の側にとっても聞き間違いや勘違いも起こりにくいなどのよさがある。
　また、連絡帳・児童原簿・指導計画・保育業務の改善や効率化、保育の質の向上・管理等のために、デジタル化を研究・推進し、実際に活用する園も出てきている。

　下図は食事に関するナレッジテンプレート[5]で、一定時間内で食事することや好き嫌いをしないで食べる等の評価を効率よく的確にするためにデジタル化された評価基準である[6]。

「評価基準」
４．好き嫌いをせず、時間内に食べました。
３．励ますと嫌いなものも残さず時間内に食べました。
２．少し時間はかかりましたが、励ますと嫌いなものも残さず食べました。
１．嫌いなものを残してしまい、時間がかかりました。

　このようにベテランのノウハウを活用してデジタル化したものを活用することは、保育者の思い込みや主観に頼っていたことを排除でき、公平な評価を生むのだという。また、このデータをデジタル化した連絡帳で保護者に連絡したり、他の複数の帳簿に自動的に記録したりする等、保育業務の効率化や保育の質の維持・向上にも役立つという。このような取り組みが進むことにより、「健康」に関することに限らず、保護者への情報提供の在り方が、早晩変化することも予想される。したがって今後は、情報を媒介とした支援・連携が保育現場でどのように変化していくのか、また、変化の有無に関わらず大切にすることは何かなどについて十分留意しながら、子育て支援や連携の充実を図りたいものである。

5）ここでいう「ナレッジテンプレート」とは、ベテラン保育者のもつ知識やノウハウを生かしたひな形の意。
6）笹田慶次郎、新谷公朗、金田重郎『子育て支援を目指した「e―子育てNETシステム」の提案』2004年、第3回情報科学技術フォーラム、p.367

2　安全や予防のための支援・連携

　現代社会は、人々の安全・安心を脅かす事態がこれまでにも増して頻繁に見られるようになった。異常気象による猛暑や豪雪、大雨による土砂災害や河川の氾濫、火山の噴火や地震等、これまでになかった規模・頻度で自然災害に見舞われることが稀有ではなくなった。こうした自然災害も子どもたちの園生活に大きく関係するが、この第2節では、身近に起こり得るアレルギーの発作や感染症、事故等の健康や命の安全に関わる緊急事態に焦点を当て、子育て支援（同「子育ての支援」、以下略）も含めて考えてみたい。

事例①　**「園の談話スペースで病気がうつる？…騒ぎになり悩む」**１歳７か月・母

　地域のB園では、子育て支援の一環で園の一角を「談話スペース」として開放しており、ミカさんと1歳7か月のトモくんは、利用日に1～2時間親子共に楽しく過ごしていた。

　6月末にトモくんのすぐ上の4歳の姉が手足口病になる。病状は軽く、姉は、園（B園とは別）を1日欠席しただけで済んだ。ところが今度はトモくんが発熱し、手足にかなりの発疹が出た。そのためほぼ1週間、トモくんを姉の送り迎えに連れて行くのも、B園の利用も遠慮した。熱が下がり、発疹だけはまだかなり目立つものの、かかりつけの医師から「もう大丈夫。人にはうつらないですよ」と言われ、その足でトモくんを連れてB園を訪れた。この日、談話スペースはいつになくにぎわっていた。

　「あら、久しぶり。トモくん病気だったの？」「ええ、手足口病がお姉ちゃんからうつっちゃって。でもお医者さんがもう大丈夫って言うので少しだけと思って連れてきたの。家にいるとトモも元気が余っちゃって！」など話しながら、その日は30分程度で帰宅した。

　その日、夜になって親しいママ友から入ったLINEを見てミカさんは驚いた。談話スペースを利用したママたちが、ミカさんとトモくんが帰った後、B園の主任保育者に、「あんなにポツポツがひどくては、みんなに手足口病がうつってしまいます」「何とかそういう人の利用を止めるようにしてください」と談判していたというのだ。ミカさんはLINEを見た後とても落ち込み、B園の主任保育者に、電話で、医師の許可がおりたので参加したこと、周囲の人へも配慮していつもより早めに切り上げていることなどを伝えた。そして、トモくんにはかわいそうな思いをさせるが、しばらくB園に行くのを見合わせようと思った。

　あなたが、もしB園の保育者であったら、事例のような状況をどう考えますか？また、保護者支援の問題として、どう対応しますか？

（事例①を読み解く）　**体力が十分回復してからのご利用を**

　B園が子育て支援などの地域貢献のために設けていた「談話スペース」での事例で、親のそれぞれの事情が絡み合って起きたもめごとである。保育の現場では、保護者間で起きる類似の事例はけっこう見られる。感染症には、誰もが、不特定の場所や状況下で接触する可能性があるが、我が子が感染症にかかることや何らかの影響を受けることは誰もが避けたいことだからである。

　ミカさんには、医師に人にうつることはないと診断されたことで、"もう大丈夫" という想いがあった。しかし、自分の思いとはうらはらに、まだ発疹が目立つ状態で談話スペースに連れて行ったことを、まわりの親に "非常識な親" として捉えられてしまった。

　この事例では、保護者間の問題というより、むしろ園の対応が問われることになろう。子どもに感染症の疑いがあったり、発症したりした場合に、園が保護者に対してどのような対応をしているか、またそのことをどのように保護者に周知しているかが問われるのである。

伝染性疾患の登園停止期間

第 2 種

インフルエンザ：発症した後5日を経過し、かつ解熱したのち2日（幼児にあっては3日）を経過するまで

風疹：発疹が消失するまで

水痘：すべての発疹が痂皮化する（黒く乾く）まで

〜〜〜〜〜（途中略）〜〜〜〜〜

その他：溶連菌感染症、伝染性紅斑、手足口病、水いぼ、ヘルパンギーナ、突発性発疹、とびひ等については、かかりつけ医の指示に従って下さい。

　通常、園では、入園や進級当初に、左のような文書（一部）を配布したり、口頭で伝えたりして、感染症にかかったり、疑いがあったりする時のルールや規則を定めている[7]。

　まわりの子どもへの感染を最小限にとどめることだけでなく、その子ども本人の健康も守るためである。B園では、在籍する子どもの保護者には、入園時及び進級時に医師の指導の下に、文書を作成・配布していた。あわせて大切な点（左の文書下線部分）等を口頭で伝えていたという。したがって事例のようなトラブルは回避できていたと考えられる。

　しかし、談話スペースの利用者には、そうした周知がなされていなかった。もし仮に、"まわりの子どもへの感染を防ぎ、かかったお子さんが早く良くなるために、次のことを守りましょう" などとして、園が、マニュアルを作成し、談話スペースの利用者にも周知していたなら事情は違っていたかもしれない。参加の前提として、医師の診断許可（登園許可書）を得ていると、周囲の人々も考えるからである。

　B園ではその後、「談話スペース：利用者のしおり」に、感染症に関する事項を入れた。さらに、"医師の登園許可がおりた後も、熱が下がった直後や発疹が目立つなどの時は、十分回復してからのご利用にご協力ください" の一文を加えたという。

7）参照：厚生労働省『保育所における感染症対策ガイドライン（2018 年改訂版）』／『学校保健安全法施行規則第19条における出席停止の期間の基準』

事例②　「救急車を呼ぶ」　　　　　　　　園・保護者・医療機関

　2学期の半ばのこと。モトコ先生がぐったりしている3歳のミノルくんを抱きかかえて職員室に連れて来た。「意識がないんです。熱が高いみたいで！！」と言う。すぐにベッドに寝かせる。熱を測る人、顔色を見る人、保冷剤を両脇や内股に当てる人…　一気に職員室が慌ただしくなった。唇が紫色になったミノルくんを見て園長がすぐに「大変、救急車！」と119番へ通報する。モトコ先生が保護者に連絡を入れ、養護教諭を呼ぶ。その間、保育主任は唇が紫色になっているミノルくんに心臓マッサージを行う。

　数分経過後、救急車が到着する。ミノルくんを乗せてから、園の玄関前で何分か停車している。病院が決まったのか救急車が発車する。その直前、保護者が駆けつけ、養護教諭と共に救急車に乗り込む。

　ミノルくんは、熱性けいれんを起こしていた。あちらこちらへと子どもたちがそれぞれ思い思いに遊ぶ中、保育室に寝そべるような格好でうつぶせになっているミノルくんを、“他の子どもたちと様子が違う”と、モトコ先生が床に顔を付けてのぞき込み、異変に気づいた。結果的には大事に至らなかったが、救急車を呼ぶことが、園では初めてでもあったため、緊急時に誰もが落ち着いて対処するにはどうしたらよいかが話題に上った。

　　あなたは、モトコ先生がミノルの異変になぜ気づいたと思いますか？　また、「救急車の呼び方」について調べてみましょう。

事例②を読み解く　　『緊急対応表』の作成

組：幼児名		：　年　月　日生：　歳・男・女：身長　　cm		

救急車を呼ぶ！『緊急対応表』

発生　年　月　日（　曜）午前・午後　時　分　天候　　記録者

時　刻	症　状	処　置	処置者	備　考
：				
：				
：				
：				
：				

【行動手順、内容】
① 119番（救急車を呼ぶ）・養護教諭・看護師を呼ぶ
② 救急です！…（救急・火災の別）
③ 事故です！／急病です！…（事故・急病の別）
④ ○○園です…●●市○、●番地です…（園の名称・住所を明記）
⑤ 子どもの、年齢、性別、症状（時系列での変化、その他（身長・体重・生年月日等）
⑥ 電話をしている人の氏名／職名
⑦ 保護者への連絡…発生時刻／症状／処置内容／子どもの様子／
　　　　　　　　病院搬送の場合：救急車か園関係の車かの別・持参品（保険証・現金）
⑧ その他関係機関（者）への報告：市（区）の関係先・教育委員会等
　　　※ 事後報告：関係者への事後報告

　モトコ先生がもしミノルの異変に気づかなかったら、ミノルはかなり深刻な容態になったことが想像される。では、朝の好きな遊びの時間、子どもたち皆がそれぞれ自分の好きな遊びに取り組む中、大勢の中の一人であるミノルの異変に、モトコ先生はなぜ気づいたのか？　それは、日常の子どもたち一人ひとりに常に心を寄せ、遊びや友達関係だけでなくその子どもの状態をよく把握していたからこそであったろう。

　モトコ先生が、“いつもは元気いっぱいなのに”と、普段と違うミノルの様子に気づいたこと、そのまま通り過ぎずに“顔をのぞき込んで”見たこと、“他の保育者に知らせ応

援を求める”という行動をとったのは、保育者として当然とはいえ、きわめて重要な点である。

　その後、事例の園では、ミノルの一件を全保育者に周知し、必要な対応を共有した。その一環として、マニュアル【救急車を呼ぶ！『緊急対応表』】（p.221掲載）を作成した。その場に居合わせた誰もがわかる場所に掲示し、誰もが対応できるよう全保育者に周知を図った。また、こうした事後の園の取り組みを保護者にも知らせた。

　保育とは「保護・育成」とも、「養護・教育」ともいわれる。子どもたち一人ひとりをその成長や発達に合わせて育成・教育する側面と、個々の子どもに寄り添い保護したり養護したりする側面とをあわせもつ。そのことは園を問わず変わらないことであろう。

━━━

事例③　「うちの子アレルギーがひどいので〜緊急時対応の依頼の増加〜」園

　C園では、保護者からの保育中の投薬等の依頼が、近年少しずつ増加している。数年前までごくわずかの依頼しかなかったのに確実な変化である。たとえば、「熱性けいれんを起こすことがあるので、その前に、熱が37度8分を超えたら、この坐薬を入れてほしいんです」「アレルギーがあるので、場合によってはアナフィラキシーショックを起こすことがあります。その時は迷わずにこのエピペン®をお願いできませんか？」等である。

　園では、これまで、原則として、保育者が、保育中に、"薬を飲ませたり使ったりすることはお引き受けできません"との立場をとってきた。その理由は、「医療行為に抵触する懸念」「保管の問題」「他の子どもの誤飲等を防ぐため」「薬を飲ませる必要のある子どもは家庭で安静にしていてほしい」等からである。そもそも坐薬やエピペン®の依頼はこれまではなかったことである。

　しかし、昨今、アレルギーや熱性けいれんを起こす可能性のある子どもは増加の一途をたどっている。このまま、投薬等の拒否をしていてよいものかどうか、対応を捉え直すこととした。

　　あなたは「坐薬」「アナフィラキシーショック」「エピペン®」を知っていますか？正しい知識を得るためにこれらについて調べてみましょう。

事例③を読み解く　「与薬依頼書」の作成

　事例の園では、医師や養護教諭と相談し、これまでの方針（基本的に園での保育者による投薬は行わない）の転換を図ることとした。

　医師の証明と共に保護者からの「与薬依頼書」が提出された場合には、保育者等による投薬やエピペン®（p.174）の使用を引き受けることとした。一方で、平常の風邪ひきや腹痛などによる投薬等はこれまで通りの対応とした。

与薬依頼書

〇〇年　　月　　日

医師により下記の通り指示・処方を受けましたので、保護者に代わって与薬をお願い致します。以下保護者記入欄に間違いはありません。依頼通り与薬し、それに対して問題が生じた場合は、園の責任は問いません。

保護者名 _____ 印

（保護者記入欄）

園児名 _____

病名（症状）	
薬の名前	
薬の保管方法	
薬の服薬方法	
緊急連絡先	
医療機関名	
医療機関連絡先	
担当医名	

受付者名 _____

保育所記入欄	月　　日	月　　日	月　　日	月　　日
	受領者：	受領者：	受領者：	受領者：
	与薬者：	与薬者：	与薬者：	与薬者：
	与薬時間：	与薬時間：	与薬時間：	与薬時間：

※一部簡略しています。

「与薬依頼書」は、園長、養護教諭（看護師）、園医とで記載内容を検討・相談した上で作成した。実際に薬やエピペン®を使う状況に至ることはそう多くはないが、作成した後は、関係者の緊急事態への意識が変化した。保育者の緊急事態への改めての認識、保育者と養護教諭や看護師との密なる連携、保育者と保護者との子どもへの共通の認識等、医師も含めた互いの連携に関する意識の深まりが見られた。

　事例の園の「与薬依頼書」は、左図のような様式で下記の内容が盛りこまれている。

【日付】【保護者承諾内容】【保護者名印】【園児名】【病名】【薬の名前】【薬の保管方法と期限】【服用方法】【緊急連絡先】【医療機関名】【医療機関連絡先】【担当医名】【受付者名】／【保育所記入欄】（実施日／薬受領者／与薬者／与薬時間／実施状況、等）

　与薬依頼書は、関係者それぞれに子育て支援に関する思いがけない意識化と連携を生むことがある。保育者や養護教諭（看護師）と保護者との子どもを巡るやりとりの中で、互いの立場への理解が進む。理解が進むと自ずと園での対応の可能性も限界も見えてくる。

　いずれにしても子どもの命の安全に関わることである。生後からずっと続く保護者の子育てに寄り添いながらも、園という集団の中で命の安全を守るために、可能性と限界とを見極めつつ進めていく必要があろう。

2節のまとめ

　2節では、身近な子どもたちの園生活で起こり得る、健康や命に関わる緊急事態等に焦点を当て、3つの事例から考えてきた。さらにここでは、（1）問われる園の対応、（2）問われる保育者の対応、（3）問われる社会の変化への対応、からまとめとしたい。

（1）問われる園の対応

　事例①では園の対応が問われている。

　昨今は、在園児の保育だけでなく、園には地域への多様な貢献が求められている。保育者は限られた教職員数で多様な役目を果たさなければならない。在園の保護者には周知されていた感染症等への決まりごとが、「談話スペース」の利用者には、知らされていなかった。周知の有無だけがこの問題を生んだ背景にある訳ではない。

　しかし、我が子の健康、すなわち病気、とりわけ他児からの感染には、今日では、誰しもが敏感であろう。グローバルな社会となり、海外から新たな感染症が持ち込まれることも珍

しくなくなった時代である。なおのことであろう。限りある教職員数で多様な役目を果たさねばならないとはいえ、万全な準備や配慮、環境整備は欠かせない。

　事例のＢ園は、「談話スペース」に参加する特定の保護者につらい思いをさせてしまったが、その保護者からの相談によって園の課題を見いだした。課題の解決に向けて、文書を配布し新たな「きまりごと」が「談話スペース」の参加者に周知された。その即座の対応が、実態に即した子育て支援につながるものと考える。

（2）問われる保育者の対応

　事例②では、まずは保育者の対応が問われている。

　先にも記したが、保育者が、もし子どもの異変に気づかずに見過ごしたり放置したりしたら、深刻な状況を生む。園という保育の現場では、ないとは言いきれない事例である。たとえば、園外での活動を考えてみよう。外出先から帰園する時に一人置き去りにされる、逆に皆が出かけた後、一人園内に残されるなどは実際に起きている。"点呼" や "人数確認" という基本的なことが置き去りにされた結果である。こうした事態は子どもたちの "健康を守ること" を超え、"命そのものが脅かされる" のである。担任、他の保育者、園長や主任…、誰か一人でも気づけば大事に至ることはないだろう。保育者には、他人任せにせず、いつでも、自分がその一人になる、という自覚をもつことが求められる。

　次に問われたのは緊急時の対応であろう。

　突発的に起きる子どものケガや重篤（じゅうとく）な身体の異変には誰もが慌て、対応にとまどう。事例の園では、救急車を呼ぶ事態となったが、事後、この経験を生かして保育者はじめ園の全員が対応できるよう、救急車を呼ぶためのマニュアル『緊急対応表』を作成するに至った。しかし、作成するにとどまってはならない。その後の訓練や演習も欠かせない。近隣の消防署や防災センター等の協力を得て、緊急対応表を用い、救急車を呼ぶ訓練を受けるのもよいだろう。保育者として、園として、子どもの命を守るための努力を怠ってはならない。

　ところで、保育現場で、実際に救急車を呼ぶ事態に遭遇した時、呼ぶべきほどのことか否か、一瞬躊躇（ちゅうちょ）することがあるかもしれない。こうした個々人への問いについては、普段から園の教職員で討議しておくことがいざという時に有効であろう。

（3）問われる社会の変化への対応

　事例③では、社会の変化への対応が問われた。

　事例③の園のように、昨今の与薬の依頼は熱性けいれんに起因するものが多い。保護者から園での対応を希望する声も増えている。一方で、食物アレルギーの罹患（りかん）者も増加しており、同じく給食提供時のアレルギー対応についての要望は今や増えている。同時に、対応が当然のことと受け止められてもいる。小学生に関するデータではあるが、文部科学省の調査を参考に見ると、食物アレルギー疾患の罹患者（有症者）数は、6年の間に約1.6倍となっていることがわかる[8]。

○平成19年「調査対象児童生徒数」 194,445人（2.8%）
○平成25年「調査対象児童生徒数」 210,461人（4.5%）
　　　※（ 　 ）内は食物アレルギー疾患罹患率

　与薬の対象となるのは、飲み薬もあるが、坐薬の挿入、エピペン®の使用等も多い。坐薬の使用については国も変化する実態を受けて対応を変更している。てんかん発作時の例ではあるが、下記に一部を挙げる。
　次の4つの条件を満たす時、本人に代わって坐薬を挿入する行為を緊急やむを得ない措置として医師法違反とはならないとしている[9]。

①当該子ども及びその保護者が、事前に医師から、次の点に関して書面で指示を受けていること。
　・教育・保育施設においてやむを得ず坐薬を使用する必要性が認められる子どもであること。
　・坐薬の使用の際の留意事項。
②当該子ども及びその保護者が、教育・保育施設等に対して、やむを得ない場合には当該子どもに坐薬を使用することについて、具体的に依頼（医師から受けた坐薬の挿入の際の留意事項に関する書面を渡して説明しておくこと等を含む。）していること。
③当該子どもを担当する職員等が、次の点に留意して坐薬を使用すること。
　・当該子どもがやむを得ず坐薬を使用することが認められる子ども本人であることを改めて確認すること。
　・坐薬の挿入の際の留意事項に関する書面の記載事項を遵守すること。
　・衛生上の観点から、手袋を装着したうえで坐薬を挿入すること。
④当該子どもの保護者または職員等は、坐薬を使用した後、当該子どもを必ず医療機関での受診をさせること。

　事例②の園では、ミノルの熱性けいれんをきっかけに、これまでの方針を一部変更した。こうした変化への対応はどの園にも求められている。とりわけ子どもの健康、命、安心・安全に関わることであれば躊躇のいとまはないであろう。
　今や想定外の災害や非常事態が起きる時代である。緊急時に慌てないための対応の整備は、どの園でも必要不可欠のことである。そのためには、自園の対応がどのような実態かを知っておく必要がある。
　次に挙げるのは、基本的なアレルギーへの保育所での対応の基本原則である[10]。こうした対応を園として取り決め、日常的に確認することにより、アレルギー以外への対応も含め、保育者としての緊急時の対応をより確かなものとしていきたい。

保育所における基本的なアレルギー対応
ア）基本原則
　保育所は、アレルギー疾患を有する子どもに対して、その子どもの最善の利益を考慮し、教育的及び福祉的な配慮を十分に行うよう努める責務があり、その保育に当たっては、医師の診断及び指示に基づいて行う必要があります。以下に、その対応についての基本原則を示します。

8）文部科学省『学校生活における健康管理に関する調査』中間報告（平成25年12月16日）
9）内閣府、文部科学省、厚生労働省、3府省合同の文書『教育・保育施設等におけるてんかん発作時の坐薬挿入に係る医師法第17条の解釈について』平成29年8月22日
10）厚生労働省『保育所におけるアレルギー対応ガイドライン』2019年（平成31年）4月、p.6

【保育所におけるアレルギー対応の基本原則】

○全職員を含めた関係者の共通理解の下で、組織的に対応する

- アレルギー対応委員会等を設け、組織的に対応
- アレルギー疾患対応のマニュアルの作成と、これに基づいた役割分担
- 記録に基づく取組の充実や緊急時・災害時等様々な状況を想定した対策

○医師の診断指示に基づき、保護者と連携し、適切に対応する

- 生活管理指導表[※]（8頁参照）に基づく対応が必須
  - （※）「生活管理指導表」は、保育所におけるアレルギー対応に関する、子どもを
    中心に据えた、医師と保護者、保育所の重要な"コミュニケーションツール"。

○地域の専門的な支援、関係機関との連携の下で対応の充実を図る

- 自治体支援の下、地域のアレルギー専門医や医療機関、消防機関等との連携

○食物アレルギー対応においては安全・安心の確保を優先する

- 完全除去対応（提供するか、しないか）
- 家庭で食べたことのない食物は、基本的に保育所では提供しない

　上記の食物アレルギーへの対応は保育所におけるものではあるが、当然のことながら保育所だけの対応にとどまらない。幼稚園や認定こども園でも食物アレルギーは起こり得る。昼食に給食や外部業者の仕出し弁当を提供する園は多くあり、預かり保育・延長保育における間食・おやつを提供する場合もある。幼児教育・保育施設の現状からは、どの園でも、上記の基本原則に則った対応が求められる。

　さらに、昨今は、ウサギ、モルモット等の園で飼育される動物や野草や小麦粉粘土等に触れた際に、食物アレルギー同様の症状を起こす実態も見られる。

　上記の基本原則を基に、保育者、家庭、関係機関との連携を一層密にし、どの園でも、子どもの安心・安全の確保に努めねばならない。

3　子どもの発達や子育ての実態を踏まえた支援・連携

　少子化や核家族化等がますます進む中で、保護者への子育ての支援で最も大切なことは、その実態を踏まえることであろう。実態を踏まえるとは、個々に異なる子育ての事情に配慮し、保護者の気持ちに寄り添い、受容的な態度で接することを意味する。第3節では、そうした中で築かれる相互の信頼関係を基盤に、保護者自身が子育てに主体的に取り組み、自信をもち、楽しいと感じられるよう指導・助言したり、諸機関と連携したりしていくことを考えてみたい。

事例①　「泥んこにさせられるお母さん素敵！」　　2歳10か月・母・園長

　モナちゃんはあと2か月で3歳になる女児。一人っ子なので、地域の子育て施設によく連れていく。活発なモナちゃんは室内遊びより戸外遊びを好む。その日は、園庭の環境が豊かなD園の園庭開放に連れていくことにした。母親のサヨリさんがモナちゃんに、D園に行くことを告げると、「お砂すき、ブランコ乗りたい」と笑顔になり喜ぶ。

　午前中2時間の開放時間内を、砂場をはじめ、ブランコ、すべり台、築山を上ったり下りたり、草花摘み、最後はお母さんと泥団子づくりをして、モナちゃんはたっぷり遊んだ。つなぎの遊び着も、手足も顔も泥んこになっていた。

　翌年、モナちゃんはD園の3年保育に入園した。しばらくして保護者参加の行事があった。サヨリさんは思い切って園長先生に話しかけ、これまで自分の心にだけとどめていたことを伝えた。

- 入園前、園庭開放をよく利用させてもらった
- 当時は、初めての子育てで迷い悩んでばかりだった
- 自然の中で思い切り遊ぶことが子どもの心も体も健康に育むと思っていた
- そうは思いながらも、まわりは汚れることを嫌うママたちが多く、自分の考えに自信はもてず悶々としていた
- そんな折、園庭開放で、たっぷり遊び、泥んこになったモナちゃんを見て、「あら〜、こんなに泥んこにさせられるなんて、お母さん素敵ね〜！」と園長先生が声をかけて下さった
- それ以来、園長先生の言葉に力をもらって子育てを楽しむようになった

保護者にとってうれしい言葉かけや子育ての励みになる支援とはどのようなものでしょうか。あなたが園長だったら、泥んこになった親子にどんな言葉をかけますか？

事例①を読み解く　**あの時のママでしたか！**

　乳幼児期の子どもにとって、生活のほとんどは遊びによって占められている。様々なものやことと出合い夢中になって遊ぶ中で、子どもは発見したり、好奇心をもったり、試してみたりする。そうした遊びの過程で、その子なりの、あるいは年齢や発達なりの達成感、充実感、満足感、挫折感、葛藤などを味わい、体も心も成長させてゆく。とりわけ戸外や自然の環境は、この事例のモナのように子どもを夢中にさせる魅力ある要素にあふれている。しかし、そうした捉え方が子育て中の保護者や一般社会に浸透しているとも言い難い。

　事例の園長は、ママの様子を見て、最近の保護者には珍しいと感じたのであろう。モナを園庭の環境に触れさせながら、夢中になる姿を見守り、泥んこになることもいとわなかったからとも考えられる。子どもの興味に寄り添い、自身も楽しそうに遊んでいる姿から、先の言葉が口から自然に出たのだろう。

　入園後に声をかけられ、「ああ、あの時のママでしたか！」と、サヨリさんの話に興味深く耳を傾け、子育てに迷ったり悩んだりしていたことを知ったことが推察できる。サヨリさんが、子どもを一緒に遊ばせているママたちの、しつけに対する考え方、叱り方、おやつの与え方にしっくりこない思いを抱いていたこと。子どもの問いかけに生返事をしながらスマートフォンから手を離さない一部のママたちの姿に、違和感を覚えていたなどの、今時のママたちにありがちなことも、この時、悩みとして話されたかもしれない。

　子育てを真剣に考えない親はいない。悩みや迷いも多くの親が抱えている。また、価値観やライフスタイルが多様化する中で、保護者同士の子育てに関する考え方が異なることもうなずける。一方で、サヨリさんのように子どもが泥んこになるまで、遊びにつき合う、ある意味で理想的な保護者は少なくなった。背景には何があるのか。幼少時に自然に触れ泥んこになって遊ぶ保護者自身の体験が減少したのか？　親も子もファッショナブルになりいつでもきれいでいたいという想いが遊び方を制約しているのか？　社会全体が忙しくなり時間的な余裕が奪われているのか？　背景は定かではないが、園長の何気ない一言が子育てに悩むサヨリさんの背中を温かく押したことは間違いない。

　この事例からいえることは、子育てをする保護者が、日々をどのような思いで過ごしているか、その内なる声を聴き実態を捉えて初めて保護者に届く言葉かけや支援につながるということではないだろうか。

事例②　「おかげさまでおむつが取れました！」　　3歳・母・担任

　5月の下旬。まだおむつが取れない年少組のコウくん。早生まれのこともあり積極的にトイレトレーニングをしないまま入園させたが、さすがに母親も気になり始めていた。園では6月中旬から水遊びも始まる。おむつをしていたら水遊びには参加させられないと思うと悩みは募るばかりだ。

　そんな折、個人面談があった。「私はダメな母親！」という憂鬱な思いや恥ずかしさもあり勇気が必要だったが、思い切って担任のユイ先生に今の思いを述べ、おむつ外しを相

談してみた。するとユイ先生から、コウくんの排泄の自立について、いつ母親に相談しようかタイミングを見計らっていたとの返事があった。ユイ先生が次のように話し出した。

　「最近コウくんが、おむつをしている自分と他の子どもたちとの違いに気づいて、気にするようになったみたいなんです」「お友達がトイレに行くのを見るととても不安そうなんです」「排尿や排便などの排泄の自立は、園とご家庭とで一緒の方向で進めることが大切ですよね」「それで、お母様にお話したいと思っていたところだったんです」「よかった～！　お母様も悩んでいらしたんですね」

　この個人面談では、コウくんのおむつ外しは今が最適期ということになった。まずは、母親が家のトイレに踏み台や補助便器を付けるなど環境を整え、コウくんに明日から友達と同じようにパンツをはくことなどをそれとなく話し、コウくんの気持ちを誘導することにした。一方、園では、時間を見て定期的にコウくんに声をかけ、トイレに誘うことにした。

　1週間後、母親から「おかげさまで、家ではアッという間におむつが取れました。～中略～　夜だけはまだしていますし、長い外出の時は心配で（おむつを）させちゃってるんですけど…　先生本当にありがとうございました。」と書かれた連絡帳が届いた。

　ユイ先生は「園でも、パンツでまったく問題なく過ごしています。不安な姿を見せることもなく、むしろ自信につながったようで、とにかく元気いっぱいですよ」と返事を書いた。

> 　あなたが保育者だったら、保護者のおむつ外しをどう支援しますか？　また、保育者、保護者双方の観点から現状や課題を挙げてみましょう。

事例②を読み解く　変化するおむつ外し事情

　まずは、子どもの排泄の自立に至る発達を簡単に記してみる。

　子どもは、1歳を過ぎるころまでは間隔の短かった排尿・排便が、その後、尿道や肛門の括約筋の発達につれて、次第に尿意や便意を感じるようになり、間隔も空くようになってくる。2歳半くらいになると、「チイ出る」「ウンウンする」などと言葉に出して知らせたり、子どもによっては独特のポーズやしかめっ面をしたりして、尿意・便意を伝えるようになる。そのころがおむつ外しの適期とされる。

　では、保護者側の現状はどうか。昨今は、紙おむつの使用が一般的になった。紙おむつそのものの機能が向上している。尿漏れがしにくい、多くの量を吸収する、肌にやさしい、かぶれを起こしにくい、外出時に携帯しやすい等である。廃棄に手間を要することが唯一の難点とされるが、水洗トイレに流せるようになるのも遠いことではないと聞く。紙おむつの利便性が高まるにつれ、保護者のおむつ外しへの意識や意欲が低下し、結果として子どもの排泄の自立の遅れにつながっていることも否めない。

　排泄の自立は、子育てをする親にとってはかなり重要な課題であろう。おむつ外しはママ友同士の話題にも上りやすい。仮に、よその子どもが、皆おむつ外しに成功していると聞けば焦燥感を覚える保護者もいることだろう。事例の母親のように排泄の自立の可否だけで、

「私はダメな母親！」と自身にレッテルを貼る実態も案外多いのではないだろうか。昨今のおむつ外しの実態は、一昔前と比し、様々な面で変化しているのである。

　さて、保護者にとって重要課題であるおむつ外しを、保育者としてどう支援していくか。

　おむつ外しに限らず、子どもの生活習慣の形成は個人差が大きい。年齢や月齢だけで決まるものではない。子ども自身の発達もあるし、家庭環境や保護者の養育態度も大きく影響する。幼稚園なのか、保育園なのか、こども園なのか、支援には、保育形態の違いも影響する。

　本事例の3歳児コウのように保護者と保育者とが協力したからといっておむつ外しがすぐさま成功するとは限らない。この場合、両者の協力とコウ自身のレディネス（準備のできている状態、適切な予備訓練）が合致していたため短時間でおむつ外しができたと考えられる。

　一方で、この事例では保育者の果たした役割も大きい。自信を無くしかけていた保護者への絶妙なタイミングでの働きかけが功を奏した。それは、保育者が平素から子ども一人ひとりに思いを寄せその姿を観ていたからこその気づきであり、保護者の想いにも寄り添った誠実な態度が心の通った支援へとつながったのであろう。

事例③　「わたし小学校へ行くの嫌だ！」　　5歳・園・小学校・保護者

　E園では、毎年3学期に年長児が近隣の小学校を訪れ、1年生や5年生の授業を見学したり、校舎内を見て回ったりする交流の時間をとっている。

　ある年の3学期。1年生の国語の授業見学時に、アキちゃんが「先生、トイレに行きたい」とこっそり担任保育者に言いに来た。担任保育者はもう一人の保育者に断り、トイレに付き添った。トイレは廊下のかなり奥。アキちゃんはサンダルに履き替え、手前のトイレのドアを開けたが入らずに、次のドアへ移り、またその次へ…　結局最初のトイレに戻り用を足した。アキちゃんが戻った時、国語の授業を見学していた年長の子どもたちは家庭科室へと移っていた。その後、理科室で人体模型を見たり、音楽室で5年生と互いの歌を聞き合ったりした。短時間ではあったが、小学校見学は子どもたちの小学校への期待を膨らませた。

　しかしその後、小学校の話が出るとアキちゃんの顔が曇るようになった。アキちゃんは、心配してたずねた担任保育者にこう話した。「あのね、トイレがこわかったの。だってね、しゃがむのばっかりだったし、暗かったし、遠いんだもん。私小学校へ行くの嫌だ！」

　楽しみに待つはずの就学に不安を示すアキちゃん。保護者、保育者双方がこの事態を何とかしたいと考えたのはいうまでもない。

> 　小学校就学時、子どもは小さな集団から大きな集団へ、遊びや生活から教科による学習へと、いくつかの段差に出合います。その段差を乗り越えていくために、あなたは、保育者、保護者、小学校が果たす役割にはどのようなことがあると考えますか？

（事例③を読み解く）　**友達と一緒に行けば怖くないよ**

　本事例は、園と小学校とが交流を通して、保育・教育のよりよい接続を図る上で大切な課題を含んでいると考えられる。平成29年の改訂（改定）で、幼稚園教育要領等と共に、小学校学習指導要領にも同様に幼小の接続に関する文言が各所と第一学年の全教科目に明記された。今後幼小の接続（保育所、認定こども園も同様）は確実に進んでいくものと期待されている。

　一方で、個々の子どもの実態を見れば、事例のようにトイレという日常的に利用する場所でのつまずきが就学の際の超えにくい段差になったり、小学校生活に一抹の不安を抱えながらの就学になったりするケースも見られる。他にも比較的自由な枠組みの中での生活から、チャイムや教科の時間割などによる一定の規制のある枠組みへと生活が移行する中で就学時の段差に不適応を起こす例も見られる。

　事例のように「小学校生活に期待をもつ」という小学校見学本来の目的が、子どもによっては逆効果を生んだことを重視したい。これまでの園での生活と小学校生活とでは環境も習慣もルールも異なる。就学にあたり、園だけでなく保護者や小学校との連携も欠かせない。

　幼小の円滑な接続のために、また、健康な生活保持のために欠かせない本事例のトイレ使用等を中心に、それぞれの立場からなすべきことを整理し、さらなる連携を図る必要があろう。保護者に協力を依頼すること、小学校へ知らせるべき園児の実態、園で見直せること等をポイントにするとよい。保護者には、外出時や公園等で和式のトイレを経験する機会をあえて取ってもらうこともよいのではないか。小学校には、見学時にアキのような子どもが少数ではあっても存在することを事実として伝えたい。都道府県、市区町村の学校設置主体による公立小中学校施設トイレの洋式化率には差異があるが、2016年時点での全国平均の洋式化率は43.3%[11]である。この数値からすると、現実には小学校のトイレの改修はたやすいことではないであろうが、遠くて暗いという印象を払拭する方法はいくつかあろう。

　園として事前に対応できることは何か。園は幼い子どもが過ごす場所であることから、トイレは子どもたちのごく身近な場所にあり、家庭と同様に洋式化されている率が高い。トイレの配置、トイレ全体の色彩や居心地の良さ、さらには年齢に応じた便器の大きさ等、様々に配慮されてもいる。小学校のトイレとはイメージの格差が大きいことも検討すべきであろう。

　この園では、小学校見学後にアキと同様に感じた子どもがおり、保育者と子どもたちとで話し合った。子どもたちからは、「お母さんと段ボールでトイレ作って練習したよ」「休み時間に友達と一緒に行けば怖くないよ」「遠足でそういうトイレ（和式）に入ったよ」「おトイレを折り紙で飾るのはどう？」「先生や友達に一緒に行ってって頼んだらいいんじゃない？」「小学校のお兄さん、お姉さんが助けてくれるって」などの意見が出されたという。

　子どもたちの意見の中に、就学前に園でできること、家庭への支援のヒントが見いだせるのではないか。

11）文部科学省『公立小中学校施設のトイレの状況調査の結果について』平成28年11月10日

３節のまとめ

　３節では、子どもの発達や子育ての実態を踏まえた支援・連携を取り上げた。この観点からは、ここで取り上げた３事例以外にもいくつかの事例が挙げられる。たとえば、発達を理解するためのヒントを発信している園だよりの事例、保護者会・個人面談等の在り方に関する事例、父親の育児参加に関わる事例、祖父母など家族が関わる事例、気になる子や虐待が疑われる家族への関係機関との連携事例等々である。３事例とともにこうした他の事例にも触れながら、(1)子育てに自信を！(2)家族のコミュニケーションの橋渡しを！(3)身近な人材の活用を！　について述べ、第３節のまとめとしたい。

（1）子育てに自信を！

　ひと昔前と異なり、核家族の増加や地域のコミュニティーの変化等から、ワンオペ育児（なんらかの事情によって一人で育児を行うこと）といわれ、何もかも一人で抱えねばならない保護者のように、子育てにつらさを感じる人が増えている。保育者として改めて保護者への支援を見直す必要がある。

　本来子育ては、その時々の子どもの成長を喜び、楽しんでできるものだと思う。しかし昨今は、前述したような実態が垣間見える。だが、事例①や②のように、乳幼児期の遊びの意義や重要性、体や心の成長過程等、保護者の発達への理解を促し、さらに何らかの温かな支援があれば、多くの保護者が安心感をもって子育てに臨み、自信をもつようになる。

　そのために園がなすべきこととして、保護者会や個人面談のもちようがあろう。園だよりやホームページへの情報掲載など、園からの情報の工夫もあろう。園からの発信は、どちらかといえば園側からの一方的な発信であることが多い。集団での生活上それも大切なことであるが、保護者が本当に欲していること、子育ての自信につながることは何かを一度問い直すことが必要である。

　下記は、最近よくなされているある園の試みである。

> 　定期的に行っていた保護者会のもち方を変えてみた。会の大半を保育者が伝達事項に費やしていたが、いち保育者からの提案を受け、保護者同士が互いの意見や悩みを話し合うグループディスカッションにしてみた。朝ごはんを取らずに登園する子どもが多いためテーマを、「朝ごはん」とした。
> 　ディスカッションはにぎやかに終始した。多くの家庭が朝ごはんを食べさせるのに苦労している実態が浮き彫りになる。朝ごはんが子どもの発育や健康に欠かせないとの意見が出る。朝ごはんを食べさせるための工夫や朝ごはんレシピなるもの等が様々に出される。保護者同士の生の声にうなずいたり笑い声が起きたり。皆、話し合いに集中する。結果として、保育者が伝える以上に充実した時間となった。

　保護者自身が「朝ごはん」をテーマに能動的に取り組んだ様子がうかがえる。結果として保護者一人ひとりがもつ多様な力が引き出され、保育者が一方的に話す保護者会とは一味違った支援となった。事後には「参考になる話がたくさんあり、うれしかった」「明日から

楽しみ〜。朝ごはんに力入っちゃう！」等の声が聞かれたという。こうした試みの積み重ねが、少しずつ保護者の子育ての自信につながっていく。他にも、園だよりを細分化し、学級だより、保健だより、食育だより、フォトだより等として、工夫している園も多い。

（２）家族のコミュニケーションの橋渡しを！

最近は、同じ屋根の下で生活しながら、会話代わりにLINEやメールが使われると聞く。2階の居間から階下の家族に、「ご飯できたよ〜」とLINEで知らせているなどの声も身近に耳にする時代である。

次は、核家族ではあるが、隣に祖父母が住む家族の話である。

> 年度の途中で5歳児の母親が就労を理由に退園を申し出てきた。小学校への就学までにわずかを残す時期であり、園としては子どもの退園後を考慮し慰留しては見たが、父親も同意していることであると母親の意思は変わらなかった。その2日後、祖母が園に出向いてきた。退園を聞かされ驚いて跳んできたという。理由を聞かされていないという。支障の無い範囲で理由を伝えた。時折送り迎えにも来ていた祖母は、事前に相談がなかったことを、自分に何かしらの非があるのかもしれないと思い詰めていた。その後、園が間に入り、祖母が残りの期間を送り迎えすることで退園はしないで済むことになった。

滅多にある事例ではないかもしれない。しかし、同様の例が起きないともいえない。この件は、その後が重要であろう。今後は、子どもを軸に家族同士がコミュニケーションを図れるよう、園や保育者には橋渡しの役割が求められよう。父母だけでなく時折送り迎えに訪れる祖父母との関係も大切にする。運動会、発表会、誕生会等の行事に、家族の参加を視野に入れることも欠かせない。

毎月、フォトカードと名付けて家族に届けている園がある。その子のとびっきりの写真一枚をA4用紙の画面に置き、まわりに手書きでエピソードを書き込む。「回覧」の欄が設けてある。父母はもちろん、家庭内のきょうだい、遠方の祖父母など、家族がフォトカードを巡り、コミュニケーションを密に図れるようとの願いからであるという。

一年経つと12枚。立派な、子どもの成長や発達の記録にもなっているであろう。

（３）身近な人材の活用を！

昨今は各市町村で幼保小連携推進協議会が実施され、幼児教育と小学校教育双方の理解が深まってきている。事例③の件は、その後に実施された協議会で園側から小学校側に子どもの実態が報告され、関係者全体の問題として協議された。小学校側からもチャイムによる着席が一部の子どもになかなか浸透しない実情があると報告され、これを機に参加者が本音で話し合う流れができたという。これまでの連携を一歩も二歩も前進させる協議が進められた訳である。筆者としては、各々の立場で深めた協議の結果が、子どもの教育・保育環境の改善という何らかの形で実現されることを切に願いたい。子どもが安心して通える園・学校の環境の構築が大きな子育ての支援になることは間違いないからである。

　他にも関係諸機関という組織だった連携はかなり進んできている。療育機関と園を併用する子どもに関する連携、近隣の大学との子育て関係のコラボレーションや心理の専門家による相談事業、学生のインターンシップやボランティアの受け入れ等である。

　こうした組織間の連携だけでなく、昨今は身近な人材を掘り起こして子育ての支援に役立てている園は多い。次はその例である。

> 　F園では、米袋を二重にして、毎年親子でジャガイモを育てている。6月下旬の掘り上げの時は親子の歓声が響く。一部をカレーライスパーティーのため園に残し、その残りを親子が各家庭に宝物のように持ち帰る。
>
> 　ある年、たまたま知り合った地域の人がジャガイモの種イモ植えから指導して下さることになった。土の配合、肥料、種イモの選定、植え方等について、大人向けには本人が準備した資料で説明し、子どもたちにはわかりやすく話をしてから種イモ植えに移った。途中生長の過程で折々に来園し、芽かき、追肥、土寄せなどを、親子に丁寧に教えて回っていた。畑ではなく米袋を利用しての栽培であるが、いよいよ収穫の時となった。これまでの3倍ほどの大収穫であった。

　高齢化社会の中で、退職後に自身のもつスキルや経験を生かしたいと願っている人は多い。事例の人は退職後に趣味で農業を始めたという。とはいえ、趣味の域を超え、新たなスキルを獲得したといえるであろう。他にも、茶道、華道、手芸、読み聞かせ、心理相談等々、その道の達人を見いだし、園の教育・保育に力を発揮していただくのも、子どもたちの健全な育成に一役買うことになるのではないか。

第12章

領域「健康」における今日的課題

　1章でも述べたが、都市化や少子化の進展は、社会環境や人々の生活様式を大きく変化させ、子どもにとって遊ぶ場所、仲間、時間の減少、そして交通事故や犯罪への懸念などが身体を動かして遊ぶ機会の減少を招いている。子どもにとって体を動かして遊ぶ機会が減少することは、その後の児童期、青年期への運動やスポーツに親しむ資質や能力の育成の阻害にとどまらず、意欲や気力の減弱、対人関係などコミュニケーションをうまく構築できないなど、子どもの心の発達にも重大な影響が懸念されている。

　心身共に健康に生きていくためには、運動、食事、休養に関わる基本的な生活習慣を身につけるとともに、確かな知識と望ましい行動選択が必要である。特に、そのスタートである乳幼児期は、保育者等の愛情に支えられた安全、安心な環境や友達との温かい関係の中で、心と体を十分に働かせて生活することによって、生涯を通じて健康で安全な生活を営む基盤が育まれるのである。これら、乳幼児期に育まれることが期待される健康な心と体等の基盤の上に、小学校、中学校、高等学校教育を通じて育成を目指す資質・能力をバランスよく育んでいくことが大切なのである。

　本章では、現代的課題を踏まえ、健康・安全・食に関する資質・能力を、今後どのように育んでいくかという視点から考える。

1 生涯にわたる健康・安全・食に関する資質・能力の育成

　平成24（2012）年3月に文部科学省に設置された幼児期運動指針策定委員会において、「幼児期運動指針」が示された。指針では、都市化や少子化が進展したことは、社会環境や人々の生活様式を大きく変化させ、子どもにとって遊ぶ場所、遊ぶ仲間、遊ぶ時間の減少、そして交通事故や犯罪への懸念などが体を動かして遊ぶ機会の減少を招いていること、そして、幼児にとって体を動かして遊ぶ機会が減少することは、その後の児童期、青年期への運動やスポーツに親しむ資質や能力の育成の阻害にとどまらず、意欲や気力の減弱、対人関係などコミュニケーションをうまく構築できないなど、子どもの心の発達にも重大な影響を及ぼすことにもなりかねないと指摘している。

　第2章（p.25-26）でも述べた通り、平成28（2016）年12月に中央教育審議会より「幼稚園、小学校、中学校、高等学校及び特別支援学校の学習指導要領等の改善及び必要な方策等について」答申（中教審第197号、以下「中教審答申」という）が行われ、健康・安全・食に関する資質・能力が新たに示された（図12-①）[1]。これを踏まえ、平成29年（2017）年に幼稚園教育要領、小学校教育要領等は改訂されている。

【図12-①】健康・安全・食に関わる資質・能力（中教審答申）

> **（知識・技能）**
> 　様々な健康課題、自然災害や事件・事故等の危険性、健康・安全で安心な社会づくりの意義を理解し、健康で安全な生活や健全な食生活を実現するために必要な知識や技能を身に付けていること。
>
> **（思考力・判断力・表現力等）**
> 　自らの健康や食、安全の状況を適切に評価するとともに、必要な情報を収集し、健康で安全な生活や健全な食生活を実現するために何が必要かを考え、適切に意思決定し、行動するために必要な力を身に付けていること。
>
> **（学びに向かう力・人間性等）**
> 　健康や食、安全に関する様々な課題に関心を持ち、主体的に、自他の健康で安全な生活や健全な食生活を実現しようとしたり、健康・安全で安心な社会づくりに貢献しようとしたりする態度を身に付けていること。

　以下において、今後、将来を見通した健康・安全・食に関する資質・能力の育成のあり方について考えてみたい。

1）中央教育審議会『幼稚園、小学校、中学校、高等学校及び特別支援学校の学習指導要領等の改善及び必要な方策等について（答申）（中教審第197号）別添資料、p.20』https://www.mext.go.jp/component/b_menu/shingi/toushin/__icsFiles/afieldfile/2016/12/27/1380902_2.pdf、2020年5月29日アクセス

1．子どもの主体性と発達の特性に応じた指導

　乳幼児期は、子どもが自身の生活を離れ、一方的に知識や技能を教えられて身につけていく時期ではない。日々の生活の中で、自身の興味・関心に基づいた直接的・具体的な体験を通して、充実感や達成感を味わう体験が大切にされなければならない。そのためには、一人ひとりの発達の特性に応じた指導が必要である。

　子どもの発達の姿は、大筋で見れば共通の過程をたどると考えられるが、一人ひとりの家庭環境や生活体験などが異なることから、それぞれの事物への関わり方、興味・関心のもち方、環境からの刺激の受け止め方などが違っている。これらのことから保育者は、乳幼児が主体的に環境と関わり、一人ひとりの見方、考え方、感じ方などの特性を理解し、指導を行う必要がある。特に、幼児期においては、自分の体を十分に動かし、子どもが体を動かす気持ちよさを感じることを通して、進んで体を動かそうとする意欲を育てるとともに、自分の体を大切にしたり、安全や生活を営むために必要な習慣や態度を身につけることができるように、直接的・間接的な体験を通して、一人ひとりの乳幼児の発達を促し、見通しをもって行動できるようにしたりしていくことが、まずは大切にされなければならない。

2．心身の健康の保持増進

　幼稚園や保育所等は、幼児の生涯にわたる健康づくりの出発点であり、その基礎を培う場である。子どもが心身共に健康に生きてゆくためには、運動・食事・休養に関わる基本的な生活習慣を身につけるとともに、確かな知識と望ましい行動選択が必要であり、その指導は乳幼児期にとどまらず小学校、中学校、高等学校等へ継続されていく。

　そのスタートとなる乳幼児期においては、単に身体を健康な状態に保ったり、特定の運動に偏った指導を行ったりすることを目指すものではない。乳幼児期は、保育者等の愛情に支えられた安全、安心な環境や友達との温かい関係の中で、心と体を十分に働かせて生活することによって、生涯を通じて健康で安全な生活を営む基盤が育まれるのである。これら、乳幼児期に育まれることが期待される健康な心と体等の基礎の上に、小学校・中学校・高等学校教育を通じて育成を目指す資質・能力をバランスよく育成していくことが大切なのである。そのためにも、保育者は、小学校や中学校等でどのような指導が行われているかを知っておく必要がある。つまり、発達や学びの連続性を踏まえ、見通しをもって教育・保育を展開していくことが求められているということである。

　中教審答申では、体育・保健の見方・考え方を働かせて、課題を発見し、合理的な解決に向けた主体的・協働的な学習過程を通して、心と体を一体として捉え、生涯にわたって心身の健康を保持増進し豊かなスポーツライフを実現するための資質・能力を育成するとして、小学校、中学校それぞれにおいて次頁のように示している[2]。

　2）中央教育審議会『幼稚園、小学校、中学校、高等学校及び特別支援学校の学習指導要領等の改善及び必要な方策等について（答申）（中教審第197号）別添資料、p.69』https://www.mext.go.jp/component/b_menu/shingi/toushin/__icsFiles/afieldfile/2017/01/10/1380902_3_2.pdf、2020年5月29日アクセス

小学校

①各種の運動の特性や魅力に応じた行い方及び身近な生活における健康についての理解を図るとともに、基礎的な動きや基本的な技能を身に付けるようにする。

②運動や健康についての自己の課題に気付き、その解決に向けて思考・判断し、他者に伝える力を養う。

③運動に親しむとともに健康の保持増進と体力の向上を目指し、楽しく明るい生活を営む態度を養う。

中学校

①各種の運動の特性や魅力に応じた運動についての理解及び個人生活における健康についての理解を図るとともに、基本的な技能を身に付けるようにする。

②運動や健康についての自他の課題を発見し、合理的な解決に向けて思考・判断し、目的に応じて他者に伝える力を養う。

③生涯にわたって運動に親しむとともに健康の保持増進と体力の向上を目指し、明るく豊かな生活を営む態度を養う。

【図12−②】児童質問紙調査の結果

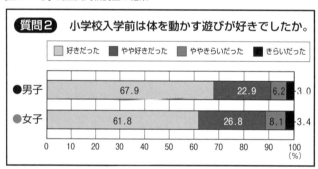

【スポーツ庁『平成30年度全国体力・運動能力、運動習慣等調査報告書 第3章基礎集計、p.64』より作成】

　「平成30年度全国体力・運動能力、運動習慣等調査報告書」（平成30年12月、スポーツ庁）によると、「小学校入学前は体を動かす遊びが好きでしたか」という問いに対して、「ややきらいだった」（男子6.2％・女子8.1％）、「きらいだった」（男子3.0％・女子3.4％）となっており、すでに約1割程度の子どもが入学前に、体を動かすことについて否定的な回答をしている。これらの結果を真摯に受け止めなければならない（図12−②）。このことは、今後の子どもの生活に大きく影響することから、主体的に体を動かす遊びを中心とした身体活動や自ら体を十分に動かそうとする意欲や進んで運動しようとする態度を、幼児の生活全体の中に確保していく必要がある。

　生涯を通じて健康で安全な生活を営む基盤となるものは、乳幼児期に愛情に支えられるとともに、心と体を十分に働かせて生活することができる安全・安心な環境の下で、培われていくものである。

　心身共に健康な幼児を育てることとは、単に身体を健康な状態に保つことを目指すことではなく、他者との信頼関係の下で情緒が安定し、その幼児なりに伸び伸びと自分のやりたいことに向かって取り組めるように、健康な心と体を育て、自ら健康で安全な生活をつくり出す力の基盤を育成し、それらが小学校以降の教育へつながるよう見通しをもった教育・保育の実践に努めていかなければならない（図12−③）。

【図12−③】心身の健康の保持増進に関するイメージ

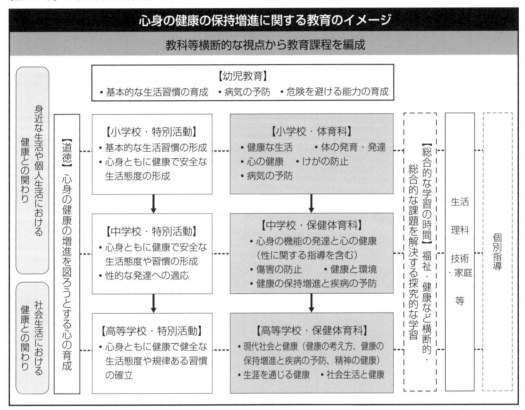

【中央教育審議会『幼稚園、小学校、中学校、高等学校及び特別支援学校の学習指導要領等の改善及び必要な方策等について（答申）（中教審第197号）別添資料、p.21』https://www.mext.go.jp/component/b_menu/shingi/toushin/__icsFiles/afieldfile/2016/12/27/1380902_2.pdf、2020年5月29日アクセス】

2　安全教育の推進

　安全・安心な社会を目指すことは、すべての人々が生きる上で最も重要である。この安全・安心な社会を目指すということは、自分だけがよいのではなく自他の安全・安心な環境を確保することが大切である。そのためには、個人だけではなく社会全体として安全・安心に関する意識を高め、幼稚園段階から高等学校段階までの学校教育活動全体を通じ、自らの安全を確保することのできる基礎的な資質・能力を育成していくことが、必要不可欠である。

平成31（2019）年3月に文部科学省より発行された『「生きる力」をはぐくむ学校での安全教育』においては、学校安全の意義として「学校においては、幼児、児童及び生徒（以下「児童生徒等」という）の安全を確保するだけでなく、児童生徒等が生涯にわたって健康・安全で幸福な生活を送るための基礎を培うとともに、進んで安全で安心な社会づくりに参加し貢献できるような資質・能力を育てることが重要である。」と示されている。

　子どもたちを取り巻く多様な危険を的確に捉え、児童生徒等の発達の段階や学校段階、地域特性に応じた取り組みを継続的に着実に推進することにより、子ども一人ひとりが、安全に関する資質・能力を身につけることを目指さなければならない（図12－④）。

【図12－④】防災を含む安全に関する教育のイメージ

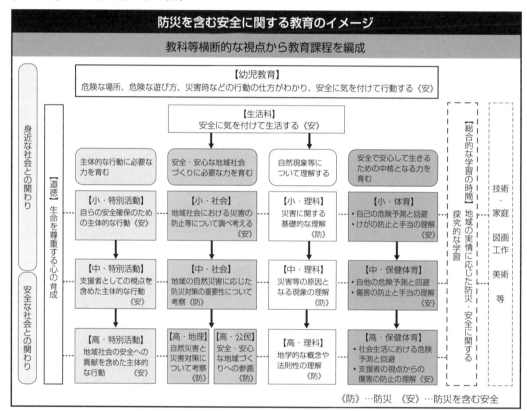

【中央教育審議会『幼稚園、小学校、中学校、高等学校及び特別支援学校の学習指導要領等の改善及び必要な方策等について（答申）（中教審第197号）別添資料、p.22』https://www.mext.go.jp/component/b_menu/shingi/toushin/__icsFiles/afieldfile/2016/12/27/1380902_2.pdf、2020年5月29日アクセス】

　特に幼児期においては、危険な場所、危険な遊び方、災害時などの行動の仕方がわかり安全に気をつけて行動する力を育むために、園生活及び家庭や地域での生活を通して、危険な遊び方や場所、遊具などについて具体的に知らせたり、気づかせたりし、状況に応じて安全な行動がとれる力を育むことが大切である。

　そのためには、園や地域の状況を把握し、幼児の発達の特性に応じ、園全体の教職員の協力体制や家庭・地域との連携の体制を構築し、計画的に指導していくことが必要である。

3　食育の推進

　食は人間が生きていく上で欠かすことのできないものであり、生涯にわたり健康な生活を送るためには健全な食生活は欠かせない。また、日々の食生活において、おいしく楽しく食べることは、人に生きる喜びや楽しみを与え、生涯健康で心豊かな暮らしを実現していくことにつながる。

　2005（平成17）年に食育基本法が制定され、「食育」の基本的な理念が示された。前文では、「子どもたちが豊かな人間性をはぐくみ、生きる力を身に付けていくためには、何よりも『食』が重要である」「食育を、生きる上での基本であって、知育、徳育及び体育の基礎となるべきものと位置付けるとともに、様々な経験を通じて『食』に関する知識と『食』を選択する力を習得し、健全な食生活を実践することができる人間を育てる食育を推進することが求められている」「子どもたちに対する食育は、心身の成長及び人格の形成に大きな影響を及ぼし、生涯にわたって健全な心と身体を培い豊かな人間性をはぐくんでいく基礎となるものである」と規定し、特に子どもに対する食育を重視している。

　さらに教育に関する規定として、第5条では保護者や教育関係者に対して、「食育は、父母その他の保護者にあっては、家庭が食育において重要な役割を有していることを認識するとともに、子どもの教育、保育等を行う者にあっては、教育、保育等における食育の重要性を十分自覚し、積極的に子どもの食育の推進に関する活動に取り組むこととなるよう、行われなければならない。」として、保護者の役割や教育関係者の役割について示されている。第6条においては、「食育は、広く国民が家庭、学校、保育所、地域その他のあらゆる機会とあらゆる場所を利用して、食料の生産から消費等に至るまでの食に関する様々な体験活動を行うとともに、自ら食育の推進のための活動を実践することにより、食に関する理解を深めることを旨として、行われなければならない。」として、食に関する体験活動と食育推進活動の実践の重要性が示されている。第11条第1項では、「教育並びに保育、介護その他の社会福祉、医療及び保健（以下「教育等」という。）に関する職務に従事する者並びに教育等に関する関係機関及び関係団体（以下「教育関係者等」という。）は、食に関する関心及び理解の増進に果たすべき重要な役割にかんがみ、基本理念にのっとり、あらゆる機会とあらゆる場所を利用して、積極的に食育を推進するよう努めるとともに、他の者の行う食育の推進に関する活動に協力するよう努めるものとする。」と示され、食育の推進のための取り組みが一層求められているのである。

　これまで学校における食に関する指導は、食生活と心身の発育・発達などの内容に関しての指導が行われてきていたが、食育の推進が大きな国民的課題となる中で、2008（平成20）年に告示された小学校、中学校の学習指導要領及び翌年に告示された高等学校、特別支援学校の学習指導要領に「学校における食育の推進」が初めて位置付けられた。同様に、2008（平成20）年に告示された幼稚園教育要領においても、食育に関する内容の充実が図られている。

　「令和元年度　全国体力・運動能力、運動習慣等調査結果」（令和元年12月23日・スポー

ツ庁）によると、規則正しい生活習慣の要素である食事の摂取状況と1日の睡眠時間の経年変化（図12-⑤、⑥）を見ると、朝食に関しては「毎日食べる」と回答した児童の割合は男女とも2008（平成20）年度の調査開始以降、減少している。睡眠時間に関しては、8時間以上の児童の割合が、増加傾向であったが、令和元年度は6時間以上8時間未満の割合が増加している。また、男女ともに、朝食を「毎日食べる」グループが最も体力合計点が高く、睡眠時間では「8時間以上9時間未満」グループが最も体力合計点が高いという傾向となっている。

【図12-⑤】朝食の摂取状況の経年変化

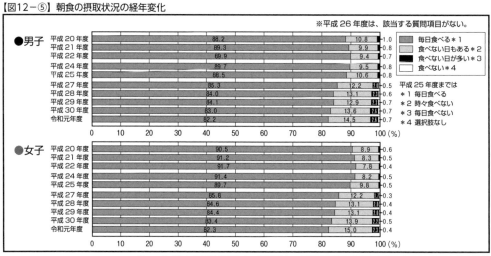

スポーツ庁『令和元年度全国体力・運動能力、運動習慣等調査報告書第1章、p.26』より著者作成

【図12-⑥】1日の睡眠時間の経年変化

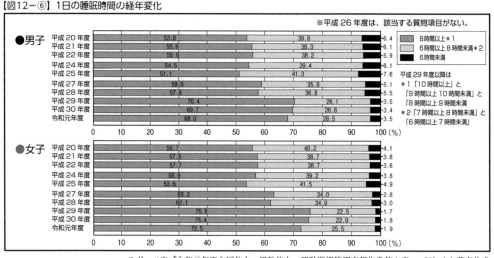

スポーツ庁『令和元年度全国体力・運動能力、運動習慣等調査報告書第1章、p.26』より著者作成

　これらの小学校での子どもの実態を受け、幼稚園、保育所、幼保連携型認定こども園においては、乳児期は「個人差に応じて授乳を行い、離乳を進めていく中で、様々な食品に少しずつ慣れ、食べることを楽しむ」保育が実践され、幼児期には、「先生や友達と食べることを楽しみ、食べ物への興味や関心をもつ」ことや「健康な心と体を育てるためには食育を通じた望ましい食習慣が形成されることが大切である。さらに、幼児の食生活の実情に配慮し、和やかな雰囲気の中で教師や他の幼児と食べる喜びや楽しさを味わったり、様々な食べ物への興味や関心をもったりするなどし、食の大切さに気付き、進んで食べようとする気持ちが育つようにすること」等を育んでいくことが求められるのである。

　これらの実現に向けて、園の実態に応じた「食育の目標」「食育の基本」「食育の計画」「食育のための環境」「保護者や関係者等との連携した食育の取組」「一人一人の対応」について示すとともに、全職員が相互に連携し、組織的かつ適切な対応を行うことができるよう体制整備や研修を行うことが重要である。

　幼稚園等から高等学校まで、幼稚園等と小学校及び中学校、小学校及び中学校と高等学校の接続を意識し、教科等横断的な視点で教育課程を編成するなど、切れ目のない食育を推進していくことにより健康な食習慣、運動習慣の定着が可能となるのである（図12−⑦）。

【図12−⑦】食育に関する教育のイメージ

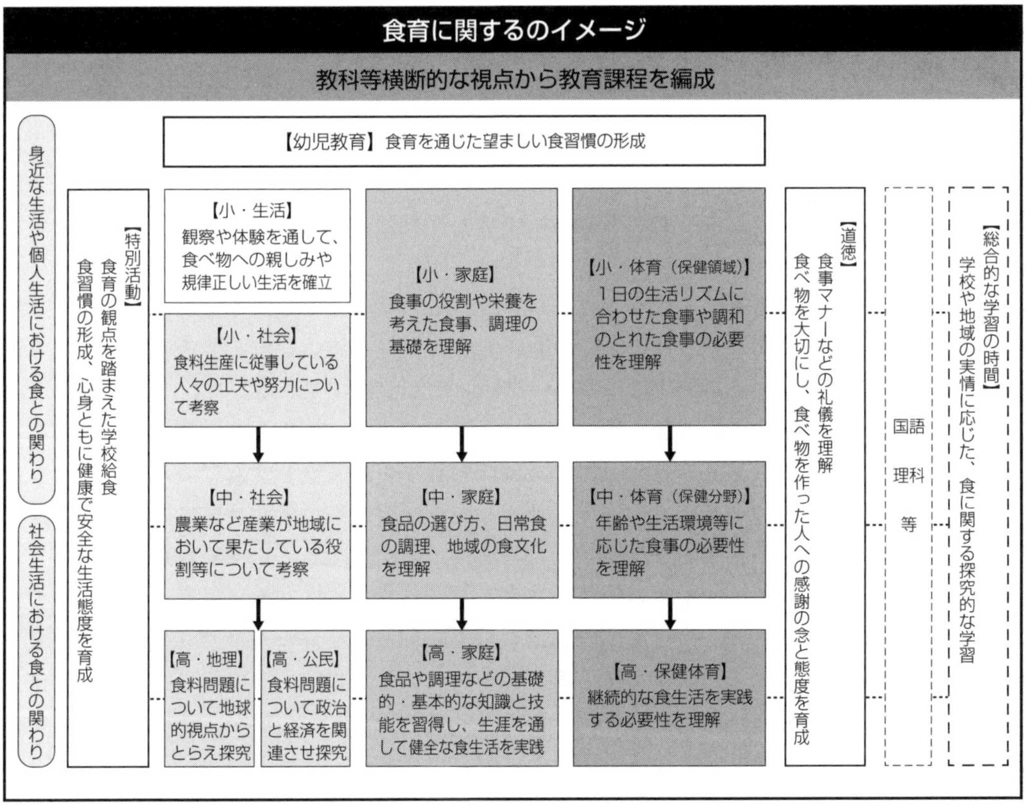

【中央教育審議会『幼稚園、小学校、中学校、高等学校及び特別支援学校の学習指導要領等の改善及び必要な方策等について（答申）（中教審第197号）別添資料、p.23』https://www.mext.go.jp/component/b_menu/shingi/toushin/__icsFiles/afieldfile/2016/12/27/1380902_2.pdf、2020年5月29日アクセス】

4　家庭との連携

　都市化、核家族化及び地域における地縁的なつながりの希薄化等により、家庭の教育力の低下が指摘されて久しい。社会全体での家庭教育支援の必要性がますます高まる中で、家庭教育の現状を考えると、それぞれの家庭（保護者）が子どもの教育に対する責任を自覚し、自らの役割について改めて認識を深めることがまず重要である。これらのことから、家庭（保護者）の果たすべき役割や責任について平成18（2006）年に教育基本法（平成18年法律第120号）が改正され、以下に示す「家庭教育」が新たに規定された。

（家庭教育）

第10条　父母その他の保護者は、子の教育について第一義的責任を有するものであって、生活のために必要な習慣を身に付けさせるとともに、自立心を育成し、心身の調和のとれた発達を図るよう努めるものとする。

2　　国及び地方公共団体は、家庭教育の自主性を尊重しつつ、保護者に対する学習の機会及び情報の提供その他の家庭教育を支援するために必要な施策を講ずるよう努めなければならない。

　子どもの育ちを支えていくためには、幼稚園、保育所等での活動が、家庭や地域での生活に生かされ、逆に家庭や地域での生活が幼稚園、保育所等で生かされていくことが大切である。しかし、先にも述べたように都市化、核家族化及び地域における地縁的なつながりの希薄化等により、子育てに不安を抱く保護者が増加しており、今後ますます子育ての支援が重要となっている。

　子育ての支援に当たってまず大切なことは、子どもの育ちとその意味をわかりやすく丁重に伝え、保護者の子育てについての不安や悩みについて寄り添いながら、子どもの育ちを保護者と共に喜び合うことのできる関係を築いていくことが大切である。

　子ども一人ひとりが生活に必要な習慣を身につけていくためには、家庭での生活経験が重要である。しかし、それぞれの家庭においては、同様な生活経験を営んでいるとは限らない。幼稚園、保育所等では、それぞれの家庭で習得した生活習慣を、他の幼児や保育者と生活を共にすることを通して、社会的な経験として再構築し身につけていく場でもある。

　子ども一人ひとりに基本的な生活習慣を確立していくためには、まず保育者は家庭との情報交換などを通して、子どもの家庭での生活習慣を知った上で、一人ひとりの実情に応じた適切な支援を行っていくことが大切である。その際大切なことは、一方的な押しつけではなく家庭において、なぜ基本的な生活習慣を確立させていくことが必要か、その具体的な支援の方法等について、家庭と共通理解を図ることが大切である。

　次に大切なことは、単に形式的にある行為を繰り返し行わせることによって身につくものではないということである。子どもが家庭や園での一連の生活を通して、子どもが一つひとつの生活習慣の行動の意味を理解し、必要感を持って行うことができるようにすることが大

切である。そのためには、他の子どもや保育者と関わりながら、生活を共にする喜びや充実感を味わうことを通して、自分たちの生活に必要な行動やきまりがあることを知り、子ども自身がよりよい生活を営むために必要な生活習慣を身につけることの大切さについて気づかせるとともに、自覚することができる支援を行うことが大切である。

　家庭や園での一連の生活経験を主体的に取り組むことを通して、子どもは生活に必要な習慣を身につけ、一日の生活の流れの中で行動できるようになるとともに、次第に見通しをもって行動できるようになっていくのである。

【参考文献】

第1章　保育と「健康」
- 厚生労働省『保育所保育指針解説』フレーベル館、2018年（平成30年）
- 『体力向上の基礎を培うための幼児期における実践活動の在り方に関する調査研究』文部科学省、平成19年度－21年度
- 内閣府・文部科学省・厚生労働省『幼保連携型認定こども園教育・保育要領解説』フレーベル館、2018年（平成30年）
- 文部科学省中央教育審議会『幼稚園、小学校、中学校、高等学校及び特別支援学校の学習指導要領等の改善及び必要な方策等について（答申）』2016年（平成28年）
- 文部科学省『幼児期運動指針』2012年（平成24年3月）
- 文部科学省『幼稚園教育要領解説』フレーベル館、2018年（平成30年）

第2章　領域「健康」とは
- 厚生労働省『保育所保育指針解説』フレーベル館、2018年（平成30年）
- 内閣府・文部科学省・厚生労働省『幼保連携型認定こども園教育・保育要領解説』フレーベル館、2018年（平成30年）
- 無藤 隆代表・保育教諭養成課程研究会 編著『幼稚園教諭養成課程をどう構成するか－モデルカリキュラムに基づいた提案－』萌文書林、2017年
- 文部科学省教育課程審議会『幼稚園、小学校、中学校、高等学校、盲学校、聾学校及び養護学校の教育課程の基準の改善について（答申）』1998年（平成10年7月29日）
- 文部科学省『幼稚園教育要領解説』フレーベル館、2018年（平成30年）

第3章　子どもの発達と健康との関係
- 大阪府立母子保健総合医療センター企画調査部 佐藤拓代『低出生体重児保健指導マニュアル～小さく生まれた赤ちゃんの地域支援～』厚生労働省科学研究事業、2012年（平成24年12月）
- 厚生労働省『睡眠と健康 e-ヘルスネット』
  https://www.e-healthnet.mhlw.go.jp/information/heart-summaries/k-02
- 厚生労働省『平成28年版　国民 生活基礎調査の概況』2017年
- 厚生労働省『保育所保育指針解説』フレーベル館、2018年（平成30年）
- 東京都教育委員会『安全教育プログラム　第11集』2019年（平成31年3月）
- 内閣府・文部科学省・厚生労働省『幼保連携型認定こども園教育・保育要領解説』フレーベル館、2018年（平成30年）
- 文部科学省『幼稚園教育要領解説』フレーベル館、2018年（平成30年）

第4章　子どもの育ちと健康
- 厚生労働省『保育所保育指針解説』フレーベル館、2018年（平成30年）
- 内閣府・文部科学省・厚生労働省『幼保連携型認定こども園教育・保育要領解説』フレーベル館、2018年（平成30年）
- 文部科学省『幼稚園教育要領解説』フレーベル館、2018年（平成30年）

第5章　子どもの遊びと健康
- エドワード・L. デシ&リチャード・フラスト 著、桜井茂男 訳『人を伸ばす力―内発と自律のすすめ』新曜社、1999年
- 厚生労働省『保育所保育指針解説』フレーベル館、2018年（平成30年）
- 佐々木正人『新版 アフォーダンス』岩波科学ライブラリー、2015年
- ジェームズ・J. ギブソン 著、佐々木正人・古山宣洋・三嶋博之 監訳『生態学的知覚システム―感性をとらえなおす』東京大学出版会、2011年
- 仙田 満『子どもとあそび－環境建築家の眼－』岩波新書、1992年

- 内閣府・文部科学省・厚生労働省『幼保連携型認定こども園教育・保育要領解説』フレーベル館、2018 年（平成 30 年）
- 文部科学省『幼稚園教育要領解説』フレーベル館、2018 年（平成 30 年）

第 6 章　子どもの生活と健康
- 厚生労働省『保育所保育指針解説』フレーベル館、2018 年（平成 30 年）
- 内閣府・文部科学省・厚生労働省『幼保連携型認定こども園教育・保育要領解説』フレーベル館、2018 年（平成 30 年）
- 文部科学省『幼稚園教育要領解説』フレーベル館、2018 年（平成 30 年）

第 7 章　子どもの心と体の健康
- 厚生労働省『保育所における感染症対策ガイドライン（2018 年改訂版）』2018 年
- 厚生労働省『保育所保育指針解説』フレーベル館、2018 年（平成 30 年）
- 内閣府・文部科学省・厚生労働省『幼保連携型認定こども園教育・保育要領解説』フレーベル館、2018 年（平成 30 年）
- 文部科学省『幼稚園教育要領解説』フレーベル館、2018 年（平成 30 年）

第 8 章　子どもの食と健康
- 厚生労働省『保育所における食物アレルギー対応ガイドライン（2019 年改訂版）』2019 年
- 厚生労働省『保育所保育指針解説』フレーベル館、2018 年（平成 30 年）
- 内閣府・文部科学省・厚生労働省『幼保連携型認定こども園教育・保育要領解説』フレーベル館、2018 年（平成 30 年）
- 文部科学省『小学校学習指導要領解説 生活編』東洋館出版社、2018 年（平成 30 年）
- 文部科学省『幼稚園教育要領解説』フレーベル館、2018 年（平成 30 年）

第 9 章　子どもの安全と健康
- 厚生労働省『保育所保育指針解説』フレーベル館、2018 年（平成 30 年）
- 内閣府・文部科学省・厚生労働省『幼保連携型認定こども園教育・保育要領解説』フレーベル館、2018 年（平成 30 年）
- 文部科学省『幼稚園教育要領解説』フレーベル館、2018 年（平成 30 年）

第 10 章　気になる子どもと環境
- 教育基本法（平成十八年法律第百二十号）
- 厚生労働省『保育所保育指針解説』フレーベル館、2018 年（平成 30 年）
- 児童虐待の防止等に関する法律（令和元年法律第四十六号）
- 児童福祉法（令和元年法律第四十六号）
- 障害を理由とする差別の解消の推進に関する法律（平成二十五年法律第六十五号）
- 少子化社会対策基本法（平成十五年法律第百三十三号）
- 内閣府・文部科学省・厚生労働省『幼保連携型認定こども園教育・保育要領解説』フレーベル館、2018 年（平成 30 年）
- 文部科学省『幼稚園教育要領解説』フレーベル館、2018 年（平成 30 年）

第 11 章　子どもの健康と子育て支援・連携
- 柏女霊峰、橋本真紀、西村真実『保護者支援スキルアップ講座—保育者の専門性を生かした保護者支援 保育相談支援（保育指導）の実際』ひかりのくに株式会社、2010 年
- 学校保健安全法施行規則（令和元年文部科学省令第九号）『第 19 条における出席停止の期間の基準』
- 厚生労働省『保育所における感染症対策ガイドライン（2018 年改訂版）』2018 年
- 厚生労働省『保育所保育指針解説』フレーベル館、2018 年（平成 30 年）

- 埼玉県家庭教育振興協議会『平成 28 年度　乳幼児家庭教育調査』報告書、2017 年
- 笹田慶次郎、新谷公朗、金田重郎『子育て支援を目指した「e－子育て NET システム」の提案』2004 年、第 3 回情報科学技術フォーラム
- 内閣府、文部科学省、厚生労働省、3 府省合同の文書『教育・保育施設等におけるてんかん発作時の坐薬挿入に係る医師法第 17 条の解釈について』平成 29 年 8 月 22 日
- 内閣府・文部科学省・厚生労働省『幼保連携型認定こども園教育・保育要領解説』フレーベル館、2018 年（平成 30 年）
- のぶみ 作『ママのスマホになりたい』WAVE 出版、2016 年
- 平井タカネ・村岡眞澄・河本洋子 編著「新 子どもの健康」三晃書房、2010 年
- ベネッセ教育総合研究所『第 5 回　幼児の生活アンケート「第 6 節　しつけや教育の情報源」』2015 年（平成 27 年）
- 文部科学省『学校生活における健康管理に関する調査』中間報告（平成 25 年 12 月 16 日）
- 文部科学省『幼稚園教育要領解説』フレーベル館、2018 年（平成 30 年）

第 12 章　領域「健康」における今日的課題

- 厚生労働省『保育所保育指針解説』フレーベル館、2018 年（平成 30 年）
- 食育基本法（平成 17 年法律第 63 号）
- 内閣府・文部科学省・厚生労働省『幼保連携型認定こども園教育・保育要領解説』フレーベル館、2018 年（平成 30 年）
- 無藤 隆代表・保育教諭養成課程研究会 編著『幼稚園教諭養成課程をどう構成するか―モデルカリキュラムに基づいた提案―』萌文書林、2017 年
- 文部科学省『「生きる力」をはぐくむ学校での安全教育』2019（平成 31 年 3 月）
- 文部科学省『食に関する指導の手引－第二次改訂版－』2019（平成 31 年 3 月）
- 文部科学省中央教育審議会『幼稚園、小学校、中学校、高等学校及び特別支援学校の学習指導要領等の改善及び必要な方策等について（答申）』2016（平成 28 年 12 月 21 日）
- 文部科学省『幼稚園教育要領解説』フレーベル館、2018 年（平成 30 年）

おわりに

　「あなたならどうしますか」と読者に問いかけるこのシリーズも4冊目となった。

　【保育内容・人間関係】【演習・保育内容総論】【保育内容・環境】に続くものである。実は、これら既刊の3冊と異なり本誌の刊行までには長い時間を要した。その要因の一つには「新型コロナウイルス」の感染拡大がある。私たちの日常を大きく変えたこの新型コロナウイルスについては、次第にその性質や感染を防ぐための対策方法等がわかってきている。流行の初期から現時点に至るまで変わらずに言われていることは「手洗い」「うがい」「消毒」「3密回避」そしてマスクの着用であろう。

　健康な心と体を身に付け、維持・向上させていくことは、人としてより良く生きていくために、年齢を問わず、またいつの時代も欠かせない。感染拡大の初期に、対策が緩やかであるのにもかかわらず、諸外国に比べ目に見える感染数、重篤化数が少なかった日本の状況は世界から奇異の目をもって見られた。諸外国から見れば過剰にも見える日本国民の清潔に関する習慣や考え方が、功を奏した面があったのであろう。

　領域「健康」は、「健康な心と体を育て、自ら健康で安全な生活をつくり出す力を養う」ことを大きな目標としている。保育者はもちろん、子どもたち自身も、世界の日常を一変させたコロナ禍の経験をふまえ、今後もさらに健康で安全な生活をつくり出すために、自らが意識や自覚をもって行動することが求められている。

　健康に限ったことではないが、自らが意識や自覚をもって行動できるよう、筆者は常々子どもにできるだけ「選択権」を与えている。ある日年長のMくんが指にとげが刺さったと担任に連れられてきた。みれば人差し指の手のひら側に8ミリ前後のとげが潜り込んでいる。3週間前にも足に刺さって連れられてきた。その時は毛抜きを使い一度で見事に抜けた。緊張しながらも顔色一つ変えずに「ありがとう」を言い残していったそのMくんである。だが、今回は潜り込んでいるだけに手ごわい。消毒したのちに3回、4回と毛抜きで試みるが抜けない。とげの先っぽさえ出てこない。緊張度を増してきたMくんに「針を使って皮を少し開かないと抜けないみたい」と言ってみる。顔色が変わる。涙が出てくる。そこで筆者はこう聞いてみた。「このままにすると指が腐っちゃう。痛いけど我慢すれば治る。どうする？」と。嗚咽しながらもMくんが口を開いた。「ガマンする！」。その一言で、他業務に就いていた養護教諭（看護師）に緊急連絡し、処置をしてもらった。無事にプチ手術を終え、傍らで見守っていた担任と共に「よく頑張ったね。もう大丈夫！」と励ます中で、手当は完了した。保育の中でのこうした小さな積み重ねが子どもたちの健康な心と体をつくり出していく。

　終わりになったが、世界的なコロナ禍にあって、丁寧かつ粘り強く出版に向けご支援を賜った、萌文書林　服部直人代表取締役、終始的確なご示唆を頂いた　東久保智嗣氏に、この場をお借りし、筆者一同を代表して心より感謝を申し上げたい。

2020年　10月　酒井幸子

著者紹介

【編著者】

略歴は 2020 年 11 月 1 日現在

酒井幸子

武蔵野短期大学 幼児教育学科 客員教授／同附属保育園 所長

執筆担当…6 章／11 章

聖徳大学大学児童学研究科修了。東京都公立幼稚園教諭・教頭・園長、母子愛育会愛育幼稚園長、青山学院大学及び聖徳大学教職大学院兼任講師、武蔵野短期大学教授、同附属幼稚園長・同附属保育園統括園長を経て現職。東京都公立幼稚園教育研究会長、全国国公立幼稚園長会長、中央教育審議会幼児教育部会委員・同特別支援教育専門部会委員等を歴任。現在、（一社）保育教諭養成課程研究会理事、（一社）日本乳幼児教育・保育者養成学会理事。

主な著書

『発達障害のある子へのサポート実例集』共著 2010（ナツメ社）、『保育内容 人間関係 あなたならどうしますか？』編著 2012（萌文書林）、『発達が気になる子の「個別の指導計画」幼稚園・保育園で今日からできる』監著 2013（学研）、『発達の気になる子への ケース別 生活動作・運動・学習 サポート実例集』共著 2015（ナツメ社）、『保育内容 環境 あなたならどうしますか？』編著 2016（萌文書林）、『演習 保育内容総論 あなたならどうしますか？』編著 2018（萌文書林）他

松山洋平

和泉短期大学 児童福祉学科 准教授

執筆担当…1 章

青山学院大学大学院文学研究科教育学専攻修了。社会福祉法人恩賜財団母子愛育会 愛育幼稚園教諭、鎌倉女子大学幼稚部教諭、田園調布学園大学講師を経て現職。

主な著書

『保育内容 環境 あなたならどうしますか？』共著 2016（萌文書林）、『保育の視点がわかる！観察にもとづく記録の書き方（保育わかばBOOKS）』共著 2017（中央法規）、『コンパス保育内容 人間関係』共著 2018（建帛社）、『新しい保育講座 保育原理』共著 2018（ミネルヴァ書房）、『演習 保育内容総論 あなたならどうしますか？』共著 2018（萌文書林）、『3・4・5歳児 子どもの姿ベースの指導計画（新要領・指針対応）』共著 2019（フレーベル館）、『採用と育成の好循環を生み出す園長の仕事術 子ども主体の保育を実現するリーダーシップ』共著 2020（中央法規）、『事前・事後学習のポイントを理解！保育所・施設・幼稚園実習ステップブック［第2版］』編著 2020（みらい）、『保育・教育実習（新しい保育講座）』編著 2020（ミネルヴァ書房）他

【著者】

略歴は 2020 年 11 月 1 日現在

相沢和恵

山村学園短期大学 子ども学科 専任講師

執筆担当…9 章

　東洋英和女学院短期大学保育科卒業後、東京都公立幼稚園教諭・東京都区立保育園等の保育士として保育現場に25年以上従事する。その間、聖徳大学短期大学部専攻科保育専攻卒業、東洋大学大学院文学研究科教育学専攻修了。三幸学園専任講師及び近畿大学豊岡短期大学こども学科非常勤講師を経て現職。絵本専門士。

主な著書

『特集どの子も輝くとびっきりの学級づくり』共著（事例執筆）2015（明治図書出版）、『保育内容 環境』共著（事例執筆）2016（萌文書林）

粕谷礼乃

共立女子大学 家政学部 児童学科 非常勤講師

執筆担当…7 章

　筑波大学大学院修士課程体育研究科体育方法学舞踊教育専攻修了、千葉明徳短期大学保育創造学科（専任講師）、鎌倉女子大学短期大学部初等教育学科（専任講師）、青山学院女子短期大学子ども学科（非常勤講師）を経て現職。

主な著書

『保育内容「健康」』共著 2009（大学図書出版）、『うきうきわくわく身体表現あそび』共著 2015（同文書院）、『保育内容「健康」 改訂版』共著 2019（大学図書出版）

佐野裕子

仙台白百合女子大学 人間発達学部 人間発達学科 特任教授

執筆担当…3 章／8 章

　聖徳大学大学院児童学研究科博士前期・後期課程修了、博士（児童学）。日本体育大学研究員を経て、聖徳大学（兼任講師）を経て現職。現在、流通経済大学（非常勤講師）、日本幼児体育学会理事。

主な著書

『3 歳未満児の健康生活に関する健康福祉学的研究』単著 2017（千葉測器）、（『乳幼児の健康』共著 2018（大学教育出版）、『運動あそび・表現あそび』共著 2018（大学図書出版）、『幼児体育理論と実践』共著 2018（大学教育出版）、『新・実習指導概説 保育・教育・施設実習』共著 2019（ふくろう出版）他

津金美智子

名古屋学芸大学 ヒューマンケア学部 教授

執筆担当… 4 章

　愛知教育大学教育学部幼児教育科卒業。名古屋市公立幼稚園長、名古屋市教育委員会指導主事を歴任後、2010年4月より文部科学省初等中等教育局幼児教育課教科調査官、国立教育政策研究所教育課程研究センター教育課程調査官、2014年4月からは文部科学省初等中等教育局視学官を併任。2016年 4 月より現職。本学ヒューマンケア学部附属子どもケアセンター長を併任。

主な著書

　『新幼稚園教育要領ポイント総整理　幼稚園』編著 2017（東洋館出版社）、『乳幼児教育・保育シリーズ「教育課程論」』編著 2018（光生館）、『乳幼児教育・保育シリーズ「保育内容総論」』編著 2018（光生館）、『乳幼児教育・保育シリーズ「保育方法論」』編著 2018（光生館）、『エピソードから学んで！ もじ★かずに親しもう！！』単著 2018（ひかりのくに）他

中野圭子

明星大学 教育学部 子ども臨床コース 客員准教授

執筆担当… 10 章

　東京学芸大学教育学部幼稚園科卒業。東京都公立幼稚園勤務を経て、臨床発達心理士。特別な教育ニーズを持つ幼児・児童の指導に関する巡回相談などを行った後、渡韓。公立保育園で特別支援教育の支援を行う。帰国後、公認心理師資格を取得。東京都内、近郊の幼稚園・保育所・小学校で巡回相談などを行い現職。

主な著書

　『ケース別発達障害のある子へのサポート実例集 幼稚園・保育園編』共著 2010（ナツメ社）、『保育内容　人間関係あなたならどうしますか？』共著 2012（萌文書林）、『気になる子のために保育者ができる特別支援』共著 2014（学研「こどもと」増刊号）他

平野麻衣子

東京学芸大学 教育学部 准教授

執筆担当…5 章

　青山学院大学大学院教育人間科学研究科博士後期課程修了（教育学博士）。青山学院大学文学部教育学科卒業後、社会福祉法人 母子愛育会 愛育幼稚園教諭、田園調布学園大学子ども未来学部助教、兵庫教育大学大学院学校教育研究科幼年教育・発達支援コース講師・准教授を経て現職。

主な著書

　『保育内容 人間関係 あなたならどうしますか？』共著（事例協力）2012（萌文書林）、『演習 保育内容総論 あなたならどうしますか？』共著（事例協力）2014（萌文書林）、『保育内容 環境 あなたならどうしますか？』共著 2016（萌文書林）、『兵教大発　まぁるく子育て』2017（神戸新聞総合出版センター）、『生活習慣形成における幼児の社会情動の発達過程』単著 2018（風間書房）、『テーマでみる 保育実践の中にある保育者の専門性へのアプローチ』共著 2018（ミネルヴァ書房）他

森田朱美

武蔵野短期大学附属保育園 園長／同短期大学幼児教育学科 非常勤講師

執筆担当…6 章

　武蔵野短期大学卒業後、同附属幼稚園教諭、主任、副園長を経て現職。

主な著書

　『保育内容 環境 あなたならどうしますか？』共著（事例執筆）2016（萌文書林）

森田直子

武蔵野短期大学附属幼稚園 園長

執筆担当…6 章

　武蔵野短期大学卒業後、同附属幼稚園教諭、主任、副園長を経て現職。2013 年2 月、アメリカ・ヒューストンで行われた第19 回「宇宙を教育に利用するためのワークショップ」（Space Exploration Educators Conference：SEEC）に宇宙航空研究開発機構（JAXA）から派遣され講師を務める。

主な著書

　『保育内容 人間関係 あなたならどうしますか？』共著（事例執筆）2012（萌文書林）、『保育内容総論 あなたならどうしますか？』共著（事例執筆）2018（萌文書林）

山下文一

松蔭大学 コミュニケーション文化学部 子ども学科 教授 学科長

執筆担当…2章／12章

　放送大学大学院文化科学研究科卒業、高知県教育委員会公立学校教員、高知県教育委員会事務局（総務課・子ども課・生涯学習課・幼保支援課）、文部科学省初等中等教育局幼児教育課子育て指導官、高知学園短期大学幼児教育学科准教授を経て現職。

　文部科学省「幼稚園教育要領の改訂に関するタスクフォースの協力者」、「学習指導要領の改善に係る検討に必要な専門的作業協力者」、「幼児教育の推進体制構築事業の実施に係る調査分析事業」審議会委員、「中央教育審議会専門委員（初等中等教育分科会）」、内閣府「幼保連携型こども園教育・保育要領の改訂に関する検討委員会委員」等を歴任。現在、文部科学省「学校施設のあり方に関する調査研究協力者会議委員」、東京都福祉サービス評価推進機構「評価・研究委員会委員及び児童ワーキング委員」、高知県教育委員会「幼保支援・親育ち支援スーパーバイザー」他

主な著書

『保育所保育指針ハンドブック』共著 2017（学研）、『幼稚園教育要領ハンドブック』共著 2017（学研）、『幼保連携型認定こども園教育・保育要領ハンドブック』共著 2017（学研）、『幼保連携型認定こども園教育・保育要領まるわかりガイド』共著 2017（チャイルド本社）、『よくわかる中教審「学習指導要領」答申のポイント』共著 2017（教育開発研究所）、『子どもの育ちが見える「要録」作成のポイント』共著 2017（中央法規）、『保育内容総論』共著 2018（光生館）、『幼稚園教諭・保育教諭のための研修ガイドⅤ－質の高い教育・保育を実現する園長・幼児教育アドバイザーの研修の在り方を求めて』共著 2018（文部科学省法億書／保育教諭養成課程研究会）、『保育者論』共著 2018（ミネルヴァ書房）他

保育内容　健康
あなたならどうしますか?

装　　丁　㈱ユニックス

イラスト　西田ヒロコ

DTP制作　㈱ユニックス

2020年12月10日初版第一刷発行

編 著 者　酒井幸子・松山洋平

発 行 者　服部直人

発 行 所　㈱萌文書林

〒113-0021　東京都文京区本駒込6-25-6

Tel：03-3943-0576　Fax：03-3943-0567

E-mail：info@houbun.com

ホームページ：https://www.houbun.com

2020©Satiko,Sakai・Matsuyama,Youhei

Printed in Japan

〈検印省略〉

ＩＳＢＮ 978-4-89347-288-5　C3037

印刷・製本　シナノ印刷株式会社